STANISŁAW MACKIEWICZ

Dom Radziwiłłów

Warszawa · Czytelnik 1990

Wstęp
Jerzy Jaruzelski

Wybór ilustracji i sporządzenie genealogii Radziwiłłów
Jolanta Grala

Obwolutę, okładkę i kartę tytułową projektował
Władysław Brykczyński

ISBN 83-07-01971-0

Wstęp

Rękopis tej książki przez lat ponad 20 uważany był za zaginiony. I to za zaginiony — niebawem po śmierci Mackiewicza 18 lutego 1966 roku — raczej już bezpowrotnie. W każdym razie wszelkie poszukiwania w kraju istniejącej przecież kopii niezmiennie dawały wynik negatywny. Podobnie bezowocne okazywały się kwerendy Rodziny za granicą, gdzie oryginał książki został posłany wydawcy; pomagał w tym Józef Mackiewicz, mieszkający w Monachium brat Autora (zmarł 31 I 1985 r.). Takie też informacje o „Domu Radziwiłłów" zawarte są w życiorysie Stanisława w „Polskim Słowniku Biograficznym" oraz w monografii niżej podpisanego „Stanisław Cat-Mackiewicz 1896—1966. Wilno—Londyn—Warszawa". („Czytelnik", 1987). Udało się wtedy jedynie ustalić, że do ostatnich czytelników tekstu w Warszawie, przed jego zaginięciem, należał Janusz Radziwiłł, któremu poświęcone są końcowe partie tej książki (zmarł 4 X 1967 r.).

Mackiewicz napisał „Dom Radziwiłłów" w roku 1962 na zamówienie Klausa Pipera, właściciela oficyny Piper-Verlag w Monachium. Zapewne jeszcze przed końcem tego roku Piper dostał tekst, a Cat odebrał zaliczkę. Książka miała być tłumaczona na niemiecki i angielski. Zainteresowanie Radziwiłłami wywołały koligacje ówczesnego prezydenta USA, Johna Kennedy'ego, ze Stanisławem, najmłodszym synem Janusza: ożenieni byli z siostrami Jacqueline i Lee Bouvier. Może były i powody mniej doraźne.

Na Mackiewicza zwrócił uwagę Piperowi Tadeusz Nowakowski, autor m.in. znakomitego „Obozu wszystkich świętych" oraz „Alei dobrych znajomych", gdzie Cat jest uwzględniony. Gdy zaś nadszedł już maszynopis z Warszawy, Nowakowski zalecał jego druk — jak mi pisze w liście — bawarskiemu wydawcy. Na początku 1963 roku Mackiewicz był w Monachium i jeszcze, jak się wydaje dość nawet znacznie, uzupełnił i rozbudował tekst.

Książki jednak nie wydano. Motywów możemy się tylko domyślać. Chyba to, co zwykle uważa się za powab eseistyki historycznej Cata: dygresje, swawolne hipotezy, zaskakujące analogie etc., a także narrację porywczą, lapidarną, lecz i krętą, jak górski potok; otóż wszystko to musiało tam raczej okazać się kamieniem u szyi. W końcu trudno się dziwić, skoro książka miała trafić do czytelnika, który nie miał poniekąd żadnego pojęcia o dziejach Polski.

Mackiewicz sam również musiał mieć jakieś wątpliwości, gdyż na pytanie o książkę odparł: „Nie wiem, czy potrafiłem wywiązać się z tego zadania" („Słowo Powszechne", 17 X 1963). Ostatecznie Piper, po niepowodzeniu z Catem, zamówił dzieło u Tadeusza Nowakowskiego („Die Radziwills", wyd. 1967 i 1975; „The Radiwills", wyd. 1974).

Ale „Domowi Radziwiłłów" nie powiodło się i w kraju. Tygodnik „Kierunki", z którym Cat najściślej współpracował od powrotu z Londynu w 1956 r., odrzucił jednak propozycję druku książki w odcinkach; jakoby z powodu jej reakcyjności, jak miał oświadczyć Catowi redaktor pisma, Mieczysław Kurzyna. Tak przynajmniej Mackiewicz przedstawił sprawę w czerwcu 1963 roku w liście do Michała Kazimierza Pawlikowskiego, znajomego jeszcze z Wilna, pamiętnikarza i powieściopisarza, wykładającego w tych latach — obok Czesława Miłosza i Wacława Lednickiego — literatury słowiańskie na uniwersytecie w Berkeley w Kalifornii. Następnie zaś, jak wiemy, maszynopis warszawski zaginął (utrzymują się dwie wersje: kradzieży po śmierci Cata lub konfiskaty podczas rewizji), natomiast o monachijskim bądź zapomniano, bądź nie potrafiono skutecznie do niego dotrzeć.

W październiku 1987 roku napisałem do Tadeusza Nowakowskiego, czy pamięta, wie cokolwiek o losach rękopisu. Upłynęło przecież równo ćwierć wieku. 20 listopada 1987 roku pocztą, wcale nie „przez okazję" tym razem, otrzymałem tekst w stanie idealnym. W załączonym liście Nowakowski pisze: „Udało mi się wydobyć maszynopis Mackiewicza od rodziny Hahna, który był przewidziany na tłumacza, ale się wykręcił". I dalej: „Jeśli czas pozwoli, napiszę kiedyś o Cacie w pantoflach, o jego amorach, «premierowaniu» (które brał na serio), o jego przypływach mitomanii, depresji, o incydentach w British Museum, gdzie tłustymi od sardynek palcami dobierał się do starodruków itp. Pod rubaszną skorupą ukrywał jednak delikatność uczuć, ubóstwiał dzieci. Hadko było wysłuchiwać jego wywodów o wpływie promieniowania kosmicznego na politykę międzynarodową".

Józef Hahn, dodajmy, był również tłumaczem książek Nowakowskiego. Zatem Tadeuszowi Nowakowskiemu, urodzonemu w 1920 roku w Olsztynie, wychowanemu w Bydgoszczy, studentowi polonistyki warszawskiej, więźniowi obozów koncentracyjnych w Rzeszy, po latach spędzonych w Wielkiej Brytanii i USA w 1956 roku osiadłemu w Monachium, należy się podziękowanie za odnalezienie „Domu Radziwiłłów". Mamy tu wszak żart historii: Mackiewicz bowiem posądzał Nowakowskiego, że z jego nie wydanego arcydzieła ściąga najprawdopodobniej swoich pisanych wówczas „Die Radziwills".

„Dom Radziwiłłów" jest przedostatnią książką Mackiewicza lub — być może — pisany był równocześnie, co autorowi nieraz się zdarzało, ze szkicami pt. „Herezje i prawdy", wydanymi w 1962 roku (ostatnia książka: „Europa in flagranti", 1965; wprawdzie „Polityka Becka" opublikowana została w Paryżu w 1964, ale była gotowa w 1960 r.). Rzecz powstawała pośpiesznie. Zresztą Mackiewicz pisał fenomenalnie szybko — z tego, co wiemy dokładniej, to „Historię Polski" napisał w Londynie zimą z 1940 na 1941 rok, podczas intensywnych nalotów na miasto, w pół roku, zaś „Zielone oczy" w Warszawie w 1958 r. — obok wielu innych zajęć dziennikarskich — bodaj w okresie jeszcze krótszym. W każdym razie, jak to widać z numeracji stronic i odręcznych poprawek na maszynopisie, do sporządzonego już podstawowego zrębu tekstu w fazie ostatecznej dodał pięć fragmentów (rozdziały: „Przeciwieństwa", „Henryk Sienkiewicz i literackie Vichy", „Archiwum Radziwiłłowskie z XVII i XVIII wieku", „Eliza i Wilhelm", „Renata"). Ale w ten niemetodyczny sposób zwykł był zawsze pracować. Każda właściwie spośród 21 książek Mackiewicza — jeśli w ogóle nie była antologią — posiada bardzo luźną konstrukcję; faktycznie też jest zbiorem artykułów. Chyba tylko „Dostojewski" ma jakąś kompozycyjną harmonię i zwartość.

W „Domu Radziwiłłów" znajdują się sekwencje już wcześniej przez Cata drukowane w pismach, a nawet w książkach. Zwraca zresztą sam na to uwagę, gdy czerpie ze „Stanisława Augusta" (bez zmian z tej książki użyty rozdział „Nike, Nike, Nike", nieco skrócony — „Memento Mori", znacznie skrócony i przerobiony — „Panie Kochanku"). Tam, gdzie jest mowa o wczesnym okresie związków polsko-litewskich, Krewie, Horodle oraz Kronice Długosza, widać bliskie filiacje ze szkicami „Herezje i prawdy", które pisał, jak wspomniałem, bezpośrednio przedtem albo równocześnie. M.in. wyzyskał także swój artykuł z „Wiadomości" londyńskich (nr 46 z 13 XI 1949 r.) pt. „Początki wielkiej rodziny europejskiej. Pierwsze pięć pokoleń Radziwiłłów". Ale książka nie jest jednak zszytą, w nagłej potrzebie, kompilacją.

Cat informował M. K. Pawlikowskiego, że „Dom Radziwiłłów" chce zaopatrzyć mottem: „Sobie na pociechę, a durniom na złość" (dla wydawcy niemieckiego jednak motta tego nie użył). Otóż wydaje się, że praca jest nie tylko rekapitulacją poglądów Cata na dzieje polskie, których odcinek w XX w. zwykł nazywać niby żartami „Polską poradziwiłłowską"; poglądów bardzo swoistych, dalekich przeważnie od sądów akademickiej historiografii, ale również w niemałej mierze polemiką ze współczesnością i współczesnymi.

Tekst drukowany jest bez zmian i skrótów. Ujednolicono jedynie numerację rozdziałów, poprawiono ewidentne opuszczenia, błędy literowe oraz interpunkcję. Uwzględniono odręczne poprawki autora na maszynopisie oryginału.

Jerzy Jaruzelski

Warszawa, luty 1988

I

La donna e mobile

Tak jak dla Giovanniego Boccaccia, celem moim przy pisaniu jest podobać się damom.

Ale mam jeszcze inny cel, mniej pretensjonalny, związany z pojmowaniem historii. Nadużywamy analogii. Wszystkie te upodobnienia Cezara do Napoleona, a Napoleona do Hitlera, mogą być błyskotliwe, łatwe i przekonywające, ale jakże zniekształcają rzeczywistość! Nauka historii powinna być walką z upodabnianiem do siebie różnych epok historycznych, walką z anachronistycznym sposobem myślenia. O historii powiedzieć można: La donna e mobile. Wszystko się zmienia. Nie tylko ustroje polityczne i gospodarcze, ale zmienia się krajobraz, wygląd drzew, zapach powietrza, smak owoców, zasady moralne. Czasami przez wieki powtarzamy te same wyrazy, powtarzamy te same uświęcone formuły, ale nadajemy im wciąż nowe i wciąż nowe znaczenie. Historyk to człowiek walczący z anachronizmem, oczyszczający rozumienie epoki od przeszłości i przyszłości. Historyk powiada: tak myślał ojciec, a tak myślał wnuk, lecz tak nie myślał syn.

Chciałbym pokazać jedną rodzinę, ulegającą wpływom zmienności czasu. Pokażę ją od czasów pogaństwa, kultu świętych drzew i świętych wężów, później na tle europejskiego średniowiecza, rycerskiego i mistycznego, na tle renesansu, reformacji i protestantyzmu, na tle tej gwałtownej kontrrewolucji katolickiej, którą było panowanie jezuitów w XVII wieku, wreszcie za czasów wolnomularstwa i rozbawionego rokoka, uciech, zabaw i pijaństwa, chcę pokazać, jak ją uwiodła gwiazda Napoleona, jak walczyła z Bismarckiem, jak stała w cieniu wielkości i dekadencji państwa carów.

Rodzina książąt Radziwiłłów, jedna z najwspanialszych rodzin arystokracji europejskiej, jeśli nie najwspanialsza, wywodzi się od arcybiskupa pogańskiego Lizdejki, któremu przypisywano pochodzenie od dynastii, która panowała nad Litwą. Później Radziwiłłowie wdziewają zbroje rycerzy średniowiecza. Anna z Radziwiłłów jest panującą księżną Mazowsza, Barbara Radziwiłłówna królową Polski i wielką księżną litewską. Później Radziwiłłowie szerzą kalwinizm na Litwie, aby powrócić na katolicyzm i upiększać swój kraj licznymi kościołami i klasztorami, na równi z zamkami, które budują. Mikołaj Radziwiłł Sierotka jest katolikiem, natomiast Janusz i Bogusław Radziwiłłowie, którzy tak olbrzymią odegrali rolę w historii, są kalwinami. To już wiek XVII. W następnym, XVIII wieku spotykamy się z kolorową postacią Karola II Panie Kochanku, który tak wielki wpływ wywarł na imaginację polskich pisarzy i poetów, będąc jak gdyby uosobieniem swoich czasów w Polsce, które Polakom wydają się być tragicznymi, a innym ludziom groteskowymi. Panie Kochanku był groteską tylko w wymiarach kościoła Św. Piotra w Rzymie, w wymiarach piramidy egipskiej. Synowiec jego, Dominik, idzie zaślepiony za Napoleonem, rozrzucając na tej drodze złoto swej olbrzymiej fortuny. Jego krewny żeni się z księżniczką pruską, wprowadza swą rodzinę w szranki walk Polaków z Prusakami. Jeszcze jeden Radziwiłł będzie wodzem powstania polskiego przeciw Rosji w 1830 r. Na salonach jednej z Radziwiłłowych gra na fortepianie Fryderyk Szopen.

Pierwszy Sejm polski po odzyskaniu przez Polskę niepodległości otwiera Ferdynand Radziwiłł. Jego syn Janusz, jako kierownik polskiej polityki zagranicznej podczas pierwszej wojny światowej, układa się ze swym dalekim kuzynem Wilhelmem II o tron polski dla arcyksięcia Karola Stefana. Później tenże Janusz Radziwiłł jest przywódcą konserwatystów polskich za czasów, kiedy losami Polski kieruje Józef Piłsudski.

Wilhelm II, cesarz niemiecki, odwiedził kiedyś Nieśwież, największy z Radziwiłłowskich zamków, gdzie zaimponowała mu olbrzymia ilość rodzinnych portretów. Było ich setki. Olbrzymie sale Nieświeża i gościnne pokoje w tym zamczysku oświecane były tylko świecami. Wieczorem i nocą te świece w kandelabrach rzucały na portrety i na zbroje, których tam było przeszło dwa tysiące, blaski niespokojne. Do tego zamku w dniu 25 października 1926 r. przyjechał ówczesny de Gaulle polski, Piłsudski, były socjalista i szef organizacji rewolucyjnej, która urządzała napady na pociągi przewożące rządowe rosyjskie pieniądze. Piłsudski, zwracając się do pana zamku, Albrechta Radziwiłła, wzniósł zdrowie:

„Piję za dom Radziwiłłów, który tak dawno przeszłości naszej służy".

Na ten toast odpowiadał między innymi powyżej wspomniany Janusz Radziwiłł.

I znów rewolucyjna zmiana dekoracji:

Syn Janusza, książę Stanisław, mieszka dziś w Londynie z dala od swego kraju rodzinnego i jest szwagrem prezydenta Kennedy'ego, który nie tak dawno trzymał do chrztu jego pierworodną córeczkę.

II

Pierwsze cztery pokolenia

Przeglądając historię soborów, napotykam na jędrny opis miasta Konstancji: wieżyce strzeliste, bociane gniazda na czerwonych dachówkach kamienic, ogromna ilość kurtyzan z dzwoneczkami przyszytymi do kiecek, jeżdżących konno na mułach lub osłach. Więcej było w Konstancji za czasów obrad wielkiego soboru kurtyzan aniżeli prałatów.

Sobór w Konstancji miał miejsce w 1414 r. Litewska rodzina Radziwiłłów istniała już od czterech pokoleń.

Wiek czternasty przeszedł bez tych straszliwych wstrząsów, w które obfitował jego poprzednik, wiek XIII, kiedy to ludność całych miast porzucała swe miejsce zamieszkania i biegła na pielgrzymki. Ludzie ci szli od miasta do miasta, z kraju do kraju, gromadnie biczując się po drodze i zatrzymując się przed kościołami w stanie egzaltacji, graniczącej z brakiem przytomności. Mężczyźni, kobiety, dzieci brały udział w tych pochodach makabrycznych. Jeszcze nie zanikła nauka katarów, według której tylko dusza pochodzi od Boga, wszystko inne, zarówno ciało ludzkie, jak wszelka rzecz materialna, którą oczami oglądać można, jest dziełem szatana. Kościół przeciwstawia się tym skrajnościom; św. Franciszek poucza, że wszystko, co widzimy, zaczynając od człowieka, a kończąc na ptaszętach, jest Panu Bogu równie bliskie i jest błogosławione, lecz oto mnisi w klasztorach, zamęczający swe ciało na różne sposoby, ulegają nastrojom bliskim ponurej doktrynie katarów. Czasy są takie jak te rzeźby i płaskorzeźby, które widzimy w katedrach gotyckich: pełne namiętności, pasji, gwałtownych ruchów, braku powściągliwości.

W XIV wieku już jest więcej równowagi moralnej. Styl gotycki traci swoją siłę, swoją wzniosłość, robi się bardziej miękki; architekci bardziej się zajmują pięknymi szczegółami. Koszmarne wizje stają się rza-

11

dsze; radość życia odzyskuje należne sobie miejsce. Ludzie mówią chętnie o dobrych potrawach, o smacznym winie. Nawet klasztory przestają być miejscami samoudręki, stają się przyjemnymi domami modlitwy i odpoczynku. Różańce zakonnic w tej epoce stają się ładnymi klejnocikami, wyrabiają je jubilerzy. Szczegóły śmierci Zawiszy, biskupa krakowskiego, są następujące: Pewnego dnia rozsłonecznionego jechał on konno i zobaczył dziewczynę pracującą w polu, która mu się spodobała. Zeskakuje z siodła celem zawarcia z nią znajomości bliższej, dziewczyna jednak ucieka i wdrapuje się na wysoki stóg siana. Biskup za nią wdrapuje się na stóg po drabinie. Rozumiem, że wdycha już zapach dziewczyny, pracującej w skwarne południe w polu, połączony z zapachem świeżego siana. Ale nastraszone dziewczynisko popchnęło drabinę i książę Kościoła spadł z wysokiego stogu na ziemię. Incydent ten kończy się przed świecami zapalonymi dokoła trumny biskupa, wystawionej przed głównym ołtarzem w katedrze krakowskiej, zbudowanej na Wawelu, czyli tam, gdzie stoi zamek królewski. W ciągu nocy usłyszano hałas straszliwy. Podobno diabli dostali się do wnętrza katedry i galopowali w niej na koniach piekielnych. Kopyta tych koni uderzały głucho o płyty kamienne podłogi katedralnej. Ale to nie ten, nieudany zresztą, zamach na cnotę dziewczyny wiejskiej przywiódł tych diabłów. Sumienie biskupa było obciążone innymi, poważniejszymi grzechami.

Herezja Wiklifa, która pojawia się w XIV wieku, jest pierwszą herezją „lewicową", to jest racjonalistyczną, dyskutującą. Herezje wieków poprzednich były zawsze „na prawo" od Kościoła, czyli były mistyczne, autorytatywne, ponure. W czternastym wieku mamy dwóch papieży, jednego w Awinionie, drugiego w Rzymie. W korespondencji listownej nawzajem tytułują się antychrystami.

Cała Europa, z wyjątkiem Litwy, jest chrześcijańską i katolicką i cała Europa jest zjednoczona w swych rozmyślaniach. To, co mówią teologowie Uniwersytetu Paryskiego, jest znane i rozpatrywane przez teologów całej Europy. Żadnego podobieństwa do naszych czasów, kiedy narody są zamknięte w swoich granicach państwowych, jak odbywający karę więzienną w swoich zamurowanych celach. Tylko niecy mogą twierdzić, że podróże w średniowieczu trwały dłużej niż za naszych czasów. W czternastym wieku jadąc na grzbiecie muła byłbym w Rzymie najdalej w ciągu sześciu tygodni. Obecnie przez długie miesiące czekam na wizę do Włoch.

Ale na mapie Europy jest wtedy plama zupełnie od innych krajów odmienna, plama pogańska, zielona. To Litwa. Wyraz Litwa pochodzi od pojęcia lasu na moczarach. Kraj pogański w Europie, cóż za okazja do wojowania! Niemiecki Zakon Krzyżacki jest najbliższym sąsiadem Litwy. Kawalerowie tego zakonu zapraszają błędnych rycerzy całej Europy na wspólne wyprawy przeciwko Litwinom. Otrzymać pas rycerski w borach litewskich jest tak samo szykownie, jak za naszych czasów zabić rysia lub żubra w lasach Białowieży na polowaniu, wydanym na cześć prezydenta Rzeczypospolitej Polskiej, Ignacego Mościckiego. Jeden z takich rycerzy, który razem z Krzyżakami wojował na Litwie, wpadł w ręce litewskiego wielkiego księcia Kiejstuta. Ten błędny rycerz miał jedno oko przewiazane czarną przepaską na cześć damy swego serca. „Cóż za dureń" — mruknął Kiejstut, który sam zresztą był wzorem cnót rycerskich.

O pierwszych pokoleniach rodziny Radziwiłłów dowiadujemy się z kronik ruskich i niemieckich, ale naszym głównym informatorem o Litwie z tamtych czasów i o Radziwiłłach jest historyk krakowski, Długosz. Muszę słów kilka poświęcić tej wspaniałej osobistości.

Jan Długosz, urodzony w 1415 r., umarł w 1480 r. Kanonik krakowski, pod koniec swego życia był arcybiskupem nominatem lwowskim. Dzieła swe pisał po łacinie, ale, moim zdaniem, jest jednym z największych pisarzy polskich, równy Kochanowskiemu, Mickiewiczowi i Sienkiewiczowi. W porównaniu z ludźmi mu współczesnymi, jak Commines, słynny kronikarz francuski, lub Aeneas Silvius Piccolomini, wpierw autor sprośnych opowiadań w rodzaju powiastek Boccaccia, potem pamiętnikarz, wreszcie papież używający imienia Piusa II, Długosz jeszcze wyrasta. O ileż jest większy od nich jako pisarz, a zwłaszcza publicysta. Długosz to największy dziennikarz wszystkich czasów, to patron mego zawodu.

Wielkie jego zalety wzmocnione są — ośmielam się tak powiedzieć — przez jego wady. Napisał historię Polski od stworzenia świata do swoich czasów. Pisał ją rok za rokiem, zgodnie z metodą kronikarzy średniowiecznych. Robił wszystko, aby dokładnie poznać rzeczywistość. Uczył się po rusku, aby czytać kroniki kijowskie; miał tłumaczy kronik niemieckich; szukał i kolekcjonował różne dokumenty z kapituł, z klasztorów i z innych archiwów. Ale jak te poszukiwania pozostawiały mu luki, to je wypełniał własną wielką siłą imaginacyjną. Oto przykład typowy: opowiada o weselu cesarza Karola z wnuczką Kazimierza, króla Polski. Jako goście weselni są obecni: Ludwik, król węgierski, Zygmunt, król Danii, Piotr, król Cypru, oraz inni książęta i panowie. Długosz opisuje nam szczegóły ceremonii ślubnej, począwszy od treści kazania biskupiego, a skończywszy na weselu wspaniałym. Jego opowiadanie, jak zawsze, jest dokładne, precyzyjne, bardzo interesujące. Ale... niestety, dziś już wiemy, że cały ten ślub Karola IV z wnuczką Kazimierza miał miejsce nie w Krakowie, lecz Pradze Czeskiej. Długosz-historyk się pomylił. Wiedział, że w określonym czasie liczni monarchowie z Karolem IV na czele odwiedzili Kraków i że wnuczka króla polskiego wyszła za mąż za cesarza, i Długosz-powieściopisarz, Długosz-fantasta podszeptał mu te wszystkie szczegóły. W ten sposób kronika Długosza, dotycząca 1363 r., traci na walorze świadectwa historycznego, ale nie traci swych wspaniałych wartości literackich.

Kiedy Długosz opisuje śmierć jakiegoś lubianego przez siebie monarchy, każe mu zawsze wygłaszać długą mowę przed oddaniem ostatniego tchnienia. Dziwi nas, skąd ci wszyscy konający znajdują siły na wygłaszanie takich exposé politycznych w chwili śmierci, połączonych z moralnymi i religijnymi rozważaniami, bardzo interesującymi. A oto fragment opowiadania z chwili bitwy: król Bolesław, przezwany Śmiałym, jest osaczony przez wojowników ruskich. Koń jego już jest zabity, on sam upadł pod konia, dwóch rycerzy ruskich rzuca się na niego. Ale szlachetny rycerz polski, lekceważąc życie własne, ofiarowuje królowi własnego wierzchowca i... zaczyna wygłaszać programową mowę, jak to król powinien uciekać dla dobra Polski. Pozostaje nam tylko mieć uznanie dla owych dwóch wojowników ruskich, wysłuchujących tej mowy aż do jej końca.

Zbyt wymowny, jeśli chodzi o jego królów, Długosz jest niezrównany, jeśli chodzi o pisarza epickiego, jako narrator wielkich bitew. W tych opisach jest zwięzły, dramatyczny, jego opowieści są pełne barw, jakby pochodziły od wielkiego malarza, i wypełnione siłą, niczym wykute uderzeniami młota. Pisarz włoski czternastego wieku Giovanni Boccaccio przewyższa Guy de Maupassanta, Długosza opis bitwy pod Legnicą, wielkiej bitwy książąt chrześcijańskich z inwazją Tatarów, jest o wiele wspanialszy niż Wiktora Hugo opis bitwy pod Waterloo.

Długosz jest bardziej publicystą swoich czasów niż historykiem. Jest pisarzem anachronizującym, to jest nie odróżniającym ducha jednej epoki od innej. Kiedy mówi o X, XI lub o innym jakimś wieku, to nie chce zrozumieć, że stosunki pomiędzy monarchami a poddanymi były zupełnie inne niż za jego czasów. Długosz żyje w XV wieku, kiedy za Ludwika XI francuskiego rodzi się absolutyzm monarchiczny w Europie, pojęcie suwerenności i zanikają kształty świata średniowiecznego. Długosz przenosi pojęcia XV wieku do innych, poprzednich wieków, jak najbardziej feudalnych.

Długosz był niewątpliwie pobożnym katolikiem, ale jakże katolicyzm jego czasów niepodobny jest do poglądów katolickich z naszych czasów. Pamiętajmy, że wtedy cała Europa dzieliła się na dwa stronnictwa: koncyliarne i kurialne, czyli zwolenników soboru i zwolenników papieża. Razem ze swoim protektorem, kardynałem Oleśnickim, Długosz był członkiem stronnictwa koncyliarnego, zawzięcie bronił praw biskupów, a zwłaszcza biskupa krakowskiego. Będąc człowiekiem renesansu, jeśli chodzi o kulturę literacką, jeśli chodzi o stosunek monarchy do poddanych — Długosz jest jednocześnie zwolennikiem swego rodzaju feudalizmu duchownego, jeśli chodzi o stosunki pomiędzy papieżami a biskupami. Jego wypowiedzi o papieżach są szokujące. Oto wzmianki pozbierane z jego kronik:

Rok 975. Cesarz Otton przybywa do Rzymu z wielką siłą wojskową, aby przepędzić papieża Jana XII, rozpustnika obrzydliwego.

Rok 996. Papież Bonifacy okrada skarb kościoła Św. Piotra i ucieka do Konstantynopola.

Rok 1008. Papież Sylwester II, który uprzednio był mnichem w klasztorze Fleury, a później duszę swą sprzedał szatanowi, tak często rozmawiał z diabłami, że we wszystkich naukach stał się najmądrzejszym z ludzi. Jak został papieżem, spytał się szatana, jak długo żyć będzie. Szatan mu odpowiedział: Do chwili, w której odprawisz mszę w Jerozolimie. Kilka lat później, kiedy Sylwester II odprawiał mszę w kościele Św. Krzyża Jeruzalemskiego, usłyszano łoskot straszliwy...

Rok 1035. Papież Benedykt IX, człowiek rozpustny, ukazał się po śmierci w postaci niedźwiedzia, a po raz drugi w postaci osła, i przyznał się, że jest potępiony i znajduje się w piekle...

Rok 1304. Papież Bonifacy VIII przyszedł jak lis, rządził jak lew i zdechł jak pies.

Zwróćmy uwagę, że chodzi tu o wielkiego papieża Bonifacego VIII, który bronił władzy papieskiej przed Filipem Pięknym, królem Francji.

Nawet o Bonifacym IX, tak dobrym w stosunku do Polski, ojcu chrzestnym córeczki polskiej królowej Jadwigi, Długosz pisze złośliwie, że to był człowiek czytać i śpiewać nie umiejący.

Jeśli więc w dziedzinie Kościoła Długosz jest obrońcą zasad feudalnych, broni uprawnień biskupów i ich współrzędności z papieżem, o tyle, jak już powiedziałem, w dziedzinie kulturalnej Długosz jest całkowicie człowiekiem renesansu. Tylko czasami powtarza w swych kronikach frazesy gotyckie. Tak na przykład cytuje napis na grobie papieża Lucjusza III: „Lukka dała Ci życie, Ostia biskupstwo, Rzym papiestwo i Werona grób" i pisze: „Nie, to Werona dała Ci życie prawdziwe, Rzym wygnanie, Ostia troski, a Lukka śmierć".

Oto właściwe rozumowanie z czasów średniowieczno-gotyckich — człowiek jest tylko pielgrzymem w krainie cierpień.

Literatura czasów gotyckich nie jest tak genialna jak architektura tej epoki. Styl literacki gotycki jest kwiecisty, wężowaty i perfumowany. O tak! Zauważyłem, że zawsze się mówi o zapachach w piśmiennictwie gotyckim. Styl Długosza jest prosty, jasny, ma w sobie prostotę linii architektury renesansu. Długosz jest człowiekiem odrodzenia, wpływ bezpośredni na niego posiada nie literatura średniowieczna, lecz starożytna, łacińska. Tytus Liwiusz jest jego nauczycielem. Naśladuje Tytusa Liwiusza tak dalece, że pisząc o Polsce z X lub XI wieku powiada: „Rzeczpospolita Polska", co jest oczywiście anachronizmem historycznym. Długosz porzucił uniwersytet krakowski, bo nie lubił scholastyki, do szpiku kości był humanistą. Oczywiście nie przesadzał, był bogobojnym i pobożnym katolikiem, nie wyczyniał takich gestów jak ten jeden z jego współczesnych, który wziął dwie świece z ołtarza Chrystusa i postawił przed popiersiem Dantego, wykrzykując: „On jest bardziej tego wart". Było to bluźnierstwem z religijnego punktu widzenia i głupotą z punktu widzenia historii, bo nie ma w dziejach imienia bardziej godnego czci niż Jezus Chrystus. Długosz jest człowiekiem głęboko i czasami nawet naiwnie wierzącym, ale jego słownictwo wypełnione jest pojęciami z mitologii rzymskiej i greckiej, jak to jest w zwyczaju u humanistów.

I tutaj, po tych zbyt może długich dygresjach, malujących epokę, dochodzimy do punktu bardzo ważnego dla naszej pracy.

Powodując się tym swoim zamiłowaniem do wszystkiego, co antyczne, Długosz wymyślił, skomponował dla Litwinów całą mitologię, cały świat bogów, wzorowany na wierzeniach antycznych. Od czasów Długosza do prawie naszych czasów wierzono, że Litwa pogańska miała boginie i bogów podobnych do bogów rzymskich, boginię miłości, boga wojny itd. To dopiero czasy najnowsze stwierdziły z przerażeniem, że takich bogów nigdy nie było, że powstały one z fantazji Długosza i zrodzone zostały z jego miłości do mitologii antycznej. Geniusz Długosza zahipnotyzował historyków, Długosz jeszcze z grobu inspirował teorie historyczne. Zresztą tak się działo z innymi sprawami, co najmniej tak samo ważnymi jak mitologia litewska. Wpływ poglądów Długosza, z których niektóre są zupełnie fałszywe, jego ocena osobistości historycznych, czasami jak najbardziej niesprawiedliwa, ciążą po dziś dzień na poglądach historyków.

Litwa pogańska nie czciła ani Diany, ani Wenus pod nazwami, które dla nich skomponował Długosz, twierdzący zresztą, że sam wyraz Litwa pochodzi od wyrazu Italia, że wyraz Litwin jest przekręceniem wyrazu „Ital". Bogami litewskimi były przede wszystkim dęby, najstarsze i największe w litewskich lasach, potem inne drzewa wybierane według zasad kultu fetyszowskiego, potem lasy jako całość. Wszędzie, gdzie mieszkali Litwini, pełno było świętych lasów. Ludność Litwy, zamieszkała wśród lasów, jezior, niedostępnych moczarów, pozostała długo pogańska. Bardzo długo. Tutaj wypowiemy twierdzenie wręcz sensacyjne. Pogaństwo po zakątkach Litwy dotrwało aż do XVIII wieku. Tak jest! Jeszcze w początkach XVIII wieku oo. jezuici z triumfem znajdują w odludnych okolicach Litwy dęby święte, które obalają toporami, a w XVII wieku pełno jest ekspedycji zakonnych po kraju zwalczających resztę zabobonów pogańskich.

Litwini pogańscy czcili nie tylko las, ale wszystko, co z lasu pochodziło. Stąd kult wężów. Każda rodzina litewska miała święte węże hodowane w domu, które miały małe miseczki z mlekiem. Wspomina się o tych wężach w chłopskich litewskich chatach jeszcze w początkach XIX wieku. Z pewną przesadą powiedzieć można, że to dopiero świst lokomotywy wypłoszył ostatecznie węże z domostw litewskich.

Za wężami z lasów do Litwinów przyszły „kuaki", małe osobistości, kształtem podobne do człowieka, lecz nie większe od jeża. One są dobre lub są złe, to zależy od okoliczności. Potem jest jeszcze wielka ilość bóstw lub geniuszów dla wszelkiego rodzaju spraw. Są bóstwa, i to nawet trzy rodzaje bóstw, opiekujące się prosiętami, jest geniusz mówienia szeptem, jest boginka mąki przygotowanej do pieczenia chleba, jest bożek zdmuchiwania świec i w ogóle świateł — bardzo czcigodny bożek, ponieważ chroni przed pożarami — i wreszcie jest mały bożek pogański, który strzeże krzyżów na cmentarzach — biedne dziecko Litwy pogańskiej, pogański pogrobowiec zrodzony na Litwie już ochrzczonej.

Ale ponad lasami i całą Litwą wynosił się bóg bardzo serio, Perkun, który rzucał gromy i pioruny. Jak Jowisz, jak Zeus, ten bóg najbardziej szanowany był jednocześnie bogiem burzy.

Kapłani pogańskiej Litwy słuchali swego arcykapłana, zowiącego się Krywe Krywejtos. Nieznośni uczeni współcześni twierdzą, że to nieprawda, że wyraz „Krywe" oznacza tylko laskę, która była symbolem władzy arcykapłana. Ci uczeni przypominają mi starych zrzędów psujących wszelką zabawę i liczyć się z ich opiniami, obalającymi stare legendy, przesadnie nie będę. W każdym razie książąt na Litwie było dużo, kraj był ciągle dzielony, choć często również jednoczony, a arcykapłan pogański był jeden i stąd pochodził jego wielki autorytet. To jakby papież wywyższający się nad skłóconymi książętami panującymi w małych krajach.

Założycielem rodziny Radziwiłłów jest właśnie arcykapłan całej Litwy, Lizdejko.

Miał to być najmłodszy synek księcia litewskiego Narymunda, zamordowanego przez swego brata Dewmunda, który kazał zabić także dzieci swego starszego brata, aby utorować sobie drogę do tronu. Ale niemowlę zostało uratowane przez mamkę i zostało zawieszone na drzewach w miejscowości nad rzeką Wilią, niedaleko późniejszego Wilna. Polował tam wielki książę Witenes, brat starszy wielkiego Giedymina. Usłyszał płacz dziecka, zawieszonego w Orlim Gnieździe. Zlitował się nad nim, zaczął się nim opiekować i z biegiem czasu Lizdejko został arcykapłanem, czyli Krywe Krywejtą całej Litwy, i ożenił się z rodzoną córką wielkiego księcia Witenesa, swego wybawiciela, której na imię było Pojata. Miejscowość zaś, w której mały Lizdejko był na drzewach uwieszony i płakał, po dziś dzień nazywa się Werki, co po litewsku znaczy „płacz".

Lizdejko, już jak był arcykapłanem, był inicjatorem założenia Wilna, stolicy Wielkiego Księstwa Litewskiego. Oto Giedymin, następca Witenesa, polował na górze, która jest dziś zwana „Górą Zamkową" w Wilnie, i zabił ogromnego żubra. Położył się spać na trawie i we śnie ukazał mu się wilk żelazny, który tak potrącał swoją żelazną powłoką, że powstawał z tego olbrzymi hałas. Giedymin po obudzeniu wezwał

Krywe Krywejte, aby mu wytłumaczył, co ten sen znaczy. Lizdejko upatrzył tu wielką przepowiednię i poradził Giedyminowi na miejscu swego snu zbudować zamek, a dokoła zbudować miasto. Od tej „rady", którą dał Lizdejko Giedyminowi, powstało nazwisko „Radziwiłł".

Uczeni burzą legendy powyższe. Nie zgadzają się, aby dziecko, które płakało w lesie, było synem Narymunda, prawowitego monarchy litewskiego. Twierdzą, że legenda ta została przez pochlebców wielkiego rodu Radziwiłłow później wymyślona, aby dowieść, że to właśnie Radziwiłłowie, a nie kto inny, powinni być monarchami całej Litwy. Legendę co do „rady" założenia Wilna istotnie trudno jest uznać za prawdziwą. Przede wszystkim „Radziwiłłem" się nazwał dopiero praprawnuk Lizdejki, po drugie wyraz „rada" istnieje dotychczas po polsku, ale nigdy nie istniał po litewsku, a Giedymin i Lizdejko musieli rozmawiać po litewsku.

W każdym razie już od samego początku, od swego powstania, rodzina Radziwiłłów tak czy inaczej związana jest i z litewską rodziną panującą, i z lasem, tym bogiem starożytnej Litwy. Można powiedzieć, że Radziwiłłowie pochodzą z lasu, tak jak inne bóstwa litewskie.

Syn Lizdejki nazywał się Wirszyłło, zaślubił on ruską księżniczkę bełżką. Nie ma w tych czasach jedności ziem rosyjskich i ruskich, istnieje wielodzielnicowość. Syn Wirszyłły, a więc wnuk Lizdejki, ożenił się z księżniczką jarosławską z domu Ruryka, który panował nad Rusią i Rosją od samego powstania tych krajów aż do końca XVI wieku. Prawnuk Lizdejki, Wojszund, żeni się znowu z księżniczką witebską.

Ten Wojszund był wodzem wojsk litewskich i odniósł szereg zwycięstw. Jest to pierwszy w rodzinie Radziwiłłów wódz naczelny. Na akcie unii Litwy z Polską zawartej w Wilnie w 1401 r. figuruje podpis: „Weyszund cum filio suo Radivilio". Od tej chwili przestaniemy mówiąc o Radziwiłłach powoływać się na legendy, zaczyna się historia tej rodziny, jak najbardziej z dziejami Litwy i Polski związanej.

III

Cztery znaczenia wyrazu: Litwin

Radziwiłłowie od wielu setek lat reprezentują Polskę, a przecież pochodzenie ich jest litewskie. Ci wszyscy, którzy słyszeli o Polsce, słyszeli także o największym polskim poecie, Adamie Mickiewiczu. Główny poemat Mickiewicza zaczyna się od słów: „Litwo, Ojczyzno moja".

Teraz jednak w Ameryce istnieje emigracja polska i skłócona z nią bardzo często emigracja litewska. Pomiędzy dwoma wojnami istniało niepodległe państwo polskie i niepodległe państwo litewskie ze stolicą w Kownie. Te dwa państwa toczyły z sobą ostry spór terytorialny o miasto Wilno, które zamieszkałe było przez Polaków i nieznaczną garstkę Litwinów. Spory pomiędzy Polską a Litwą toczyły się przed Ligą Narodów i oto przedstawiciel Polski, marszałek Piłsudski, powiada o samym sobie przed Radą Ligi: „My Litwini".

A więc cudzoziemiec musi skonstatować, że niektórzy Litwini nie nazywają siebie Polakami, przeciwnie, nie lubią Polaków, a znowuż niektórzy Polacy, i to najwybitniejsi, jak Mickiewicz, jak Piłsudski, mówią o sobie: „My Litwini". Ktoś, kto pozna dobrze historię Polski, zarówno polskiej polityki, jak literatury, z łatwością stwierdzi, że ci, którzy samych siebie nazywali Litwinami, byli najliczniejsi wśród najwybitniejszych.

Aby te skomplikowanie sprawy wytłumaczyć, muszę opowiedzieć, jak w ciągu wieków sam wyraz „Litwin" cztery razy zmieniał swoje znaczenie.

Wymaga to dłuższego i bardziej ścisłego wywodu historycznego. Toteż wyjaśnieniu powyższego poświęcam cały rozdział niniejszy, dzieląc go na cztery podrozdziały.

Znaczenie pierwsze

Musimy się tu cofnąć do XIV i XV wieku. W drugiej połowie XIV wieku powstaje, a w pierwszej połowie XV wieku utwierdza się, unia dwóch państw: Litwy i Polski.

Wielkie Księstwo Litewskie składało się z ziem etnograficznie litewskich i ziem, na których zamieszkiwała ludność ruska. Tam, gdzie ludność mówiła po litewsku, panowało pogaństwo, tam, gdzie mówiono po rusku, było już chrześcijaństwo wschodniego obrządku, czyli tak zwane błahoczestje, później zwane prawosławiem. Dynastia jednak była litewska, panował tam dom Giedymina, a syn Giedymina, Olgierd, dowodził wyprawami Litwinów, które dochodziły do samej Moskwy. Część dynastii przyjęła już prawosławie, ale ci wielcy książęta, którzy reprezentowali całość państwa, byli wierni pogaństwu.

Jeden wybitny człowiek może być dyktatorem — ale jeśli talenty, geniusz dziedziczy syn, wnuk, prawnuk i tak dalej, to mówimy o wielkiej dynastii. Tak właśnie było z domem Giedymina. Sam Giedymin był niewątpliwie bardzo wielkim człowiekiem, tak samo jak dwaj jego synowie Olgierd i Kiejstut, i geniusz polityczny dziedziczony był tam z ojca na syna, aż do samego końca istnienia tej wielkiej dynastii, to znaczy do drugiej połowy XVI wieku.

To samo można zresztą powiedzieć o Radziwiłłach. Gdyby neurologia nie stała na tak przeraźliwie niskim poziomie, na jakim stoi, może by nam wyjaśniła, dlaczego niektóre rodziny arystokratyczne ulegają dekadencji i zwyrodnieniu i dlaczego istnieje taki fenomen, jak rodzina Radziwiłłów, która zawsze wydaje ludzi wybitnych, i nie tylko wybitnych, lecz pełnych inicjatywy, zaradności i niespożytej energii.

Otóż Olgierd i Kiejstut, synowie Giedymina, rządzili Litwą wspólnie w całkowitej między sobą harmonii. Kiejstut panował nad Litwą zachodnią, czyli pogańsko-litewską, Olgierd przeważnie nad ziemiami rusko-chrześcijańskimi. Ale obydwaj byli, jak już powiedziałem, zawziętymi poganami.

Głównym spadkobiercą Olgierda został Jagiełło, Kiejstuta — Witold. Między tymi dwoma braćmi stryjecznymi nie było tak dobrych stosunków, jak między ojcami, dochodziło czasami nawet do wojen, ale w końcu od r. 1392, od czasów tak zwanej ugody ostrowskiej, budowali razem wspólne polsko-litewskie państwo i ich współdziałanie od tej daty spowodowało wielkość tego państwa. Cud powstania w XV wieku polsko-litewskiego mocarstwa to rezultat braterskiej współpracy Jagiełły z Witoldem.

Jagiełło, objąwszy władzę po ojcu w 1377 r., miał do czynienia z sytuacją następującą: Jako państwo pogańskie pozostawał w stosunkach nieprzyjaznych z Wielkim Księstwem Moskiewskim i z Polską i przede wszystkim z Zakonem Krzyżackim, który podbicie całej Litwy uważał sobie za szczytny i bogobojny cel. Poza tym Litwa była podzielona na szereg dzielnic, na których siedzieli Giedyminowicze, ale nie zawsze chcący się podporządkować władzy Jagiełły, tym bardziej że pewna ich ilość już była przyjęła prawosławie. Wreszcie ten Witold, z którym później tak po bratersku współrządził, był mu w tym czasie niechętny lub co najmniej wobec niego zmienny. Jagiełło wyczuł, że obrona pogaństwa staje się anachronizmem, że jest otoczony światem chrześcijańskim, że jego pogaństwo daje tytuł do jego zwalczania wszystkim jego przeciwnikom. Pozostawało jednak pytanie, z czyich rąk przyjąć chrzest. Gdyby przyjął go od Krzyżaków, byłoby to równoznaczne z przyjęciem wasalstwa. Przyjęcie prawosławia powiększyłoby w państwie Jagiełły wpływy ruskie, pomniejszyłoby znaczenie samych Litwinów. A przecież i za Giedymina i jego synów, i za Jagiełły i Witolda element litewski był tam elementem kierowniczym.

Rozwiązanie Jagiełły było, zdaje się, zupełnie prawidłowe. Nie zwrócił się do Krzyżaków, uchylił się od przyjęcia prawosławia, a natomiast oświadczył się o rękę Jadwigi. Była to królowa małoletnia, rządziła w jej imieniu arystokracja małopolska, czyli krakowska. Zrozumiała ona, że na unii z Litwą Polska zyska nie tylko samodzielność polityczną, ale znajdzie się na drodze do wielkości.

Zawarto z Polską szereg układów unijnych, rycerstwo litewskie uzyskało prawa szlachty polskiej, które były duże, oraz przyjęło herby rodowe, które przez cały ciąg historii polskiej ogromną odgrywają rolę, do czego jeszcze nawrócimy. Ale na tych uniach podpisane są zawsze rodziny litewskie. Zwłaszcza charakterystyczna jest pod tym względem unia horodelska z 1413 r., która ostatecznie nadała szlachcie litewskiej prawa szlachty polskiej, dopuszczając ją do współrządów na równi z monarchą. Bo w Polsce nigdy nie było absolutyzmu monarchicznego, istniał tam zawsze parlamentaryzm, pod tym względem Polska przypominała nie Francję, lecz Anglię.

Na Litwie istniało wtedy bardzo dużo rodzin bardzo możnych,

które przyjęły już prawosławie i uważały się za „bojarów", czyli za szlachtę typu ruskiego. Były to rodziny Sapiehów, Tyszkiewiczów, Chreptowiczów, Chodkiewiczów i liczne inne. Na Litwie też były 42 rodziny książęce, częściowo pochodzące od książąt litewskich, jak Giedroyciowie, ale przeważnie Rurykowiczów, czyli wywodzących się od Ruryka, pierwszego monarchy, który władał Kijowem, a pochodził ze Skandynawii. Otóż wszystkie te rodziny nie uczestniczyły w akcie unii horodelskiej. Podpisali ją tylko Litwini, czyli wczorajsi poganie. Jagiełło zabronił też Litwinom przyjmowania obrządku prawosławnego, kazał im przyjmować tylko katolicyzm rzymski.

Innymi słowy: wyraz Litwin w końcu XIV i początkach XV wieku ma znaczenie bardzo wyraźne, jasne, niedwuznaczne. Rozumie się, że Litwinami są ludzie używający języka litewskiego, którzy wprost z pogaństwa przyjęli wyznanie rzymskokatolickie i którzy za czasów Jagiełły i Witolda, tak jak za czasów Giedymina, są rządzącym, kierowniczym elementem w państwie litewskim.

Rycerstwo litewskie, które podpisywało akt unii horodelskiej, bardzo często ma nazwiska, a raczej imiona, z których powstaną nazwiska na „ił", „iłł" lub „iłło". Zresztą wszystkie te końcówki oznaczają to samo i nawet są bez trudu zamieniane ze sobą. Można powiedzieć „Montwiłł" czy „Montwiłło", „Jundziłł" czy „Jundziłło", „Strumiłł" czy „Strumiłło".

Nazwisko Radziwiłł jest nazwiskiem typowo litewskim.

Wszystkie jednak podkreślenia, że w Wielkim Księstwie Litewskim w XIV i XV wieku elementem kierowniczym są Litwini mówiący po litewsku, opatrzyć trzeba zastrzeżeniem, że ci Litwini po litewsku mówią, ale nie... piszą. To bardzo ciekawa okoliczność nie tylko dla historyka litewskości, ale i dla filozofa historii badającego dzieje nacjonalizmów w Europie.

Prof. Sarolea z Edynburga przekonał mnie, że „język" to dialekt, który ma swoją literaturę, swoje piśmiennictwo. Język nie posiadający literatury nie jest językiem, lecz dialektem. Otóż wiemy, że za czasów Jagiełły ten Jagiełło mówił po litewsku do Witolda, bo tak opowiada o tym Długosz, wiemy, że Radziwiłłowie mówili pomiędzy sobą po litewsku, ale brakuje nam jakiegokolwiek pomnika języka litewskiego na piśmie. W XV w., w miarę potężnienia państwa litewskiego, językiem państwowym, administracyjnym będzie tam język ruski, który od XVI wieku bardzo powoli będzie ustępował polszczyźnie.

W Kościele katolickim używana jest oczywiście łacina, w cerkwi prawosławnej język liturgiczny, starocerkiewnosłowiański.

Litwa była więc fenomenem państwa bez języka. Wiemy, że w całej Europie są tylko dwa państwa: Szwajcaria i Belgia, które nie wyrosły z podstawy jednolitości języka. Ale obydwa te państwa znajdowały się w sytuacji specjalnej, której tu analizować nie będziemy. Natomiast wszystkie inne państwa reprezentowały jednolitość języka piśmiennego, górującego nad lokalnymi dialektami czy narzeczami. Dialekt litewski był oryginalny, zupełnie odrębny od polskiego, rosyjskiego i niemieckiego, ale piśmiennictwa swego nie miał i państwo litewskie było państwem o obcym języku administracyjnym.

W dzisiejszych czasach z podziwem spoglądamy na duże państwa posługujące się w życiu publicznym językami zupełnie obcymi, importowanymi, jeśli się można tak wyrazić. W ten sposób Indie używają języka angielskiego, niektóre państwa afrykańskie języka francuskiego, inne także angielskiego. Ale nie leżało to w zwyczajach europejskich.

Znaczenie drugie

W chwili ślubu królowej Polski Jadwigi z wielkim księciem litewskim Jagiełłą, w r. 1386, państwo Jadwigi liczyło sto tysięcy kilometrów kwadratowych. W chwili zgonu syna i dziedzica Jagiełły Kazimierza Jagiellończyka w 1492 r. państwo polsko-litewskie liczy już jeden milion sto tysięcy kilometrów kwadratowych, i to nie licząc państw lennych. Dom Giedymina w ciągu stu lat ujedenastokrotnił terytorium podlegające koronie polskiej.

Kazimierz Jagiellończyk otrzymywał propozycje włożenia mu na głowę korony cesarskiej św. Imperium Rzymskiego. Nigdy państwo polskie nie było taką potęgą, jaką było za jego panowania. Dom Giedymina stworzył z Polski wielkie mocarstwo. Dopiero po nieszczęśliwym zakończeniu panowania tej dynastii zaczyna się powolny schyłek potęgi tego mocarstwa, które upadnie w wieku XVIII na skutek anarchii wewnętrznej i anarchicznego ustroju, opartego na przesadnym umiłowaniu wolności.

Ten wzrost potęgi państwa polsko-litewskiego zmieni znaczenie wyrazu Litwin. Począwszy od XVI wieku Litwinem jest nie tylko człowiek mówiący po litewsku, lecz również po rusku lub po polsku. Litwinem jest po prostu każdy mieszkaniec ogromnych przestrzeni Wielkiego Księstwa. Pisaliśmy, że w poprzednim okresie Litwinami byli Radziwiłłowie, względnie dom Lizdejki, natomiast Litwinami nie byli Sapiehowie czy Tyszkiewiczowie, czy książęta pochodzący od ruskiego władcy Ruryka. Obecnie są oni Litwinami jak najbardziej. Równie jak rodowici Litwini uzyskali prawa szlachty polskiej, wybierają posłów na sejmy, wchodzą w skład Senatu, ponieważ od 1569 r., od unii lubelskiej, całe państwo polsko-litewskie ma wspólny parlament, chociaż posiada dwa rządy — hetmani, kanclerze, podskarbiowie i marszałkowie, będący odpowiednikiem późniejszych ministrów, osobni są dla Polski i osobni dla Litwy.

Język litewski dalej nie istnieje jako język państwowy, ale począwszy od siedemnastego wieku również język ruski jest wypierany przez język polski. Jeśli będziemy oglądali papiery rodzinne rodzin litewskich, to zobaczymy, że już dawno korespondencja członków tych rodzin między sobą jest w języku polskim, a akty rodzinne, oficjalne, chociażby wyroki sądowe w sprawie podziału dziedzictwa i tego rodzaju akty o charakterze publicznym, są wciąż pisane po rusku. Innymi słowy język polski nie był nikomu w Wielkim Księstwie narzucany, lecz po prostu społeczeństwo samo go przyjęło.

Są dwie siły, które pracują na korzyść polskości w Wielkim Księstwie: Kościół i instytucja szlachty.

Kościół był uniwersalny, katolicki, a więc łaciński. W wieku XVII, wieku panowania jezuitów w Polsce, przychodzą do Wielkiego Księstwa wpływy hiszpańskie. Miasto Wilno na przykład, na skutek architektury swych kościołów i swych uliczek, może robić wrażenie miasta hiszpańskiego. Ale księża i zakonnicy zamieszkali na Litwie często są pochodzenia polskiego, szerzą więc język polski. Język polski ma wiele powodów do przekształcenia się w język, którym mówi całe Wielkie Księstwo: szlachta, mieszczanie i Żydzi. Tylko ludność włościańska pozostaje wierna dialektowi litewskiemu i ruskiemu.

Zresztą w poprzednim wieku XVI rolę propagatora języka polskiego odegrał kalwinizm, który przejściowo zdobył sobie na Litwie dużą ilość wyznawców. Reformacja w ogóle posługiwała się językami krajowymi, odsuwała łacinę na plan dalszy. Litewscy kalwini uznali język polski za swój język narodowy.

Szlachta. Nie trzeba pojęcia o szlachcie polsko-litewskiej urabiać sobie według wzorów z zachodniej Europy. Szlachta polsko-litewska tym się różniła od szlachty zachodnioeuropejskiej: francuskiej, niemieckiej, hiszpańskiej, że była nieskończenie bardziej liczna. Na ogólną ilość ludności szlachta we Francji stanowiła zupełnie nikły procent. W Polsce ilość szlachty była nieproporcjonalnie większa, wynosiła w XVIII wieku około 12% ogółu ludności. Prawa wyborcze do Sejmu posiadał w Polsce tylko szlachcic, ale tych wyborców w Polsce był o wiele większy procent w stosunku do ogółu ludności, niż było wyborców do parlamentu w Anglii przed reformami ordynacji wyborczej lat czterdziestych wieku XIX i drugiej połowy wieku XIX.

Herby rodowe są duszą rycerstwa średniowiecznego i duszą szlachty, powiedział wielki historyk europejski. Otóż herby polskie miały większe znaczenie niż gdzie indziej. Na zachodzie Europy były tylko herby rodzinne, w Polsce herby żyły życiem własnym i jeden herb służył szeregowi rodzin, dużym i małym, magnackim i tak zwanej szlachcie zaściankowej, czyli ludziom pracującym własnymi rękami na roli. Ogromna ilość tej szlachty zaściankowej wyróżniała ustrój Polski wśród ustrojów europejskich. Dokoła herbów szlacheckich, ich wizerunków, ich symboli wytworzyła się cała literatura i poezja, a zwłaszcza był to ulubiony temat krasomówstwa przy każdej okazji. Pod względem artystycznym mogło to mieć różne walory, ale ta poetyzująca herby tematyka była bardzo charakterystyczna dla epoki XVII wieku.

W wieku XVII można więc uważać Wielkie Księstwo Litewskie za dokładnie spolonizowane. Powstał tam patriotyzm Rzeczypospolitej Polskiej, przy tym nie mówiono Rzeczypospolitej Polsko-Litewskiej, a tylko Polskiej. Nie znaczy jednak, i to podkreślić należy, aby powstanie tego patriotyzmu Rzeczypospolitej i dbałość o interesy całego państwa były jednoznaczne z zanikiem patriotyzmu krajowego litewskiego. W XVII wieku istnieje nadal wyraźny podział na Litwinów i koroniarzy. Mieszkaniec Polski mówi o sobie, że jest koroniarzem, i Litwini nazywają go koroniarzem. Obok Korony, czyli Królestwa Polskiego, istnieje Wielkie Księstwo Litewskie i dopiero oba te kraje tworzą Rzeczpospolitą Polską. Mieszkańcy obu krajów obok wspólnego patriotyzmu zachowują patriotyzm partykularny.

W okresie tego drugiego znaczenia wyrazu Litwin Radziwiłłowie pozostają Litwinami, nawet może są najwybitniejszymi przedstawicielami wykładni „drugiego znaczenia wyrazu Litwin", jak ja to nazywam. Uważają się za współodpowiedzialnych za los całej Rzeczypospolitej, lecz świadomi są obowiązków wobec interesów Wielkiego Księstwa Litewskiego.

Znaczenie trzecie

Od drugiej połowy XVIII wieku zanika poczucie odrębności interesów politycznych pomiędzy Koroną i Wielkim Księstwem Litewskim. Pod koniec XVIII wieku Polska traci niepodległość i całość myśli politycznej polskiej i wysiłków polskich skierowuje się na drogę zdążającą do niepodległości tej odzyskania.

W tej walce o odzyskanie niepodległości Polski Litwini są elementem najbardziej aktywnym. Nazwisko-symbol Tadeusza Kościuszki staje się sztandarem, a Kościuszko był Litwinem, pochodził z nowogródzkiego województwa.

Zgodnie z prawdą historyczną trzeba powiedzieć, że Litwini w czasach niepodległej Polski odegrali rolę jak najbardziej pozytywną, oni właśnie byli poważnymi politykami, mężami stanu, oni reprezentowali wielkie poczucie godności państwowej. Zresztą samo swe powstanie mocarstwo polskie zawdzięcza domowi Giedymina. Gdyby ktoś zadał sobie trud sporządzenia statystyki ·polityków polskich od XV do XVIII wieku, to by z łatwością skonstatował, że rozum i poczucie realizmu państwowego reprezentowali zawsze Litwini.

Teraz, w czasach niewoli, poetą przemawiającym imieniem całej Polski jest Adam Mickiewicz, syn Ziemi Nowogródzkiej, wychowanek Uniwersytetu Wileńskiego, nauczyciel w Kownie. ,,Litwo! Ojczyzno moja" — pisze z największą tęsknotą do swej ziemi. Zawsze używa wyrazów: Litwa, Litwini, kiedy budzi go nostalgia podczas nocy spędzonych na zachodniej emigracji. I odzywa się w nim dusza pierwotnego Litwina, gdy pisze te cudowne wiersze o litewskich lasach:
,,Rówienniki litewskich wielkich kniaziów, drzewa
Białowieży, Świtezi, Ponar, Kuszelewa!
Których cień spadał niegdyś na koronne głowy
Groźnego Witenesa, wielkiego Mindowy".
Mickiewiczowi, gdy mieszkając w Paryżu przedstawiał się Francuzom, że jest Litwinem, do głowy nawet przyjść nie mogło, że to znaczy: nie jestem Polakiem. Wprost przeciwnie. Przez podkreślenie, że

jest Litwinem, Mickiewicz tylko chciał powiedzieć, że jest najlepszym, najbardziej patriotycznym rodzajem Polaka, najbardziej Polskę kochającym i najmniej z niewolą pogodzonym.

Istotnie wilnianie w tym okresie zarzucali warszawiakom zbytnią wobec Moskali usłużność i ustępliwość. Wyraz Litwin nabrał w tym okresie znaczenia Polaka o nieprzejednanym patriotyzmie.

Znaczenie czwarte

I oto przychodzi znaczenie czwarte: Litwin jako człowiek wypędzający z siebie polskość, chcący się jej pozbyć, nie lubiący Polaków.

Po reformie Aleksandra II, uwalniającej i uwłaszczającej chłopów w 1861 r., powstała na Litwie klasa włościańska, raczej zamożna, z wolna dochodząca do świadomości w obronie swych praw, a mówiąca w domu dialektem litewskim, który, jak wiemy, bardzo długo nie posiadał własnej literatury, nie był językiem piśmiennym, a tylko ustnym. Od początku XIX wieku są już próby stworzenia tego piśmiennictwa. Litewska klasa włościańska do tego się garnie, a jednocześnie ma niechęć do swoich większych właścicieli ziemskich, że się języka praojców wyrzekli. Na terenach Kowieńszczyzny i Wileńszczyzny ruch odrodzeńczy litewski nabrał podwójnego charakteru: nacjonalistycznego, połączonego z umiłowaniem języka litewskiego, historii litewskiego średniowiecza, oraz klasowego, niechęci włościan do panów. Propagatorami tego ruchu byli księża, pochodzący z rodzin włościańskich, a którzy z entuzjazmem właściwym wszystkim katolikom wprowadzali język litewski do zakrystii i kościoła; nabożeństwa dodatkowe zaczęli odprawiać po litewsku.

Liczna szlachta zaściankowa na tych terenach stanęła po stronie antylitewskiej. Ta szlachta zaściankowa niczym się od litewskich włościan nie różniła, czasem miała od nich mniej ziemi i była biedniejsza, ale tradycje związku z polskością były tu o wiele silniejsze, chociaż pochodzeniowo nie było oczywiście żadnej różnicy pomiędzy tym ludem z zaścianków a ludem ze wsi.

Oczywiście, odrodzenie języka litewskiego i ruch polityczny z odrodzeniem tym związany dotyczył tylko terenów zamieszkanych przez ludność mówiącą tym dialektem. Była to tylko drobna część terenów byłego Wielkiego Księstwa. Uprawiając nacjonalizm litewsko-językowy Litwini zrzekali się tym samym swych uprawnień państwowych do ziem zamieszkałych przez ludność mówiącą po białorusku.

Jeden dowcipny starszy pan użył określenia: rozwód Jadwigi z Jagiełłą. Było to bardzo celne powiedzenie. Ta kłótnia z Polakami, wszczęta przez Litwinów mówiących po litewsku, miała wszelkie cechy atmosfery rozwodowej, zawsze tak przykrej dla dzieci, które nie lubią, jak się ojciec kłóci z matką. Tyle się uzbierało wspólnych wspomnień sentymentalnych, tyle wspólnych przeżyć, tak wielką wspólnie zbudowało się kulturę i tu raptem trach, rozwód, kłótnia. Po pierwszej wojnie światowej i po rewolucji rosyjskiej Litwini zbudowali własne państwo ze stolicą w Kownie, które nie utrzymywało przez wiele lat stosunków z Polską, a oburzało się, że Wilno, dawna stolica Wielkiego Księstwa, należy do państwa polskiego.

Ale ten rozwód z Polską nie zawsze się Litwinom udawał, nie zawsze był konsekwentny. Oto w kowieńskim Muzeum Narodowym, w sali reprezentacyjnej, wisiał obraz „Grunwald" z postacią Witolda, wielkiego księcia litewskiego, jako osobą centralną i główną. Ale obraz „Grunwald" sławił wspólne litewsko-polskie zwycięstwo nad Krzyżakami, obraz namalował Polak: Jan Matejko. „Kraków — powiedział mi raz w zamyśleniu prof. Voldemaras, premier państwa litewskiego — jest do pewnego stopnia bardziej litewski od Kowna". To prawda, ponieważ jest w Krakowie więcej pamiątek litewskich, jak również prawdą jest, że ta stolica Litwy, którą Litwini kochają jak Żydzi Palestynę, to piękne, przepiękne Wilno ma, a raczej miało, znakomitą większość ludzi uważających się za Polaków.

Prawdziwie litewskim Litwinem jest wielki Czurlonis. Był to malarz, który malował muzykę i tony, którego obrazy wywoływały zachwyt w Paryżu nieokreśloną melancholią swoich kolorów. Istotnie jest coś muzycznego w rozlewności malarskiej Czurlonisa. Litwini go czczą jako nareszcie swoją autentyczną znakomitość, przecież to nie żaden Mickiewicz piszący: „Litwo! Ojczyzno moja" po polsku. Czurlonis ma w Kownie własne muzeum. Zwiedzam je i cóż? Na jednym z obrazów Czurlonisa, malowanym w r. 1907, widzę wyraz: „Zachód", tak jest, cynicznie dużymi literami wyraz: „Zachód", bez żadnej wątpliwości po polsku.

Moi rodzice spoczywają na cmentarzach wileńskich, moi dziadkowie i pradziadkowie koło Puszczy Bersztańskiej w sercu terytorium pomiędzy Wilnem i Kownem. Znam więc te stosunki. Wiem, jak dalece spór pomiędzy Litwinami a Polakami litewskimi ma charakter sporu rodzinnego. Jak jest w nim uczucie podobne czasem do nienawiści i jak się nagle odmienić może. Gdyśmy rozbici, pobici opuszczali w tym koszmarnym wrześniu 1939 r. Wilno i przyjechali na Litwę, Litwini przyjęli nas nie tylko gościnnie, przyjęli nas całym sercem, delikatnie, troskliwie, uprzejmie; rozumiejąc nasz wstyd i upokorzenie, taktownie; przyjęli nas każdym pocieszając słowem. Kobiety litewskie wynosiły mleko na drogi, którymi się cofali żołnierze polscy, uprzejmie, delikatnie, odmawiając zapłaty, karmili, zapraszali, gościli. Niezwykła dobroć, serdeczność, czułość i rzewność ogarniała ich wobec nas. To tak jak u sąsiada, z którym się jest w niezgodzie, dom się pali i małe dzieci pogorzelca we własny dom się przyjmie.

Ludność polska na Litwie była przecież albo litewskiego, albo białoruskiego pochodzenia, pomieszana z ludnością Polski rdzennej. Ale miała w sobie tę zawziętość i upór, charakteryzujące Litwinów. Mogę tu opowiedzieć dwie anegdoty z mego życia. Jedna z nich jest groteskowa, druga patetyczna.

Do administracji gazety, którą wydawałem, przychodzi zaperzony jegomość. Pokazuje duże ogłoszenie o swoim sklepie, które dużo kosztowało, i powiada:

— Co to znaczy, ja was do sądu podam.

— O co chodzi — umieścił pan ogłoszenie i za nie zapłacił i myśmy wydrukowali.

— To nie ja nadałem, to mój konkurent, czy nie widzieliście, co on tam napisał?

Istotnie, pod nazwiskiem i adresem sklepu zacnego kupca znalazła się w ogłoszeniu adnotacja: „sklep litewski". Złośliwość konkurenta chciała mu popsuć interesy przed samą Wielkanocą.

Druga anegdota jest, jak powiedziałem, patetyczna.

Hotel w Kownie został przejęty przez państwo. Był tam stary służący, służył kilkadziesiąt lat, dostał wymówienie, bo nie mówił ani słowa po litewsku. Pewien warszawista, czułego serca, korespondent „Gazety Polskiej" w Kownie, ulitował się nad losem starca, poszedł do dyrekcji hotelu w jego sprawie.

— Nam samym jest przykro — powiada dyrekcja — istotnie człowiek tu służył kilkadziesiąt lat. Ale pan rozumie, jesteśmy hotelem państwowym, reprezentacyjnym, przyjeżdżają tu dyplomaci, posłowie obcy, a on tylko po polsku i po polsku. Niech go pan namówi, żeby się nauczył kilku słów najprostszych po litewsku: cena pokoju, mydło, śniadanie, obiad, dzień dobry, do widzenia — no, kilka słów najprostszych, a my go zostawimy.

Uradowany warszawista idzie do starego.

— A, nie może to być.

— Dlaczego, cóż znowu, mój Boże, ja sam was nauczę tych kilku słów, zobaczycie, że to nie tak trudno.

— Jak ja mogę się trochę po litewsku nauczyć, kiedy ja doskonale po litewsku mówię.

Stary po prostu nie chciał inaczej mówić jak po polsku i dostał dymisję.

Ale Polacy litewskiego pochodzenia nie tylko byli zawzięci. Mieli także większe zdolności polityczne niż inni Polacy. Oto piszę pracę o dziejach Europy pomiędzy latami 1900 a 1914. W Austrii wtedy rządzili Polacy, czasami gabinety austriackie miały większość ministrów polskich. W czasach, które opisuję, ministrem austro-węgierskiego państwa był Polak, Agenor hr. Gołuchowski. I oto, będąc ministrem, nie potrafił nic zrobić dla Polski jako całości, dla programu odzyskania niepodległości państwa polskiego. Po prostu nie miał w tej dziedzinie chociażby szczątku programu, żadnej koncepcji. I oto ten program, tę koncepcję stworzyli, wysunęli, realizowali i zrealizowali dwaj przebywający w Krakowie biedacy z Litwy: Józef Piłsudski i Władysław Studnicki.

Na zakończenie tego podrozdziału o czwartym, nacjonalistycznym znaczeniu wyrazu: Litwin, dodać muszę, że Litwini w swej niepodległej republice, istniejącej między dwoma wojnami, szanowali tradycje wielkiego imienia Radziwiłłów. Nawet swój reprezentacyjny pułk huzarów nazwali pułkiem imienia księcia Janusza Radziwiłła.

IV

Radziwiłłowie XV wieku

Cofnijmy się jeszcze o sto lat wstecz do unii horodelskiej, do czasów, kiedy w miejscowości Werki, w głębi lasu, na gałęziach drzew, znaleziony został mały Lizdejko przez wielkiego księcia Witenesa. Zapamiętajmy nazwę Werki, oznaczającą po litewsku: płacz. Lizdejko miał według nie sprawdzonych wiadomości dożyć stu lat i przeżyć chrzest Litwy. Jakież były uczucia byłego arcykapłana ostatniej wielkiej w Europie organizacji pogańskiej, kiedy dowiadywał się, że rąbano święte dęby, zalewano ognie wiecznie płonące i że lud jego i jego wnuki przyjmowały religię chrześcijańską, którą przez całe życie zwalczał, że kończyły się piękne obrzędy pogańskie, które się tak długo pod jego kierownictwem odbywały. Jednym z takich kultów było słuchanie słowików na wiosnę. Jakie były szczegóły tego kultu, jakie przy tym obserwowano ceremonie, dziś już o tym nie wiemy, lecz jeszcze Jagiełło, pierwszy król Polski z domu Giedymina, chrześcijanin od 1386 r., umiera w r. 1434, ponieważ się przeziębił słuchając słowików. Długosz mu zgryźliwie i złośliwie wypomina, że pogańskie gusła odprawiał. Jagiełło wiele lat był chrześcijaninem, lecz po kryjomu od swego dworu, od wszystkich, sprawował swoje obrzędy pogańskie.

Miejscowość Werki, w której znaleziony był Lizdejko, długo pozostawała w radziwiłłowskich rękach. Albert I Radziwiłł, biskup wileński, umarł w 1519 r. w Werkach. Dopiero w XIX wieku Werki z rąk Radziwiłłów przeszły drogą dziedzictwa do rąk książąt niemieckich, Hohenlohe. Kanclerz niemiecki, Hohenlohe, długo opisuje Werki w swoich wspomnieniach, na co się powołuje jego następca na stanowisku kanclerza, Bernard Bülow, jak zresztą zawsze w sposób niechlujny i niedokładny.

Synem Wojszunda, o którym wspominaliśmy, był Radziwiłł, którego imię stało się później nazwiskiem całej tej książęcej dynastii. Wiemy już, że wraz z ojcem podpisał unię wileńską w 1401 r. Przedtem jeszcze, jako młody człowiek, w r. 1384, na dwa lata przed swoim chrztem, odznaczył się wybitnym czynem wojennym, w wojnie właśnie przeciw Polakom. W bitwie pod Zawichostem krzyknął: „za mną, dzieci" i przeprowadził część wojska litewskiego przez bród na Wiśle. Bitwa została przez Litwinów wygrana. Potem Litwini weszli do klasztoru Św. Krzyża, w Górach Świętokrzyskich, gdzie się przechowywała drzazga z krzyża, na którym umarł Jezus Chrystus. Według legendy, poganie litewscy starali się zabrać tę relikwię, ale wóz, na który ją położono, nie ruszał się z miejsca, mimo wszelkich wysiłków koni i ludzi.

Radziwiłł ochrzcił się wraz z Jagiełłą w katedrze krakowskiej i przybrał imię Mikołaja, a w dalszym ciągu swego życia używał, wzorem monarchów panujących, przydomku pierwszego. Jest to więc Mikołaj I Radziwiłł, który odznaczył się w wielu bojach z Zakonem Krzyżackim, Rosjanami oraz z Tatarami. Był wojewodą wileńskim. Prócz unii wileńskiej podpisał także unię horodelską, która dała rycerstwu litewskiemu te same prawa, które miała szlachta polska. Według najpoważniejszego historyka polskiego, na tej unii Radziwiłł przybrał sobie herb Sulimę, a brat jego, Ostyk, herb Trzy Trąby. Potem jednak, w 1451 r., wynikła przejściowa kłótnia Polaków z Litwinami. Mianowicie pierwszy syn Jagiełły zginął pod Warną w wojnie z Turkami w 1444 r. Polacy chcieli mieć za króla drugiego syna Jagiełły, Kazimierza, ale ten młodociany i genialny książę, który potem będzie największym królem Polski, drożył się i stawiał swoje warunki, które dyktował z Litwy, z Wilna. Na tym tle doszło do kłótni pomiędzy panami polskimi a litewskimi, a wśród tych ostatnich Mikołaj II Radziwiłł miał najwięcej do powiedzenia. Po czym, kiedy doszło już do zgody i kiedy Kazimierz zasiadł na polskim tronie nie tracąc litewskiego, szlachta litewska z powrotem przyjęła herby polskie, ale Mikołaj II Radziwiłł przyjął dlaczegoś nie herb Sulima, lecz herb Trzy Trąby.

Mikołaj II Radziwiłł umiera jako kanclerz wielki litewski, będąc jednocześnie hetmanem wielkim litewskim. Łączył więc dwie najwyższe godności urzędowe państwa litewskiego, cywilną: kanclerza, i wojskową: hetmana. Jest to jeden z najznakomitszych Radziwiłłów.

Miał on braci: Jana I Radziwiłła, zwycięskiego wodza w wojnie z Moskwą, Piotra i siostrę Annę, od której Birże, miasto i włości na Litwie, wchodzą do domu Radziwiłłowskiego.

Mikołaj II ożeniony był z Anną Monwidówną, księżniczką słonimską, z domu Giedymina, i miał z nią synów: Mikołaja III, zwanego Amor Poloniae, i Alberta I, zwanego Jałmużnikiem, biskupa wileńskiego.

Mikołaj II miał także dwie córki: Zofię-Annę i Annę. Starsza Zofia wyszła za Stefana Batorego, księcia Siedmiogrodu, i była rodzoną babką Stefana I, króla polskiego i wielkiego księcia litewskiego. Młodsza, Anna, bardzo wybitną rolę odegrała w historii, wyszła za mąż za Konrada IV ze starej dynastii polskiej Piastów, który był księciem mazowieckim. Po wygaśnięciu tej dynastii Piastów Mazowieckich Mazowsze miało być dopiero połączone z koroną polską. Mąż jej umarł i ona w imieniu swych synów małoletnich: Janusza i Stanisława, sprawowała rządy na Mazowszu energicznie i stanowczo, broniąc samodzielności księstwa w trudnych warunkach politycznych i geograficznych, bo Mazowsze było wciśnięte pomiędzy Polskę, Zakon Krzyżacki i Litwę. W czasie swych rządów opierała się o wpływy rodziny Radziwiłłów na Litwie. Umarła w roku 1522.

Widzimy więc, że najbardziej spotykanym imieniem żeńskim w rodzinie Radziwiłłów w XV wieku jest Anna. Córka księcia Stanisława Radziwiłła, szwagra prezydenta Kennedy'ego, której ojcem chrzestnym jest prezydent Stanów Zjednoczonych, jest także Anna. Ale rodzina Radziwiłłów istniała na dwieście lat przed odkryciem Ameryki przez Krzysztofa Kolumba.

Teraz kilka uwag głębszych o historii Litwy, Polski i Europy, o ustrojach państw europejskich. Właśnie ustrój Polski i Litwy w XV wieku jest bardzo ciekawy dla historyków w ogóle, a w szczególności dla historyków prawa.

W średniowieczu, jak wiemy, panował w Europie ustrój feudalny. Co to jest feudalizm, jak syntetycznie należy charakteryzować ten ustrój? Feudalizm był to ustrój, w którym nie było tego, co nazywamy suwerennością państwową. Nikt nie miał tego, co tak świetnie nazwał prof. Jellinek „kompetencją kompetencji". W ustrojach nie-feudalnych, absolutystyczno-monarchicznych, monarchiczno-konstytucyjnach, parlamentarnych, republikach, dyktaturach zawsze jakiś organ państwowy sam decyduje, co leży w jego kompetencjach.

W ustroju feudalnym papież, cesarz, król, książę, pan feudalny, miasto, cech, uniwersytet, wreszcie nawet włościanin na roli miał pewną ilość uprawnień, których mu nikt nie mógł odebrać i nikt się wobec tych uprawnień nie mógł powołać na jakąś suwerenność. Każdy wasal miał pewną ilość obowiązków i uprawnień w stosunku do swego suzerena i każdy suzeren miał pewną ilość uprawnień i obowiązków wobec swego wasala. Zamiast jakiejś woli powszechnej, centralnej działały kierownictwa lokalne: książąt, margrabiów, hrabiów, wicehrabiów, miast, cechów itd.

Wiemy, jak w Anglii system ten został przełamany na rzecz centralnego parlamentu złożonego z panów feudalnych i przedstawicieli gmin. Stało się to bardzo wcześnie, bo w 1215 r., i od tego czasu cały ustrój Anglii opierał się na założeniach stworzonych w tym roku. Władza króla została ograniczona, lecz nie na rzecz instytucji lokalnych, działających samodzielnie, lecz organów centralnych, współdziałających z królem w sprawowaniu władzy nad całym państwem. Jest to początek obecnego angielskiego parlamentaryzmu.

We Francji i innych krajach Europy rozwój form ustrojowych poszedł w innym kierunku. Powstał absolutyzm monarchiczny za Ludwika XI w XV wieku, a w XVII stuleciu powie już Ludwik XIV: „Państwo to ja". Dopiero rewolucja obala absolutyzm monarchiczny i wprowadza z jakimiż trudnościami formy parlamentarne, jakże źle we Francji po dziś dzień funkcjonujące w porównaniu do parlamentaryzmu w Anglii lub Ameryce.

W Polsce było jeszcze zupełnie inaczej. Przede wszystkim nie było tam klasycznego średniowiecznego feudalizmu. Jedynie ustrój Kościoła reprezentował ustrój feudalizmu duchownego. Natomiast właśnie w XIV i XV wieku rozpoczyna się ograniczanie władzy królewskiej na rzecz przywilejów wielkich panów, pomiędzy którymi są rozdawane główne urzędy cywilne i wojskowe, oraz uprawnień szlachty. Powstaje także Senat i Sejm, tak jak w Anglii Izba Lordów i Izba Gmin, z tą wielką jednak różnicą, że urzędy w Polsce nie są dziedziczne, a więc i senatorzy nie są dziedziczni, lecz zawsze przez króla powoływani. Ten ustrój Senatu i Sejmu doprowadzi niestety w przyszłości do absurdów anarchicznych, do zaniku wszelkiej silnej władzy w Polsce, czego skutkiem była słabość państwa i jego rozbiory w końcu XVIII wieku.

Ale teraz, za domu Giedymina, czyli za panowania Jagiellonów, jak ten dom w Polsce nazywano, państwo jeszcze jest bardzo silne, a dzięki genialnemu Kazimierzowi Jagiellończykowi silniejsze niż kiedykolwiek.

Prof. Liubowski, znakomity historyk rosyjski z końca XIX wieku, badając dzieje Wielkiego Księstwa Litewskiego w XV wieku, granice którego tak bliskie były wówczas Moskwy i w skład którego wchodziły tereny niewątpliwie ruskie, specjalnie podkreśla, że dzięki litewskim możnowładcom ziemie te uniknęły systemu absolutyzmu monarchicznego, graniczącego z monarchicznym despotyzmem, a zapewniły sobie szeroki samorząd i obronę wolności indywidualnych człowieka.

Na zakończenie tego rozdziału powiemy coś w formie paradoksu. Oto pisaliśmy o feudalizmie. Czy nie byłoby pożyteczne, aby niektóre formy feudalne zostały odrodzone za naszych czasów, za czasów UNO? Cóż byśmy powiedzieli, aby powstał Związek Uniwersytetów, który by był wyjęty spod działania praw swoich krajów, a który by gwarantował wolność nauce i swobodę studiów swoim wychowankom. Czy nie byłoby dobrze, aby powstała korporacja sędziów według praw państwowych, lecz która by miała zagwarantowaną nieusuwalność sędziów i swobodę wydawania wyroków. Można by o czymś podobnym marzyć także w innych dziedzinach.

V

Barbara Radziwiłłówna

Zygmunt August, król polski, wielki książę litewski, ostatni z Jagiellonów, swoją pierwszą żonę, Elżbietę austriacką, córkę króla rzymskiego Ferdynanda, i swoją drugą żonę, Barbarę Radziwiłłównę, pochował w Wilnie. W połowie XVII wieku, w czasie najazdu na Wilno wojsk rosyjskich, w obawie przed rabunkami żołnierskimi, księża wileńscy schowali trumny królewskie, znajdujące się w Wilnie, a więc króla Aleksandra i dwóch żon Zygmunta Augusta, i schowali aż tak dobrze, że ich przez trzy stulecia odnaleźć nie było można i uważano je za zaginione. Tymczasem stała się rzecz następująca. Oto w maju 1931 r. Wilno zostało zatopione niebywałą powodzią. Wilia, rzeka zwykle cicha i pokorna, zalała ulice miasta. Kiedy wody ustąpiły, przekonano się, że podziemna rzeczka Koczerha, która płynęła pod katedrą, zmieniła swe łożysko właśnie na skutek tej powodzi. Pale dębowe, na których opierała się katedra, pale wbite tam jeszcze przez wielkiego księcia Witolda w początkach czternastego wieku, właśnie dlatego, że je opuściły wody rzeki podziemnej, zaczęły gnić. Katedra przebudowywana była wiele razy, ale zawsze opierała się na tych odwiecznych palach dębowych. Teraz pięknemu temu kościołowi o profilu świątyni starej Grecji zaczęła grozić katastrofa. Zaczęto na gwałt wzmacniać fundamenty, czyli ryć się pod katedrą.

I oto w głębokiej jamie pod fundamentami znaleziono trumny królewskie. Było to 21 września 1931 r. późnym wieczorem. Pamiętam, jak o jedenastej w nocy uprosiłem prałata Sawickiego, aby mnie wpuścił do świeżo odkrytego grobu. W katedrze było ciemno, używano tylko ręcznych lampek elektrycznych. Dokoła wejścia do grobu spotkałem kilku profesorów, architektów i księży, byli tu: Ruszczyc, Morelowski, Kłos, Pekszo, wszyscy bardzo wzruszeni i zdenerwowani.

Majster Gudejko, kierujący robotami pod fundamentami, stał takżę nie chcąc jak gdyby porzucać wejścia do grobu na noc, chociaż od rana miał zacząć dalszą pracę. Jeden robotnik, który nie wchodził jeszcze do grobu, prosi, aby mógł zejść ze mną, bo chce zobaczyć. Trzeba się odwrócić tyłem i wcisnąć w otwór, schodzić bardzo ostrożnie. Lampka elektryczna ręczna rzuca swój blask półślepy, szukający, trwożliwy. Pierwszą rzeczą, którą dostrzegam, to zieleń trupiej czaszki króla Aleksandra. Potem widzę koronę na czaszce, resztki kościotrupa oraz złotogłowie, na których leżą resztki królowej Barbary. Złotogłów wciąż biały ze złotym renesansowym desenem. Mur jednak za tymi resztkami nie jest renesansowy, to jeszcze średniowiecze. Oto półeczka nad tym murem w kącie i oto na tej półeczce zapomniana w pośpiechu korona królowej Halszki*, pierwszej żony Zygmunta Augusta. Jakże śliczna, jak najpiękniejsza zabawka. To jej zapomnienie na cegle z boku przypomina nam, że składanie tych zwłok odbywało się w pośpiechu, w strachu, w dramacie ukrywania. Stoi więc ta zapomniana niziutka korona o dwudziestu renesansowych ogniwach, szczerozłota, ale od wewnątrz od wilgoci zaśniedziała. Wrażenia moje są silne. Palcami dotykam naszą przeszłość, naszą historię. Myślę sobie, że na przeniesienie tych królewskich szczątków trzeba będzie zaprosić do Wilna rodzinę Habsburgów, rodzinę Radziwiłłów, prezydenta Rzeczypospolitej Polskiej z Warszawy, prezydenta Republiki Litewskiej z Kowna...

Małżeństwo Zygmunta Augusta z jego drugą żoną Barbarą Radziwiłłówną wywołało kilkuletnią burzę polityczną w wewnętrznych stosunkach polsko-litewskich.

Barbara była córką Jerzego I Radziwiłła, najmłodszego syna Mikołaja II. Jerzy miał przydomki: „Victor" albo „Herkules Litewski". Był zwycięzcą w wielu wojnach z Moskwą i Zakonem Krzyżackim, jako wódz naczelny i samodzielny. Był hetmanem wielkim litewskim i kasztelanem wileńskim. W chwilach wolnych od wojen rad był zamykać się w klasztorze i oddawać się rozmyślaniom pobożnym.

Jerzy miał syna Mikołaja V Rudego, który także dużo wniósł do historii, oraz dwie córki: Annę i Barbarę.

Barbara urodziła się zapewne w 1522 r. W 1538 r. wyszła za mąż za Gasztołda, wojewodę trockiego, członka jednej z najpotężniejszych na

* W staropolszczyźnie „Halszka" jest zdrobnieniem imienia Elżbiety; autor używa tych imion wymiennie.

Litwie rodzin, i zamieszkała w jego zamku w Gieranonach. Ale Stanisław Gasztołd umarł w r. 1542 i piękna młoda Barbara została wdową. We wrześniu 1547 r. wzięła ślub z Zygmuntem Augustem, zawarty w Wilnie, o którym, prócz księdza, wiedzieli tylko Radziwiłłowie i kilka osób najbliższych.

Aby zrozumieć powody burzy, którą ten ślub wywołał, trzeba wyjaśnić specyficzne dla XVI wieku okoliczności oraz ówczesne wewnętrzne w Polsce i na Litwie stosunki polityczne.

Odpada nierówność pochodzenia pomiędzy Zygmuntem Augustem Jagiellonem i Radziwiłłówną. Jej ròdzona ciotka była panującą regentką Mazowsza, ojciec Zygmunta Augusta był żonaty po raz pierwszy z Węgierką Zapolya, po raz drugi z Boną Sforza, księżniczką mediolańską — obie te rodziny nie były na pewno wyższe urodzeniem i pochodzeniem od Radziwiłłów, w każdym pokoleniu spokrewnionym z rodzinami panującymi, a których pramatka, Pojata, była córką Witenesa, starszego brata Giedymina, założyciela rodziny Jagiellonów. Porównywanie więc sprzeciwu wobec tego małżeństwa z niechęcią, którą — powiedzmy — wzbudzało małżeństwo Leopolda III belgijskiego z panną Baels, późniejszą uroczą księżną Rethy, nie może mieć cienia uzasadnienia historycznego i jeśli się pojawiało, jest wypowiadane przez całkowitych ignorantów ówczesnych czasów i ludzi.

Przyczyny niechęci do tego małżeństwa należy podzielić według ich źródeł, których było trzy. Pierwszym były nastroje rodziców Zygmunta Augusta: żyjącego jeszcze w chwili zawarcia tego małżeństwa Zygmunta Starego i matki Bony.

Małżeństwa królewskie były wtedy instrumentem politycznym. Z reguły zaręczano małe dzieci bez ich zgody i prawie bez ich wiadomości. Zaręczano czasami niemowlęta w pieluszkach, zrywano te zaręczyny, kiedy sytuacje polityczne się zmieniały, kiedy sojusz z państwem X stawał się mniej potrzebny niż zbliżenie z państwem Y. Można powiedzieć, że tylko ci książęta zaręczali się jako dorośli, którzy już byli poprzednio żonaci i którym żony pomarły. Tymczasem małżeństwo Zygmunta Augusta z Barbarą zawarte było bez żadnej wiadomości rodziców króla i nie wchodziło w żadne plany dyplomatyczne Zygmunta I i królowej Bony. Stało się tak ze względów romantycznych, o których będziemy poniżej mówili. Król Zygmunt I Stary wezwał syna do siebie, ponieważ doszły do niego wiadomości o tym małżeństwie, na razie ukrywanym, bo po ślubie Barbara wyjechała do radziwiłłowskiego zamku w Dubinkach i tam mieszkała samotnie. Co było powiedziane w czasie tej rozmowy — nie wiadomo. Niechętni Zygmuntowi Augustowi publicyści ówcześni twierdzili, że Zygmunt August okłamał swego ojca, bo ten po rozmowie wyszedł z twarzą radosną i o synowskim małżeństwie całkiem już nie wspominał. Wczytując się jednak w dokumenty nabieram innego przekonania. Oto Zygmunt Stary był człowiekiem doświadczonym, wielkim politykiem, terroryzowanym przez potworną żonę, i wreszcie człowiekiem chorym, bliskim już śmierci. Stąd możliwe, że powiedział synowi: ,,Będę udawał, że nic o tym nie wiem, a ty po mojej śmierci zrobisz, co zechcesz''.

Natomiast królowa Bona stanowiła centrum ataków i centrum intryg, nienawiści, które wypełzły na Zygmunta Augusta. Była to bardzo zła baba. Miałem zaledwie cztery lata, a już deklamowałem wierszyk, który poznałem ucząc się historii polskiej:

,,Oto jedzie Bona,
Zygmuntowa żona,
Kobieta zła niepotroszkę,
Z piekła rodem, Włoszka''.

Historycy uznają zresztą rządność Bony, która zbierała i odbierała wszystkie włości królewskie, przez hojność Jagiellonów na prawo i lewo rozdawane. Były to czasy włoskie. W XVI wieku Włosi są zwyciężani przez Hiszpanów i Francuzów na polu bitew i zwyciężają wszystkie narody europejskie swoją kulturą. Malarstwo włoskie dźwignie się na poziom doskonałości, którego nie osiągnęło malarstwo ani wcześniej, ani później. Publicysta włoski, poezja włoska... Wszyscy mówią po włosku. Barbara Radziwiłłówna także mówi po włosku, jak chce powiedzieć coś czułego lub intymnego. Z tą wyższością kultury włoskiej przyszło razem jej wyrafinowanie. Włoscy papieże w Rzymie nie dają wówczas obrazów życia przykładnego. Chaos moralny i seksualny. Zwłaszcza popularne jest trucicielstwo. Kursuje nawet prospekt handlowy, jakbyśmy dziś powiedzieli, obstalunków na otrucie. Najdroższe było dokonanie otrucia sułtana tureckiego, rezydującego w Konstantynopolu. Natomiast przy obstalunku jakiegoś solidnego otrucia, na przykład papieża lub cesarza, dodawało się w charakterze premii otrucie kilku jakichś książątek drugorzędnych. Widać z królową Boną-Włoszką przyszła do Polski fama o trucicielstwie. Przypisywano jej otrucie pierwszej jej synowej, Halszki Habsburżanki, i drugiej, Barbary Radziwiłłówny. Zapewne odpowiadało to jej intencjom

— Barbarze Bona groziła podobnymi zamiarami, ale jednak Barbara zmarła na raka, a nie od trucizny. Natomiast sama Bona otruta została przez swojego lekarza we Włoszech.

Zygmunt August także jak najbardziej ulega wpływom kultury włoskiej. Z Italii, w koszach zasypanych śniegiem, sprowadza ostrygi i zajada je zapijając mrożonym białym winem włoskim. Szczęśliwiec.

W charakterze prezentu dla ukochanej swej żony Barbary sprowadza Zygmunt August do sadzawek jej pałacu wileńskiego łabędzie. To już nie renesans, to już manieryzm, jeśli nie wprost barok. Cechą renesansu jest linia prosta, cechą baroku linia krzywa, wężowata, głaszcząca się, przymilna. Herbem Sforzów jest wąż — łabędzie kochane są za czasów baroku za swe linie odpowiadające gustom ludzi ówczesnych. Zresztą łabędź kochany będzie zawsze przez kultury schyłkowe i ludzi schyłkowych. Będzie kochał łabędzie Ryszard Wagner i jego wielbiciel Ludwik II, opętany król Bawarii. Ludwik II nade wszystko będzie wynosił samotność na jeziorze, po którym pływają łabędzie. A przecież to już druga połowa XIX wieku. Secesja na progu XX wieku także kochać będzie łabędzie.

Lasy i bory litewskie, żubry zabijane na łowach, już nie znane w Europie, łabędzie na stawach Radziwiłłówny, ostrygi sprowadzane z Włoch i tajemnica ślubu.

Bo główną cechą zamęścia Barbary Radziwiłłówny była jej tajemniczość i z tej tajemniczości brały źródło wszystkie na ślub jej ataki. Zawierając ślub w sposób tajemniczy Zygmunt August musiał zmobilizować przeciwko sobie i swoich rodziców, i panów litewskich, i polską rozhukaną opinię publiczną. W tej tajemniczości tkwi punkt wyjściowy całej sprawy.

Bo Zygmunt August zakochał się w Barbarze nad życie i kazał w swoim zamku w Wilnie zrobić sobie drzwi tajemne, przez które chadzał do pałacu pięknej wojewodziny trockiej. Brat rodzony Barbary, Mikołaj Rudy, i jej kuzyn z linii nieświeskiej Mikołaj Czarny Radziwiłłowie nie upodobali sobie tych odwiedzin, bo były pozbawione wszelkiego ceremoniału, jaki powinien był towarzyszyć odwiedzinom króla u Radziwiłłówny. Prosili więc Zygmunta Augusta, aby zaniechał tych odwiedzin. Ten obiecał, lecz nie dotrzymywał. Toteż Radziwiłłowie podczas jednej z takich obietnic naszli siostrę i zaczęli królowi czynić wymówki o złamanie słowa. Król się uniósł i oświadczył, że gotów jest wziąć ślub natychmiast. Wobec tego pojawił się przygotowany przez Radziwiłłów ksiądz, ceremonia ślubna została dokonana, lecz nie ogłoszona i nowo zaślubiona wyjechała do Dubinek. Cała ta historia powtarzana szeptem pomiędzy rodzinami możnowładców litewskich wzbudzała oczywiście zazdrość. Gdyby jednak do ślubu doszło drogą zwyczajną, jawną, złe języki byłyby trzymane na uwięzi. Teraz kołowały energicznie.

Bardziej skomplikowane skutki wywołało małżeństwo potajemne króla w Polsce. Tutaj z naciskiem należy podkreślić, że atak na Zygmunta Augusta z powodu jego małżeństwa był atakiem politycznym, dążącym do obniżenia sytuacji korony. Przypominamy, że tron polski nie był dziedziczny, lecz elekcyjny. Wprawdzie spadkobiercy Jagiełły: Władysław Warneńczyk i Kazimierz Jagiellończyk, a potem synowie Kazimierza Jagiellończyka: Jan Olbracht, Aleksander i Zygmunt Stary byli wybierani syn po ojcu względnie brat młodszy po starszym bracie, ale elekcja ta była i teoretycznie szlachta polska mogła sobie wybrać, kogo się jej podobało. Otóż Zygmunt Stary zrobił wyłom w tych elekcyjnych przywilejach możnowładców i szlachty. Odstąpił przede wszystkim synowi swemu Zygmuntowi Augustowi w r. 1522 prawa do tronu litewskiego i Zygmunt August, który wtedy właśnie zawarł swe pierwsze małżeństwo z Halszką, zaczął się pisać: „Magnus Dux Lithuaniae". Była to praktyka ustalona pomiędzy dziadkiem Zygmunta Starego Jagiełłą a jego dziadkiem stryjecznym Witoldem po ugodzie ostrowskiej w 1392 r. Ale Zygmunt Stary poszedł jeszcze dalej i oto w 1529 roku przeprowadził wybór swego syna na króla polskiego. Od tej chwili Polska miała dwóch królów, starszego: Zygmunta, i młodszego: Zygmunta Augusta, i po śmierci swego ojca Zygmunt August objął tron polski już bez żadnej elekcji czy innych aktów prawnych na podstawie fikcji, iż już panował od 1529 r.

Było to oczywiście złamanie zasady elekcji po śmierci króla na zasadę elekcji za życia króla „vivente rege", zasadę o wiele lepszą. Przecież Polska upadła właśnie dlatego, że miała królów elekcyjnych, z czego spływały na nią wszelkie nieszczęścia. Ale szlachta nie była temu rada i dlatego tak chętnie, tak jednogłośnie chwyciła się pierwszej sposobności, aby władzę nowego króla osłabić.

W temperamentowych więc atakach na małżeństwo Zygmunta Augusta z Barbarą istotna była chęć przywrócenia równowagi władzy królewskiej w Polsce, zbytnio zdaniem tej szlachty przez Zygmunta Starego przez elekcję „vivente rege" wywyższonej.

Ten atak był istotnie temperamentowy i prowadziły go nie byle jakie pióra.

Szlachta polska wtedy pisze i mówi już nie po łacinie, lecz po polsku, ale solidne oczytanie się w książkach łacińskich, solidna znajomość łaciny, wywyższa te polemiki. Nawet o rzeczach błahych, śmiesznych, komicznych mówi się wtedy i pisze z namaszczeniem i literackim polorem.

Swoboda w wypowiadaniu swego zdania jest wtedy w Polsce zupełna. Są to czasy reformacji, czyli czasy swobodnej dyskusji, nie bojącej się wszelkich, chociażby najwyższych autorytetów. Wolno jest krytykować i poniżać papieża, wolno katolikom wołać o potępienie możnowładców, którzy stali się protestantami, wolno jest swobodnie pisać i mówić o królu i jego małżeństwie.

Najbardziej utalentowanym publicystą polskim ówczesnym jest Stanisław Orzechowski, herbu Oksza. Był to ksiądz katolicki, zawzięty katolik, nienawidzący i pogardzający heretykami, ale co najmniej nie konsekwentny. Będąc księdzem ożenił się z Magdaleną Chełmską, a gdy go jego biskup za to upomniał i, co gorzej, do heretyka porównał, to obraził się na tego biskupa jak najbardziej i prowadził z nim zawzięte boje. Teraz staje się pierwszym adwersarzem królewskiego małżeństwa.

Zygmunt Stary umarł 1 kwietnia 1548 r. i Zygmunt August obejmuje rządy i ogłasza swoje małżeństwo z Barbarą. We wrześniu, w kilka miesięcy po śmierci ojca, pomimo intryg matki Bony, która szaleje, sprowadza ją do Radomia, gdzie wita ją bardzo uroczyście. Od miejsca, gdzie stanęła kareta Barbary przed Radomiem, rozłożone było po drodze liońskie sukno. Królowi w powitaniu jego żony towarzyszy mnóstwo senatorów i biskupów, którzy wzięli jego stronę w tym okresie. Dlaczego królową sprowadza do Radomia? Wszystko jest finezyjne w tych czasach wytrawnej polityki i dyplomacji. Oto w Piotrkowie ma się zacząć Sejm, na którym nastąpią ataki na małżeństwo króla, więc nie byłoby przyjemne, aby królowa rezydowała w Piotrkowie, gdzie te przykre rzeczy mówić będą; natomiast Radom był miastem tak niedalekim od Piotrkowa, że król z łatwością, nawet w czasie Sejmu, mógł żonę odwiedzać.

Należy tu wspomnieć, że w Dubinkach, podczas kiedy tam Barbara mieszkała, upadło sklepienie w komnacie, w której siedziala. Nic nikomu się nie stało, a przecież miało to skutki doniosłe, bo przestrach królowej w czasie tego wydarzenia łączono z jej poronieniem, które potem nastąpiło. Małe wydarzenie, skutki ogromne. Nie można sobie wyobrazić, jakby się potoczyła historia Polski i Litwy, gdyby Zygmunt August miał syna z kobietą, którą tak kochał.

Na razie czekają go przejścia bardzo nieprzyjemne. Część biskupów żąda rozwodu. Dość dziwne, że właśnie biskupi opowiedzieli się za wyjściem tak niekatolickim, przecież niedawno jeszcze papież odmawiał rozwodu Henrykowi VIII angielskiemu i stało się to powodem oderwania Anglii od Kościoła rzymskiego. Jeden z senatorów, i to Tęczyński, wojewoda sandomierski, ogłasza, że woli widzieć na zamku królewskim na Wawelu Sulejmana II, wyznawcę sprośnego Mahometa i cesarza Turków, niż królową Barbarę. Inny chce utopić Barbarę w worku w Wiśle. Poznajemy tu brak umiarkowania Polaków, którzy podczas sporów politycznych bzdurzą rzeczy niebywałe. Sejm się zbiera na św. Łukasza, tj. 14 października 1548 r., i obrady są nieprzyjemne dla króla. Głównym mówcą był Boratyński. Nie będziemy cytowali tego przemówienia w całości, lecz oto ustęp najbardziej istotny:

„Nie dla upodobania swego, ale dla dobra Rzeczypospolitej ożenić się królowi przystoi. Nie jego oczy, nie jego uszy, ale oczy i uszy tych, którzy mu do boku są przysadzeni, obierać jemu żonę mają. A są w tey mierze ci, jako opiekunowie, którym on Święty Król opiekę Waszej Królewskiej Mości zlecił; bez tych, albo nad wolą tych, cokolwiek Wasza Królewska Mość uczynił, albo napotym poczniesz, z Boga to nie będzie; gdyż on ojca, matki, a po nich opiekunów naszych, starszych naszych słuchać rozkazał. Nadto nie możesz Wasza Królewska Mość koła senatorskiego w obieraniu sobie bez nich żony obrazić, bez obrazy sumienia swego; boś toś poprzysiągł, nie czynić nic, nie stanowić nic, nie począć nic, bez rady i woli onych. Nie chcemy szeroko mówić, przecz złe jest Waszej Królewskiej Mości ożenienie. Języki nasze nie na to są od Pana Boga nam dane, iżbyśmy ich ku żelżeniu ludzkiemu używać mieli; a też do wiadomości naszej nic takiego nie przyszło, skądby podejrzenie urość jakie miało. Głośno tedy to mówimy, iż na tę panią nic nie wiemy, jedno to samo wiemy, iż małżeństwo to jest bez rad Koronnych tajemnie uczynione..."

W dalszym ciągu swego przemówienia Boratyński oświadczył, że małżeństwa tego nie uznaje i że może stać się upadkiem Korony. Między zwrotami retorycznymi, które wygłosił, był także następujący:

„Niech to wszystek świat wie, niniejszy i który napotym będzie, iż Zygmunt August, król polski, tak umiłował poddane swoje, tak sobie uważył sławę i zdrowie Korony tej, iż dla niej wszystkie swe rozkosze, wszystkie pociechy, lubości, płacz na koniec sobie miłej osoby zarzucił. Większe to, Najjaśniejszy a Miłościwy Królu, zwycięstwo będzie, niż kiedybyś Wasza Królewska Mość wszystkie Moskiewską i Tatarską ziemię zwojował..."

Obrady nękające króla trwały długo, jednego dnia wszyscy uklękli błagając króla, aby się z Barbarą rozstał. Król powiedział, że da odpowiedź dnia następnego. Ale Zygmunt August miał instynkt władcy i dużą inteligencję. Posłuchajmy, co o nim mówi tenże sam Orzechowski. To bardzo ciekawe:

„Powiadano bowiem, iż te dwie w tym królu chwalono cnoty, a dwie wzajem ganiono przywary. Cierpliwość ku wierzeniu trudna, a potem łaskawość tak użytna, że i obelgi, i krzywdy potwarców ponosił i cierpiał; i tych, nad którémi by mógł był się zemścić, obrażonym będąc, dobrodziejstwy obdarzał.

Ale też przeciwnie tym cnotom dwie w żywe oczy znalazły się przywary. Z których pierwsza była, bezprzestanne w swym zdaniu trwanie, a druga większe własnej swojej rady, niżeli powszechnej poważanie".

Orzechowski nie mógł, moim zdaniem, wypowiedzieć bardziej pochlebnego sądu o człowieku zajmującym kierownicze stanowisko polityczne. W jego charakterystyce Zygmunt August wygląda wspaniale: słuchał wszystkich, nie obrażał się na nikogo, był wspaniałomyślny, lecz kierował się swoim twardym zdaniem, a nie chwiał się między jedną a drugą zasłyszaną radą. Prawdziwe przymioty wielkiego męża stanu.

Toteż następnego dnia po tym demonstracyjnym klękaniu posłów i senatorów Zygmunt August powiedział:

„Co się stało odstać się nie może, a waszmościom przystało nie o to mnie prosić, iżbym żonie wiarę złamał, lecz o to, iżbym ją każdemu człowiekowi dochował".

Po tych słowach zaiste wspaniałych nastąpiła odmiana sytuacji. W niedługim czasie najzawziętsi przeciwnicy Barbary zaczęli kornie składać jej wizyty. Rok upłynął i Barbara była przez prymasa Polski, dawnego jej wroga, koronowana na królową Polski w dniu 7 grudnia 1550 r. Ale była już chora, toteż w czasie koronacji przemówiła inteligentnie, lecz smutno:

„Do innej mnie korony Pan Niebieski powoła, proścież go tedy wraz ze mną, aby to ziemskie berło na palmę niebieską zamienił, a miłego męża mojego w żalu po mnie utulił".

Istotnie Barbara umarła w Krakowie w dniu patrona Polski, św. Stanisława, 8 maja 1551 roku. Zygmunt August odprowadził jej ciało do Wilna i tam pochował.

Zygmunt August kochał bardzo Barbarę. Z powodów dynastycznych i na skutek nalegań senatorów pojął nawet trzecią żonę, Katarzynę austriacką, lecz to małżeństwo szczęśliwe nie było. Natomiast przetrwała go legenda, że czarownik Twardowski wywoływał mu ducha Barbary, że wśród jakichś czarownych kadzideł ukazał mu osobę nader do Barbary podobną, a była nią mieszczka miasta Krakowa, Giżanka, Twardowski zapładniał długo swoją osobą poezję i fantazję polską. W Bibliotece Jagiellońskiej w Krakowie pokazywano nawet książki Twardowskiego, a na ich kartach odcisk ręki diabelskiej. Dochowało się podanie wzorowane na przekazie o życiu Sylwestra II, papieża z X wieku, że Twardowski zaprzedał duszę diabłu, podpisał cyrograf, że diabeł zabierze jego duszę, ale tylko wtedy, kiedy Twardowski będzie w Rzymie. I oto diabeł przydybał Twardowskiego w karczmie, nazywającej się Rzym. Legenda ta posiadała oczywiście szereg form, jedną z nich wykorzystał największy poeta polski, Adam Mickiewicz. Po śmierci miał pan Twardowski zawisnąć na księżycu. Badania historyczne stwierdziły jednak niestety, że czarodziej taki nie istniał nigdy, toteż barbaropodobna Giżanka musiała być przez kogo innego królowi podsunięta.

VI

Przeciwieństwa

Trudno mi się rozstać z tematem Barbary Radziwiłłówny w jednym rozdziale. Są to czasy ciekawe do obserwacji. Wielkość kultury włoskiej i związana z nią w tym okresie zbrodniczość, amoralność, trucicielstwo. Powstająca kultura polska oryginalna, choć zawsze na Rzymie wzorowana, żywiołowy rozkwit literatury w polskim języku narodowym, wolność Polaków rwąca się do anarchii. Królowa Bona i jej nienawiść do Radziwiłłów. Królowa Bona chciała, aby Zygmunt August był nie tylko jej posłusznym synem, ale i jej narzędziem, instrumentem. Z chwilą, kiedy się ożenił z pierwszą żoną, Elżbietą Rakuską, czyli Austriaczką, czyli Habsburżanką, powstało niebezpieczeństwo jego usamodzielnienia. Bona zaczęła namiętnie zwalczać swoją synową. W literaturze polskiej wciąż pokutuje opis, jak Elżbieta zażądała sera parmezańskiego, a Bona w jej obecności i wobec całego dworu zawołała szafarza i zaczęła go łajać za to, że ten ser bez jej wiedzy wydał. Bona wysłała Zygmunta Augusta na Litwę w mniemaniu, że nadal będzie narzędziem jej polityki. Ale Zygmunt August, którego cały dalszy przebieg życia wskazuje, że był to pan subtelny i politycznie bardzo zręczny, sprzymierzył się na Litwie z Radziwiłłami i zaczął na spółkę z nimi prowadzić politykę nie pokrywającą się ze wskazówkami Bony. Stąd potworna złość do rodziny Radziwiłłów, stąd jej furia, gdy dochodzą do niej pogłoski o miłości do Barbary, a potem o małżeństwie z Barbarą. Wtedy całą Litwę, a później i Polskę obiegają paszkwile zniesławiające Barbarę, rozpowszechniane są plotki, które do dziś dnia powtarzane są przez historyków jako pogłoski, a czasami nawet jako prawdy. W ogóle plotka dobrze skomponowana jest rzeczą zabójczą. Trzeba ją tylko tak skomponować, aby zaatakowany miał trudności w obronie. Na przykład zacznijmy szeptać, że ktoś ma syfilis. Trudno, aby poszkodowany rozbierał się publicznie lub dawał zaprzeczające ogłoszenia w gazetach. Plotka będzie się szerzyć i robić swoje.

Właśnie podobnie obelżywe, aroganckie plotki puszczano o królowej Barbarze. Gorzej, głośno wypowiadano na sejmach. Swoboda wypowiadania się na Sejmie była przecież nieograniczona. I raz gdy wojewoda krakowski Kmita przebrał miarę w obelgach rzucanych na królową Barbarę, Zygmunt August, który musiał tego wysłuchiwać, zerwał się z tronowego krzesła, na którym siedział, i zawołał:

— Wojewodo krakowski!

Nic więcej. W izbie zapanowała cisza. Tych dwóch ludzi przez czas dłuższy patrzyło sobie w oczy. Król stał wysmukły, piękny, młody, spokojny, lecz z błyskami stanowczości w oczach. Kmita był rozczochrany, gruby, niezgrabny. Cisza się przedłużała. Wreszcie Kmita coś mruknął, że mu mówić swobodnie nie dają, i usiadł. Mowa była skończona. Król wygrał.

Wygrana ta była jednak ludzka, nie królewska. Król wygrał jako człowiek obrażony w swoich uczuciach do kobiety i żony, nie jako despotyczny władca, który by potwarcę mógł zamknąć do lochu. Kmita był dalej senatorem, mógł dalej mówić, co mu się podoba, a jednak poskromiony został przez ten okrzyk, jakże godny i wspaniały.

Przejdźmy teraz do przeciwieństw ustroju społecznego i politycznego jakże skrajnego!

Granica pomiędzy państwem polskim a Rosją była za czasów Zygmunta trochę inna — powiedzmy ironicznie — od obecnej granicy polsko-rosyjskiej. Dość powiedzieć, że w sporach granicznych Rosjanie żądali zwrotu Kijowa, a Litwini zwrotu Pskowa, Nowogrodu Wielkiego i Smoleńska. Takie były ówczesne spory graniczne pomiędzy państwem polsko-litewskim a carstwem moskiewskim.

Za czasów Zygmunta Augusta panował w Moskwie Iwan IV tak zwany Groźny. Zorganizował on instytucję „opriczniny", która miała wyszukiwać i karać wrogów carskich w kraju. Oprycznicy mieli wyszytą na siodłach psią mordę i miotłę, co oznaczało, że są wierni carowi jak psy i oczyszczą carstwo z jego wrogów jak miotłą. W ciągu jednego roku potrafili zamordować około 4000 ludzi. Mordowano szlachtę rosyjską, tak zwanych bojarów, właśnie dlatego, aby nie nabrała ambicji szlachty polsko-litewskiej i nie miała snów o jakichś politycznych uprawnieniach w państwie. Majątki ludzi napastowanych przez oprzyczników były konfiskowane na rzecz skarbu carskiego.

W liberalnym wieku XIX historycy rosyjscy potępiali jednozgodnie opriczników. Wyraz „opricznik" stał się w ogóle w języku rosyjskim jednoznacznym z pojęciem zbrodniarza, gwałtownika i nikczemnika. Profesor Kluczewski w swoich wykładach w uniwersytecie moskiewskim w drugiej połowie XIX wieku pisze, że Iwan IV przez opriczników i synobójstwo przygotował upadek dynastii. Prof. Kluczewski był wielkim liberalnym historykiem kochanym przez młodzież w swoim czasie. Był to człowiek szlachetny, być może bardziej szlachetny niż ścisły, bo Iwan Groźny panował w XVI wieku, a dynastia w Rosji upadła w 1917, już po śmierci szlachetnego uczonego.

Tenże prof. Kluczewski, a i inni mu współcześni uczeni rosyjscy przedstawiają nam osobę Groźnego jako typ psychopatologiczny. Niesłychana nerwowość i pobudliwość, strach przed samotnością, czułość i przywiązanie do osób bliskich, łatwo zmieniające się w ataki do nich nienawiści, czego dowodem jest zamordowanie ukochanego syna. Kiedy wojska Iwana IV zajęły Inflanty, w miejscowości Kokenhausen dyskutował on z jakimś pastorem na tematy teologiczne, bo bardzo gustował w takich rozważaniach. Pastor w jednym ze swoich zdań wymówił nazwisko: Marcin Luter. Wtedy car Iwan zmienił się na twarzy i chlastnął pastora pejczem po łysinie z okrzykiem: „Masz swojego Lutra".

Kiedy indziej kazał zarąbać słonia, przysłanego mu przez szacha Persji w charakterze podarunku, ponieważ słoń ten umiał klękać, a nie chciał uklęknąć przed carem.

Iwan Groźny miał talent literacki i przez historyków literatury rosyjskiej cytowany jest jako bodajże jedyny pisarz i publicysta rosyjski XVI wieku. Istotnie pisma Iwana są krewkie, energiczne, chociaż zamiast argumentów zawierają groźby i połajanki. Jakże więc ubogie wówczas było piśmiennictwo rosyjskie, wtedy, kiedy w Polsce w tymże XVI wieku panował „złoty wiek literatury polskiej". Przecież wtedy w Polsce pisał wielki Kochanowski, Rej, świetny publicysta Orzechowski, a później Skarga. Różnica pomiędzy polską a rosyjską literaturą w XVI wieku, to bez żadnej przesady różnica pomiędzy współczesną literaturą francuską a współczesną literaturą Konga. Dopiero w XIX wieku literatura rosyjska zajmie pierwsze miejsce w Europie.

Muszę tu także powiedzieć rzecz arcyciekawą i charakterystyczną, że o ile pogląd na opriczników za czasów XIX wieku wśród historyków rosyjskich był skrajnie negatywny, o tyle nauka Rosji radzieckiej zupełnie inaczej obrazuje to zagadnienie. Leży przede mną książka Wippera, wydawnictwo radzieckiej Akademii Nauk z 1944 r. Opriczników są tam najzupełniej rehabilitowani, instytucja ta jest uważana jako zupełnie zrozumiała za czasów wojen, które Iwan Groźny prowadził, a nawet społecznie sympatyczna, ponieważ zwracała się przeciwko szlachcie.

Musimy powiedzieć, że taki sąd w wydawnictwach radzieckiej Akademii Nauk... nie dziwi nas wcale.

Jakby tam nie było, obiektywizm nakazuje nam wykreślić dwie drogi, którymi poszły dwa państwa słowiańskie. W wieku XVI Polska połączona z Litwą jest państwem zasobniejszym i silniejszym od rosyjskiego carstwa. Polska nazywa się wtedy „Rzeczpospolita" od łacińskiego wyrazu Respublica, ma króla obieralnego, Senat i Sejm obieralny, swobodę słowa i myśli nieograniczoną. Carstwo moskiewskie jest monarchią absolutną, a raczej tyranią w pełni tego, co byśmy dziś nazwali policyjnym terrorem. Nie tylko o swobodzie jakiejkolwiek, lecz nawet o jakichkolwiek prawach nie może być mowy. W odróżnieniu od Polski, która wtedy jest u szczytu kultury, Rosja żyje w mrokach prostactwa.

Z tych przeciwieństw droga polska poprowadziła jednak do anarchii, zaniku siły państwa, do utraty niepodległości.

Droga rosyjska wręcz odwrotnie: do wzmacniania się silnej władzy państwowej i do mocarstwowego wzrostu.

VII

Rozmyślania w Archiwum

W r. 1945 skonfiskowano w Polsce wszystkie majątki, pałace, zbiory arystokracji polskiej. Archiwa dawnych wielkich rodzin polskich zostały połączone w tak zwane „archiwum podworskie" i włączone do Archiwum Akt Dawnych.

Na jaką literę trzeba szukać w warszawskim katalogu telefonicznym Archiwum Akt Dawnych?

Na literę: „N".

Katalog ten jest jakimś zbiorem nieprawdopodobnych zagadek przeznaczonym, aby człowiek jak najwięcej tracił czasu.

Ile listów liczy Archiwum Radziwiłłowskie skonfiskowane w Nieświeżu, Ołyce, Nieborowie, Antoninie i innych rezydencjach?

Zadawałem to pytanie kilku osobom zachęcając je, aby w odpowiedzi podawali cyfrę możliwie dużą.

Odpowiadano mi: Tysiąc listów.

Albo: Trzy tysiące listów.

Znawca tych spraw powiedział poważnie: Zapewne pięć tysięcy listów.

Po wysłuchaniu takich odpowiedzi mówiłem: Jest ich dwa i pół miliona.

Mówiłem tak zresztą dla efektu, a nie przez ścisłość. Archiwum Radziwiłłowskie, jak mnie poinformował autorytatywnie naukowy personel Archiwum Akt Dawnych, zajmuje przestrzeń 250 metrów archiwalnych. Na metr archiwalny wypada 10 050 kartek listowych. Czyli że Archiwum Radziwiłłowskie wyraża się cyfrą nawet większą od dwu i pół miliona, ale nie listów, a tylko kartek. Co prawda dużo listów składa się z jednej kartki, zwłaszcza w dawnych czasach, ale znowuż są listy, które mają kilkanaście kartek. Ilość listów poradziwiłłowskich nie jest dotychczas obliczona, bo nie wszystko jest nawet skatalogowane i rozpoznane.

Muszę powiedzieć, że praca w archiwum jest dla mnie ciężka. Nie mam odpowiedniego nawyku, tutaj pracować pożytecznie mogą tylko fachowcy. Gdybym miał specjalistę, który by mógł mi być przewodnikiem i komentatorem, ale zdaje się, że nikt jeszcze nie wykonał ogromu tej pracy. Przeczytać dokładnie milion listów, pisanych ręcznie, charakterami czasami bardzo niewyraźnymi, ze skrótami, do których trzeba się przyzwyczaić! Francuzi mają doskonałe określenie: „C'est une mer à boire". Otóż i dla mnie perspektywa sumiennego poznania Archiwum Radziwiłłowskiego przedstawiała się jak morze, które trzeba wypić.

Albo porównałbym jeszcze pracę w archiwum do polowania bez nagonki. Chodzi się po lesie godzinami i jak mało można ustrzelić. Z tej ogromnej ilości korespondencji jakże mało można przytoczyć ustępów ciekawych, charakterystycznych, dla czytelnika interesujących i zrozumiałych. Zresztą przypomnijmy sobie własne listy prywatne, pisane do żony, przyjaciół, znajomych, że byliśmy tam, że przyjechaliśmy tam, że odwiedził nas doktor, adwokat, teść lub teściowa. Dopiero przy talencie literackim te wszystkie rzeczy i okoliczności nabierają kolorów, stają się interesujące dla człowieka obcego.

Z drugiej jednak strony praca ta, bardzo nieproduktywna i mozolna, wciąga człowieka. Opracowania historyczne zaczynają mu się wydawać tendencyjne lub anachroniczne, niezgodne z czasami, tutaj widzi się naprawdę życie, które odeszło, zjawy z tamtego świata, rodzaj ruchów, które się pojawiają. Oto ten kawałek papieru ze słowami, które pisał Zygmunt August, ma już przeszło 400 lat. Jakże wyglądała Ameryka 400 lat temu! A jednak treść tego listu króla do chorej Barbary nie tak znów bardzo odbiega od treści listu, który pisze obecnie Amerykanin do swej chorej żony.

Osobny katalog archiwum zawiera korespondencję z monarchami. Jest 292 głów mniej czy więcej koronowanych, które pisały do Radziwiłłów względnie Radziwiłłowie pisali do nich. Używam burleskowego wyrażenia: „mniej czy więcej koronowanych", ponieważ chodzi tu także o małych monarchów, których państwa miały mniej kilometrów kwadratowych, niż Radziwiłłowie mieli ziemi. Jakże anachronicznie się wyrażam — przecież w wieku XVI, nad którym obecnie pracuję, nie było kilometrów. Obok królów pisywały do Radziwiłłów także królowe i siostry królewskie i to wszystko składa się na tę imponującą cyfrę tych 292 osób.

Znajdujemy tu zresztą prawie wszystkich wielkich monarchów od XVI wieku. Przede wszystkim wszystkich królów polskich, od Zygmunta Augusta począwszy, z pokaźną liczbą listów. Mamy 110 listów Zygmunta III, 288 Jana Kazimierza, 218 Jana III, odpowiednio dużą ilość Augustów. Mamy listy sąsiadów Polski, elektorów brandenburskich, królów pruskich, cesarzy niemieckich, pięć listów Piotra Wielkiego z ciekawym jego podpisem zdradzającym wielką indywidualność, listy Ludwika XIV, Ludwika XV, Ludwika XVI, listy królów Szwecji: Gustawa Adolfa, Karola XII, Krystyny, listy pretendenta do tronu Anglii, podpisane Jakub III, itd. itd.

Personel archiwum jest bardzo uprzejmy i ułatwia pracę, jak może. Żałuję natomiast, że pracownia naukowa nie jest zaopatrzona w słowniki biograficzne, z których na miejscu można byłoby się dowiedzieć, kto zacz taka czy inna osobistość wspomniana w listach. Co prawda dobrze wychowany Polak nigdy się nie przyznaje, że czegoś nie wie. Pamiętam, kiedyś w Londynie znalazłem się w domu pewnej abstrakcyjnej malarki w towarzystwie samych poetów i pisarzy. Zacząłem mówić o rosyjskiej poetce Achmatowej: ,,odnoj nadieżdoj miensze stało — odnoj piesniej bolsze budiet''. Przytaczam w oryginale, ponieważ nie wierzę w przekłady poezji. Nie umiem tego dźwięcznie przetłumaczyć: ,, jedną nadzieją mniej, jedną pieśnią więcej będzie''. Ale traf chciał, że coś mi się pomyliło i zamiast: Achmatowa, mówiłem: Tumanowa. I całe towarzystwo najpoważniej w świecie zaczęło rozważać walory poetyckie wierszy Tumanowej, których przecież czytać nie mogło, bo taka poetka w ogóle nigdy nie istniała. Dobrze wychowany Polak uważa, że przyznanie się do ignorancji czegoś lub kogoś równa się jego degradacji.

Błąkają się me myśli ze zmęczenia powstałego z odczytywania rękopisów trudno czytelnych przy pomocy lupy. Oto listy Zygmunta Augusta. Z miejsca, jak się czyta list, widać, czy je pisze człowiek banalny, czy też oryginalny i o wyraźnej indywidualności. Listy Zygmunta Augusta od razu noszą na sobie piętno wielkiego człowieka, tylko pełne są ogłady, grzeczności, jakiejś delikatności emanującej poprzez lat czterysta. I oto raptem w tych listach wzmianka o czarownicy, którą przesyła się do Brześcia. To tak jakby pazur diabła podrapał ten list. Jak byłem dzieckiem, w Bibliotece Jagiellońskiej pokazywano mi księgę ze stronicą, na której diabeł położył swą łapę.

Marzę o powstaniu nowego gatunku wiedzy, mianowicie grafologii historycznej.

I jeszcze jedno. Oglądanie tych setek, tysięcy ludzi, którzy umarli, zaczyna człowieka wprowadzać w nastrój jakiegoś zawodowego grabarza. Od kilku lat zajmuję się przeważnie historią i mam ciągle do czynienia z ludźmi, którzy umarli, i ten zawód specjalisty od trumien często samego mnie straszy i męczy.

Listów Barbary Radziwiłłówny napotkałem w archiwum 31. Oto jest typ takiego listu, pisany do brata, Mikołaja Rudego, pierwszego księcia na Birżach i Dubinkach, kanclerza wielkiego litewskiego, w dniu 11 lutego 1549 r.

„Barbara, z Bożej łaski królowa polska, wielka księżna litewska, Ruska, Pruska, Mazowiecka, Żmudzka etc. etc. etc. pani.

Wielmożny panie bracie nam miły. Zdrowia i wszelakich fortun na długie czasy życzymy jakosz to bratu naszemu miłemu. Poruczyliśmy urodzonemu Gabrielowi Tarłowi, stolnikowi krakowskiemu, staroście chełmskiemu, Jego Królewskiej Mości dworzaninowi, niektóre rzeczy imieniem naszym waszej mości powiedzieć, któremu wasza mość zupełną wiarę we wszystkich rzeczach, które on imieniem naszym sprawować będzie, racz dać. Z tym dobrze zdrowego i szczęśliwego na długie czasy być żądamy. Dan z Nowego Miasta Korczyna w poniedziałek przed świętym Walentym Roku Bożego MDXLIX”.

Wszystkie listy Barbary pisane są po polsku i duża ich ilość własnoręcznie. Zarówno pod względem stylistycznym, jak ortograficznym nie bardzo się różnią od pisowni naszych czasów.

Większość listów pisanych przez Barbarę zapowiada przysłanie kogoś zaufanego do rozmów. Widać wciąż chodziło o rzeczy skomplikowane i wielostronne, z trudnością dające się wypowiedzieć w listach, do których bardziej pasowało: „tak” albo „nie”.

Ale obok tych listów do brata z lat 1549 i 1550 mamy kilka listów do Zygmunta Augusta pisanych w 1547 r. Treść dość obojętna, jakieś podziękowania za pierścionki lub coś podobnego. Psycholog jednak wyczyta z nich dużo. Oto w jednym z tych listów ciągle powtarza się wyraz: łaska. Właśnie ludzie opanowani wielką miłością powtarzają tak jakieś jedno słowo, a to wskutek nieporadności wypowiedzenia swych uczuć w ich całości, w ich ogromie. Wydaje się im wtedy, że właśnie ten jakiś wyraz może być dla nich zbawczy, że trzeba mu zaufać, że on potrafi wypowiedzieć uczucie. Bardzo charakterystyczne jest dla ludzi głęboko zakochanych takie powtarzanie jakiegoś jednego słowa. Trzeba powiedzieć, że listy Zygmunta Augusta do Barbary są także nacechowane miłością, tkliwością, serdecznością, chociaż się tak miłośnie nie jąkają jak zachwycające listy Barbary. Tych dwoje ludzi kochało siebie nawzajem i nie polityczne sprzeciwy, nie senatorskie czy szlacheckie kwasy miłość tę zerwały, lecz wyrok losu-tragedii, która w stosunku do Barbary orzekła chorobę i śmierć przedwczesną. Zygmunt August pielęgnował żonę jak najczulej aż do ostatniej chwili, chociaż choroba jej była odrażająca, ciało wydawało fetor nieznośny, jak zapisują współcześni.

Jak trzymałem ich listy w ręku, to mi było wstyd, że po czterystu latach naruszam intymność, do której każdy człowiek ma prawo.

VIII

Mikołaj Czarny

Mikołaj III Radziwiłł, kanclerz wielki litewski i wojewoda wileński, towarzyszył swemu królowi, Zygmuntowi Staremu, w 1515 r. na zjazd w Preszburgu z cesarzem Maksymilianem oraz królami Węgier i Czech. Stryjkowski, najpoważniejszy litewski kronikarz tamtych czasów, zapisał, że Mikołaj na ten zjazd przyprowadził stu młodzieńców, pięknie przybranych, którzy na najrozmaitszych instrumentach różne muzyki odprawiali, na krzywych butach chodzili, a także podczas nabożeństw kościelnych zawiłe melodie śpiewali. Nie tylko Stryjkowskiemu tych radziwiłłowskich stu młodzieńców zaimponowało, ale, jak on twierdzi, licznym Niemcom i Włochom na tym zjeździe obecnym. Cesarz Maksymilian poznał osobiście Radziwiłła, wiedział o wielkich wpływach, którymi rozporządza jego rodzina na Litwie, i ofiarował mu tytuł księcia Rzeszy Niemieckiej. Była to oczywiście próba pozyskania Radziwiłła dla swoich widoków politycznych, próba zyskania sobie sojusznika. Mikołaj III jednak wówczas przyjęcia tytułu odmówił, poczucie, że pochodzi od Narymunda, przedstawiciela dynastii, która wcześniej od Giedymina na Litwie panowała, widać mu wystarczało. Ale trzy lata później cesarz Maksymilian przysyła mu na Litwę przez kanonika wileńskiego Modzelewskiego dyplom na księcia na Goniądzu i Medelach i wtedy Mikołaj Radziwiłł tytuł ten przyjmuje.

Mikołaj III miał trzech synów, z których pierwszy, Jan III, miał tylko trzy córki, a dwaj pozostali: Stanisław I i Mikołaj IV, byli bezżennymi. Mikołaj IV, biskup żmudzki, zapisał księstwa Goniądz i Medele królowi Zygmuntowi Augustowi. Do tych księstw należał także Knyszyn, miejscowość bogata w przepiękne jeziora i lasy, która stała się ulubionym miejscem pobytu Zygmunta Augusta, który tam życie zakończył.

W r. 1547 znowuż Mikołaj Czarny Radziwiłł posłował do Augsburga, do cesarza Karola V, który, jak wiadomo, panował nad wieloma krajami Europy oraz częścią lądu amerykańskiego, tak że mówiło się o nim, że w jego państwach nigdy słońce nie zachodzi. Cesarz Karol nadał Mikołajowi Czarnemu tytuł księcia na Nieświeżu, Ołyce i Klecku, a bratu jego stryjecznemu Mikołajowi Rudemu, rodzonemu bratu królowej Barbary, tytuł księcia na Birżach i Dubinkach. Tytuły te później zostały potwierdzone na Sejmie polskim.

Na zamku w Nieświeżu, nad głównymi schodami wejściowymi, widniało malowidło przedstawiające nadanie przez cesarza Karola V tytułu książęcego rodzinie Radziwiłłów.

Mikołaj Czarny Radziwiłł był synem Jana Brodatego, syna Mikołaja II, a wnuka Mikołaja I, tego, który przyjął chrzest wraz z Jagiełłą w katedrze krakowskiej. Starszym bratem Jana Brodatego był uprzednio wzmiankowany Mikołaj III, przezwany Amor Poloniae, pierwszy książę na Goniądzu i Medelach, a młodszym jego bratem był Jerzy I, hetman wielki litewski, ojciec Barbary królowej i Mikołaja V Rudego. Stąd wielka zażyłość Mikołaja Czarnego ze swym stryjecznym rodzeństwem.

Mikołaj Czarny był kanclerzem wielkim litewskim i stąd wojna i pokój zależne były od jego kierownictwa. Nie będziemy się wdawali we wszystkie sprawy, które załatwiał, bo byśmy musieli przerabiać dzieje Polski i Litwy w tym okresie. Zatrzymamy się tylko na niektórych.

Oto w r. 1553 wyjeżdża Mikołaj Czarny znowu do Habsburgów: cesarza Karola V i króla rzymskiego Ferdynanda, z prośbą o rękę Katarzyny Habsburżanki dla Zygmunta Augusta. Swaty te rozpoczęte były w niecałe trzy lata po śmierci gorąco przez króla umiłowanej Barbary i mają wybitnie polityczny charakter, dla nas ludzi XX wieku niezupełnie zrozumiały. Oto chodzi tu o przeszkodzenie temu, aby Iwan Groźny, wielki książę moskiewski, używał tytułu carskiego. Dlaczego ta sprawa była dla Polaków i Litwinów ważniejsza od innych, tego dobrze zrozumieć dziś nie potrafimy, ale tak było w rzeczywistości. Moskwa gotowa jest iść na ustępstwa w wielu sprawach, nawet terytorialnych, ale zależy jej przede wszystkim na uznaniu tego tytułu. Zygmunt August odpowiada, że nie jest przyzwoicie, aby Iwan, którego ojciec i dziad byli tylko wielkimi księciami, używał tytułu carskiego. Iwan odpowiada, że jego przodek, Włodzimierz Monomach, używał tego tytułu. Zygmunt August odpowiada, że stolicą Włodzimierza Monomacha był Kijów, a Kijów teraz do niego, Zygmunta Augusta, należy.

Biedny Iwan zdobył się na odważny manewr. Oto w tajemnicy przed swoim narodem zwrócił się do papieża, iż w zamian za uznanie jego carskiego tytułu przez papieża i państwa europejskie gotów jest przyjąć katolicyzm i porzucić prawosławie.

Ile było szczerości w tej propozycji, na to odpowiedzieć bez szczegółowych studiów nie potrafimy. Dość że Zygmunta Augusta przestraszyła ta wiadomość. Nie chciał on, aby Wielkie Księstwo Moskiewskie w swej randze wywyższyło się ponad Wielkie Księstwo Litewskie i zrównało z Królestwem Polskim. Tytuł „car" był równy tytułowi „król". W XX wieku mówiono „car" bułgarski po rosyjsku i bułgarsku i tłumaczono to na „król" w językach europejskich. Dopiero następca Iwana Groźnego na tronie carów, Piotr I Wielki, przybierze tytuł imperatora, czyli cesarza. Rzeczpospolita Polska tego tytułu także nie będzie uznawać długo, nawet wtedy, kiedy jest bardzo uzależniona od Rosji, i uzna dopiero w r. 1764.

Wiadomość, że Iwan zabiega o uznanie swego carskiego tytułu u papieża, wywołuje ożywioną kontrakcję ze strony polsko-litewskiej. Mikołaj Rudy, brat nieżyjącej już Barbary, doradza królowi i na własną rękę rozpoczyna akcję powiadamiania o chęci przyjęcia katolicyzmu wśród bojarów i duchowieństwa rosyjskiego, celem wzbudzenia tam wrzenia i protestu. Iwan Groźny rządził Rosją po tyrańsku i terrorystycznie, ale przecież katolicyzm był czymś, co wśród Rosjan budziło strach jeszcze większy od strachu przed carskimi ówczesnymi gepistami czy enkawudzistami, to jest przed tak zwanymi „opricznikami", którzy mieli na siodłach wyszytą miotłę i głowę psa, na znak, że są carowi wierni jak psy i będą wymiatać Rosję od jego nieprzyjaciół.

Mikołaj Czarny rozpoczął akcję przeciwko carskiemu tytułowi Iwana na terenie dyplomatycznym. Wyjechał w poselstwie do Cesarza i Króla Rzymskiego, aby przekonać tych Habsburgów, żeby wyrzekli się popierania ambicji Iwana i powstrzymali papieża od obietnic w tej dziedzinie, tłumacząc mu, że Iwan obietnic co do przyjęcia katolicyzmu dotrzymać nie jest w stanie, że to jest tylko typowo rosyjski bluff i manewr dyplomatyczny. Aby nie przyjeżdżać z gołymi rękami, Mikołaj Czarny prosił jednocześnie Ferdynanda o rękę jego córki, Katarzyny, wdowy po księciu Mantui, dla Zygmunta Augusta. A więc targ: Nie uznawaj Iwana za cara, a ja się ożenię z Habsburżanką. Mikołaj Czarny miał jednocześnie grozić, że jeśli Habsburgowie uznają Iwana za cara, to Zygmunt August ożeni się z księżniczką francuską.

Widzimy więc, chociażby z tego przykładu, jak dalece małżeństwa monarchiczne były wtedy instrumentem dyplomatycznym, i lepiej rozumiemy oburzenie na małżeństwo z miłości.

Katarzyna była siostrą rodzoną pierwszej żony Zygmunta Augusta, Halszki Habsburżanki. Ale zezwolenie papieskie było szybko otrzymane, chodziło teraz o wyznaczenie ślubu. Astrologowie wskazali na datę 17 lipca lub późniejszą. Toteż 31 lipca 1553 r. została Katarzyna zaślubiona Zygmuntowi Augustowi, przy tym króla zastępował w ceremonii właśnie Mikołaj Czarny Radziwiłł. Położył się on nawet na chwilę do łóżka obok nowo zaślubionej dla symbolicznej konsumpcji małżeństwa. Znamy dawniejszy przykład tej ceremonii, przy której małoletnia nowo zaślubiona księżniczka płakała ze strachu i nie chciała się położyć koło przedstawiciela swego męża, na wszelki wypadek ubranego w zbroję, i dopiero król, jej ojciec, uchwycił ją, podniósł i przemocą do łóżka położył.

Może dziwić to zestawienie: papieska dyspensa na ślub i wskazówki astrologów. Tak jednak w tych czasach było. Renesans wraz z zachwytami nad starożytnością przyniósł wzrost, a nie upadek wiary w astrologów. Zresztą powszechna była także wiara w czary. Samego Mikołaja Czarnego oskarżają o posiłkowanie się czarami. Baby--wieśniaczki czarownice są od czasu do czasu palone przez przyzwoitość, ale znacznie częściej możni i nie możni korzystają z ich usług, z zaklinań, z ziół, które przynoszą. Co dziwniejsze, te czary babskie bardzo często się sprawdzają. Są to tajemnice, z którymi straciliśmy kontakt i nigdy już chyba dokładnie nie zrozumiemy ich istoty. Człowiek XVI wieku nie uwierzyłby natomiast w radio, w to, że można mówić w Nowym Jorku i być słyszanym przez świat cały. My zaś uważamy za bzdurę i nieprawdę wszystko, co się wtedy przypisywało czarownicom. A kto wie, może się one posługiwały także jakimiś fluidami magnetycznymi, których same nie rozumiały, lecz praktycznie były obyte z ich stosowaniem. Jeszcze wrócimy do tego tematu.

W ogóle w rozważaniach historycznych trzeba jak ognia wystrzegać się jednego uproszczenia. Oto niech się nam nigdy nie zdaje, że ponieważ ludzie z r. 1550 byli o czterysta lat od nas starsi, a więc byli o tyle samo bardziej gruboskórni, prostaccy, bardziej prymitywni. Tego rodzaju uproszczenie jest jak największym błędem. Co najwyżej można powiedzieć, że ludzie sprzed czterystu lat w niektórych dziedzinach byli od nas bardziej prymitywni, natomiast w innych dziedzinach byli bardziej złożeni, skomplikowani, bardziej subtelni. W XVI wieku ludzie byli niewątpliwie bardziej od nas prymitywni, jeśli chodzi o maszyny. Byli natomiast o wiele bardziej subtelni, jeśli chodzi o malarstwo. Psychologiczna cienkość i artystyczne mistrzostwo barw malarstwa renesansu nigdy później nie zostało prześcignięte. Nawet, wspaniały zresztą, impresjonizm francuski z XIX wieku nie może się w swej inteligencji równać z mistrzami renesansu. Uśmiech Giocondy jest niedoścignioną subtelnością psychologiczną.

Od roku 1553 wzrasta znaczenie Mikołaja Czarnego w dziejach Litwy, Polski i całej Europy Wschodniej. Przestaje być jednym z możnowładców, staje się czymś w rodzaju współwładcy państwa polsko--litewskiego względnie zastępcy króla na Litwie. Posiadając kanclerstwo wielkie litewskie, ma także duży wpływ na swego brata stryjecznego, Mikołaja Rudego, hetmana wielkiego litewskiego, rodzonego brata zmarłej Barbary, a zwłaszcza ma w tym okresie olbrzymi wpływ na króla, z którego to wpływu korzysta aż do ostatnich lat przed śmiercią. W roku 1555 nuncjusz papieski Lipomano informuje papieża, że dla króla Zygmunta Augusta Mikołaj Czarny Radziwiłł jest wszystkim: doradcą, kanclerzem, marszałkiem, przyjacielem, z którym król jada, bawi się i tańczy.

Nie należy jednak tego spostrzeżenia nuncjusza, które, jak spostrzeżenia wszystkich prawie nuncjuszów, było ścisłe i trafne, rozumieć, iż znaczenie Czarnego Radziwiłła ograniczało się wyłącznie do wpływu na króla. Mikołaj Radziwiłł był także politykiem jak najbardziej samodzielnym. Dało się to odczuć w trzech wielkich ówczesnych procesach politycznych: reformacji religijnej, polityki wobec Moskwy i Inflant, wreszcie ukształtowania prawno-konstytucyjnego stosunku Litwy do Polski.

Pisałem na wstępie do tej pracy, że nie można zjawisk historycznych z różnych epok upodabniać, utożsamiać, co bynajmniej oczywiście nie znaczy, że nie należy ich porównywać. Przez porównywanie ujawniamy właśnie odmienności. Moi rodacy z faktu, że w XVI wieku nie było w Polsce inkwizycji, że nie palono ze względu na różnicę wiary, wyciągali zarówno pochopnie, jak chełpliwie wniosek, że Polska była w wieku XVI zupełnie tolerancyjna pod względem religijnym. Ale już prof. Michał Bobrzyński w XIX wieku wytłumaczył, że anachronizmem jest przypisywanie uczuć, które zrodziły się w późniejszej epoce, jakiejś epoce wcześniejszej, że w Polsce XVI wieku nie było uczuć tolerancji religijnej, jakie zrodziły się w Europie w XVIII wieku, tylko że w Polsce był większy niż gdzie indziej indyferentyzm religijny. Zresztą cechą dynastii Jagiellonów był indyferentyzm religijny i pogląd, że różnice wyznaniowe, to instrument władztwa i gry politycznej. Witold, brat Jagiełły i współtwórca państwa polsko-litewskiego, przyjął chrzest wpierw w obrządku wschodnim, a dopiero później w obrządku rzymskokatolickim. Prawosławnemu arcybiskupowi Cemblakowi odpowiada prymitywnie: „To spraw, aby papież był naszej wiary, to i ja będę naszej wiary".

Nie było miejsca na tolerancję w mózgach ludzi XVI wieku. Poszukiwano prawdy Boskiej i ten, kto ją przeinaczył i w ten sposób przyczyniał się do potępienia maluczkich, wart był stosu jako zbrodniarz. Dlatego też katolicy palili protestantów, a protestanci katolików. Luter i Kalwin nie byli ani trochę bardziej tolerancyjni niż oo. dominikanie, pracownicy inkwizycji świętej.

Reformacja, jak każdy wielki proces dziejowy, powstaje z nie zbadanych dotychczas naukowo fluidów, które podniecają mózgi ludzkie właśnie w takim, a nie innym kierunku. Ale były jeszcze historyczno--polityczne warunki, wśród których reformacja się rozwijała. Było ich wiele: przede wszystkim renesans odwrócił zainteresowania od rozmyślań pobożnych i zwrócił zamiłowania ku neopoganizmowi, któremu uległ Rzym, Włosi, a nawet dwór papieski. Gorszyło to narody bardziej od renesansowych wpływów odległe. Wskutek różnych czynników zachwiało się dominujące politycznie stanowisko papieża, a świeckie posiadłości papieża, wraz z innymi księstwami włoskimi, uległy podeptaniu butami żołnierzy hiszpańskich i francuskich. W tym stanie rzeczy książęta niemieccy w szerokim pragermańskim tego słowa znaczeniu, bo wykluczając tu monarchów angielskich i skandynawskich, skorzystali z okazji do oswobodzenia się z uciążliwej czasami opieki papieża i przyjęli nowy wykład pojęć chrześcijańskich. Reforma religijna XVI wieku wzmacniała suwerenność państw europejskich. W Anglii król stał się głową Kościoła, połączył władzę świecką z duchowną. Jak wiemy, obyczaj i prawo ograniczały władzę polityczną króla angielskiego, będą też ograniczać jego władzę duchowną.

W Polsce Zygmunt August poszedł inną drogą. Dla mnie jest wyraźne, że członek tej genialnej dynastii Jagiellonów powiedział sobie: zamiast bezwzględnie bronić papieża i zajmować się paleniem heretyków lub też sięgać po władzę duchowną za przykładem Henryka VIII angielskiego, wolę pozostać arbitrem pomiędzy różnymi wyznaniami, kłócącymi się w moim kraju. Jest to droga najmniej ryzykowna i władza monarsza na tym tylko zyska. Zresztą król polski elekcyjny i ograniczony radami Sejmu nie miał nawet siły, aby zapewnić panowanie absolutne bądź katolikom, bądź protestantom.

Mikołaj Czarny poszedł inną drogą i niewątpliwie było to uzgodnione z królem. Oto otwarcie popierał protestantyzm; zrazu luteranizm; potem przyjął wyznanie kalwińskie; potem sympatie jego przed samą śmiercią zaczęły się skierowywać w stronę antytrynitarską.

Zwycięstwo bowiem protestantyzmu w germańskiej Europie połączone było z rozbiciem i rozproszkowaniem chrześcijaństwa. Autorytet wspólny, papież, został obalony, ale nie stworzono na jego miejsce jakiegoś nowego jednolitego obozu, tylko szereg wyznań zwalczających się namiętnie między sobą.

Mikołaj Radziwiłł stał się wtedy przedmiotem zalotów wszystkich kierowników nowych wiar w Europie. Sam Kalwin swoje ,,Komentarze do Dziejów Apostolskich'' poświęcił i dedykował księciu Mikołajowi Radziwiłłowi, kanclerzowi wielkiemu Wielkiego Księstwa Litewskiego. Poza tym nie było wprost działacza reformacyjnego owego czasu, który by nie chwalił, nie wynosił tego Radziwiłła. Znaczenie osoby Mikołaja Czarnego dla obozu reformacji było ogromne.

Przede wszystkim Mikołaj Czarny w owym czasie był uważany za miarodajnego kierownika całej Litwy. Jego bogactwa były bezmierne. Przeglądam oto spis miast, puszcz i dóbr ziemskich, które do Mikołaja Czarnego wówczas należały na terenie Wielkiego Księstwa. Nie będę tu przytaczał nazw, powiem tylko, że wśród miast należących do Mikołaja Czarnego figuruje także Kowno. Wprost nasuwa się wesoła uwaga: co mianowicie na Litwie należało do innych, skoro włości Mikołaja były tak liczne i tak wielkie? Do innych Radziwiłłów przede wszystkim?

Będąc tak potężnym Mikołaj Czarny odczuwał ingerencję duchowieństwa. Nie należy przypuszczać, aby się buntował przeciwko papieżowi, jak niegdyś Filip Piękny, jak w XVI wieku Henryk VIII angielski, ale ingerencje biskupów i księży, ale działalność zakonów mogła krępować jego wolę. Toteż popieranie reformacji przez Mikołaja Czarnego można rozumieć jako chęć wyzwolenia się spod kurateli duchowieństwa.

Pod tym względem Mikołaj Czarny miał zadanie ułatwione. Lud wieśniaczy mówiący po litewsku po cichu i po kryjomu wyznawał pogaństwo, a lud ruski był jawnie prawosławny. Szlachta katolicka Wielkiego Księstwa miała podobne kłopoty z księżmi co Radziwiłłowie, a poza tym w dużej części ulegała wpływom tej rodziny.

Byłoby jednak ciekawe prześwietlić, ile w reformacyjnej działalności Czarnego było z polityka, a ile z człowieka nawróconego na nową wiarę. Z biegiem lat Mikołaj wciąga się w polemiki z katolikami, sam nawet pisze broszury krytykujące stanowisko katolickie. Wir zwątpień w stare dogmaty i huragan pojęć nowych ogarnął jego umysłowość.

Mikołaj Czarny zasłużył się niesłychanie piśmiennictwu polskiemu. Reformacja chciała przemawiać do narodów nie po łacinie, lecz w językach narodowych. Było to odstępstwo od rzymskokatolickiego uniwersalizmu, zwycięstwo względnie narodziny nowoczesnego nacjonalizmu, początek zerwania z renesansem i poganizmem, konieczności propagandowe — wszystkiego po trochu. Radziwiłł popierał nawet niejakiego Mażwida, który zaczął propagować kalwinizm w języku litewskim. Są to początki piśmiennictwa litewskiego, które jednak do głosu dochodzi dopiero w wieku XIX. Poza tym jednak w Brześciu Litewskim powstała drukarnia i wydawnictwo subsydiowane przez Mikołaja, które wydało dziesiątki książek w języku polskim. W języku współczesnym powiedzielibyśmy o tym: ożywiona działalność wydawnicza.

O Czarnym powiada jego historyk, Józef Jasnowski, w rozprawach Towarzystwa Naukowego Warszawskiego:

„Czarny, dążąc do zachowania politycznej samodzielności Litwy i zwalczając unię z Koroną, robił jednocześnie wszystko, by jak najbardziej spolszczyć Litwę pod względem obyczajowym i językowym.

Języka litewskiego nie znał zupełnie, ruski, a właściwie tę jego odmianę, która była używana jako język urzędowy kancelarii litewskiej — o tyle tylko, że mógł rozumieć akty i pisma, które podpisywał jako kanclerz. Sam zaś posługiwał się w życiu codziennym i w korespondencji wyłącznie językiem polskim”.

Nie będziemy tu rozpatrywali polityki międzynarodowej Czarnego, ponieważ musielibyśmy przytaczać obraz bardzo skomplikowanych stosunków pomiędzy Polską i Litwą a resztą państw w Europie Centralnej i Wschodniej. Dość że Mikołaj Czarny Radziwiłł był zdecydowanym przeciwnikiem Rosji, nad którą w ostatnim okresie życia Mikołaja Czarnego odnosi hetman Mikołaj Rudy Radziwiłł wspaniałe zwycięstwo. W bitwie nad rzeką Ułłą w powiecie orszańskim rozbił wojska księcia Szujskiego, przy tym Szujski sam zginął.

Z tego antyrosyjskiego nastawienia wynikały liczne posunięcia dyplomatyczne Mikołaja Czarnego. Między innymi kiedy w r. 1561 papież wysłał swego legata, Jana Franciszka Canobię, do Iwana Groźnego z zaproszeniem wzięcia udziału w trzeciej sesji soboru trydenckiego bądź osobiście, bądź przez przysłanie biskupów prawosławnych, Mikołaj Czarny przyaresztował tego Canobię w Wilnie i odesłał go papieżowi z powrotem, przekonawszy o słuszności swego czynu Zygmunta Augusta, który uprzednio legata papieskiego do Iwana Moskiewskiego przez terytorium polskie przepuścił. Ten legat Canobio to może pierwszy z papieskich dyplomatów, dążących do porozumienia z Rosją, co było zawsze solą w oku dla polityków polskich.

Nie będziemy tu rozpatrywali sprawy Inflant, którą kierował Mikołaj Czarny osobiście i z wielkim talentem. Dość że jeżeli Inflanty stały się wówczas państwem związanym z państwem polsko-litewskim, to stało się tak za staraniem i zasługą nie tylko przede wszystkim, ale i wyłącznie Mikołaja Czarnego.

Pisze się o Mikołaju Czarnym, że był przeciwnikiem unii litewsko--polskiej. Jest to nieścisłe. Czarny dbał o stały związek obu państw, był tylko przeciwnikiem pewnych form, które szły jego zdaniem za daleko w pomniejszaniu samodzielności Wielkiego Księstwa Litewskiego.

Mikołaj VI Radziwiłł Czarny miał czterech synów i cztery córki. Najstarszy syn, Mikołaj VIII Krzysztof, jest założycielem linii ordynatów na Nieświeżu; następny, Stanisław, ordynatów na Ołyce, Albert, trzeci z rzędu, rozpoczyna sukcesję ordynatów na Klecku, wreszcie czwarty i najmłodszy, Jerzy, był kardynałem.

Najstarszy, Mikołaj Krzysztof, był nazwany Sierotką. Zgodnie z kronikarzem współczesnym rzecz się tak miała:

„Syn książęcia Mikołaja VI Czarnego i Elżbiety Szydłowieckiej urodził się 2 sierpnia 1549 r. Wkrótce po jego urodzeniu rodzice wybierając się do Warszawy na dwór królewski zabrali go z sobą i tam też otrzymał przydomek «Sierotki», pod którym powszechnie był znany. Gdy król Zygmunt August w Warszawie naprzykrzywszy się patrzaniem fajerwerków, które się odprawowały podczas wesela jednego z senatorów z damą dworu królewskiego, schronił się cicho do apartamentu, w którym stancję miał Mikołaj Czarny z księżną swoją, znalazł tam książęcia maleńkiego, od wszystkich opuszczonego, na łóżeczku swojem rzewnie płaczącego, z którym król zaczął się pieścić, nazywając go sierotką od wszystkich opuszczonym. Co słysząc dworzanie, którzy za królem przychodzili, rozgłosili to między państwem i tak przezwisko Sierotki mu przylgnęło, lubo był najstarszym ze swoich braci i u żadnego nie był pod opieką".

Kilkunastoletni Sierotka wysłany został na naukę do Niemiec. Miał się kształcić, zwłaszcza w językach cudzoziemskich, ale ojciec go przestrzegał, aby jednocześnie poprawnie mówił po polsku, by nie był „jak ten balwierz Paweł, bo by się z ciebie śmieli bracia i siostry". Mały Sierotka był uprzejmie przez wszystkich książąt niemieckich przyjmowany, zwłaszcza że wszystkim czynił prezenty z konikówi futer. Aż tu przyszła wieść sensacyjna: Oto król Szwecji, Eryk XIV, zamierza porwać małego Radziwiłła, aby go potem wymienić na Krzysztofa Meklemburskiego, który znajdował się w niewoli polskiej. Poleciały więc do Niemiec przestraszone listy ojcowskie, ale wszystko się dobrze skończyło i Mikołaj Krzysztof wrócił spokojnie do domu.

Mikołaj VI Czarny Radziwiłł umarł w r. 1565, na cztery lata przed unią lubelską, która na zawsze połączyła Polskę z Litwą. W ostatnich czasach nie był już tak dobrze z królem jak uprzednio. Istotą unii lubelskiej było zrzeczenie się przez Zygmunta Augusta praw do dziedzicznego tronu na Litwie i zrównanie Litwinów z Polakami w dowolnym wyborze króla w wolnej elekcji. Miało to później skutki katastrofalne dla państwa polsko-litewskiego.

Na wieść o zgonie Mikołaja Czarnego nuncjusz papieski, Commendoni, odetchnął z ulgą i donosił, że „umarł człowiek najpotężniejszy nie tylko na Litwie, ale we wszystkich krajach tego państwa".

IX

Habent sua fata libelli

Mikołaj Rudy Radziwiłł, hetman wielki litewski, jak wiemy brat stryjeczny Mikołaja Czarnego, po swoim wspaniałym zwycięstwie nad wojskami Iwana Groźnego w dniu 26 stycznia 1564 r. nad rzeką Ułłą, niedaleko miasta Orszy, pojechał do Częstochowy, aby tam Panu Bogu złożyć podziękowanie. Jak wiadomo w Częstochowie znajduje się największa świętość katolickiej Polski, mianowicie cudami słynący obraz Matki Boskiej, umieszczony w klasztorze Paulinów na Jasnej Górze. Witając księcia-hetmana paulini pokazali mu człowieka opętanego przez diabła i zaczęli owego diabła wypędzać, co im się wspaniale udało. Niestety, hetman powziął pewne podejrzenie, kazał przed sobą postawić tego człowieka i dowiedzial się, że chodziło tu o komedię, a nie o cud prawdziwy. Człowiek był zupełnie zdrowy i tylko na zlecenie mnichów udawał, że wewnątrz niego siedzi diabeł. Hetman poczuł się niesłychanie obrażony. Nie lubił, aby z niego robiono durnia, i z miejsca oświadczył, że przyjmuje wiarę swego brata stryjecznego, Mikołaja Czarnego, i porzuca religię katolicką.

W ten sposób protestantyzm na Litwie, krzewiony przez Mikołaja Czarnego, uzyskał poparcie innej linii Radziwiłłów, książąt na Birżach i Dubinkach. Linia ta wymarła w wieku XVII, ale do ostatnich czasów była gorliwą protektorką litewskiego kalwinizmu.

Pięknie swego czasu powiedział Balzac, że jeśli się pisze powieść historyczną, to trzeba zasadzić las, czekać, aż on wyrośnie, potem las ten wyrąbać i skorzystać tylko z paproci, które w tym lesie pomiędzy konarami drzew wyrosly. Taka jest proporcja pomiędzy rzeczami, które opracowując pewną epokę historyczną trzeba wiedzieć, a tymi, z których się w swoim opracowaniu korzysta. To szmat pracy pisać o historii.

Otóż do tych paproci, które chcę wykorzystać, należy przemówienie

Mikołaja Czarnego do swego syna Mikołaja VIII Krzysztofa Sierotki, które on był wygłosił niedługo przed swoim zgonem w 1565 r. Było to przemówienie dokładnie wzorowane na wielkich mowach Rzymian do swoich synów i spadkobierców. Powiadał w nim Mikołaj Czarny, że zostawia swemu synowi wielkie imię, wielki majątek, ale zostawia mu także rzecz najważniejszą, o wiele od godności i majątku cenniejszą, mianowicie wiarę prawdziwą. Długą i piękną tę mowę zasadniczą zakończył kanclerz wielki, Mikołaj Czarny, następującym zwrotem:

„W tej pobożności, w tej czystej wierze, w której Cię wychowałem, spędź całe dalsze życie. A tak Bóg błogosławić Cię będzie; tak uczynisz dni swoje sławnemi po wszystkie dni żywota twego, tak wreszcie wiecznego szczęścia swego, największej nagrody dostąpisz".

Gorące te napomnienia ojcowskie pozostały jednak bez skutku. W pięć lat po śmierci ojca Mikołaja Krzysztof Sierotka przyjmuje katolicyzm, porzuca protestantyzm. Bardziej jeszcze zabolałoby Mikołaja Czarnego, że trzej pozostali jego synowie, a bracia Sierotki, zrobili to samo. Sierotka był pierwszym ordynatem na Nieświeżu, brat jego Stanisław II, pierwszy ordynat na Ołyce, oraz następny jego brat, Albert II, ordynat na Klecku, porzucili protestantyzm i bardzo pobożnie zaczęli wspierać katolicyzm na Litwie, budować kościoły, osadzać klasztory, a przy klasztorach fundować szpitale. Wreszcie trzeci brat Sierotki, a czwarty syn Mikołaja Czarnego, Jerzy III, zostaje nawet katolickim biskupem, wpierw wileńskim, później krakowskim, i kardynałem.

Sierotka przyjął katolicyzm w 1570 r. i z tym jego nawróceniem związana jest następująca legenda. Oto powiada kaznodzieja Widziewicz:

„Pomógł i ów dziwny cud, gdy w piątek przed Niedzielą Kwietną, jadąc z Warszawy do Wilna, w gospodzie kapłony piec rozkazał; które gdy oprawne już na stole leżały, jednym razem ruszać się poczęły i po stole bieżąc na ziemię spadły".

Sens tego cudu na tym polegał, że martwe ptaki ożyły, aby protestować przeciwko łamaniu postu przez Radziwiłła.

Legenda ta jest, szczerze powiedziawszy, nie bardzo przekonywająca, a nawet nieestetyczna. Od razu obronimy tu pamięć księcia Sierotki przed czytelnikiem, że przyjął on katolicyzm nie pod wpływem kapłonów, lecz jednego z największych Polaków, genialnego ks. Piotra Skargi.

Zestawienie tych dwóch legend o dwóch nawróceniach: Mikołaja Rudego na protestantyzm i Mikołaja Sierotki na katolicyzm, jest bardzo wymowne i stanowi dobry materiał dla wytłumaczenia epoki omawianej.

Mikołaj Rudy obraził się, że pod pozorem cudu pokazują mu zwyczajne oszustwo. Jest w tym pozytywizm, żądanie prawdy realnej, pozytywnej, sprawdzalnej. Te kapłony wstające z półmisków to przykład trywialny i niedorzeczny, ale jednak przykład tęsknoty do cudowności. Protestantyzm opierał się na tęsknocie do prawdy realnej, katolicyzm budził tęsknotę do rzeczy nadprzyrodzonych.

Nie wiem, czy podział na rozum i serce, na rozsądek i na uczucie jest podziałem, który utrzyma się w fizjologii, bo przecież człowiekiem rządzi ten sam mózg i te same nerwy, a serce na zamierzenia i plany człowieka żadnego wpływu nie wywiera, będąc tylko organem krążenia krwi. Ale mniejsza o to. Podział na rozsądek i na uczucie jest podziałem starym i powszechnie powtarzanym, otóż powiedzmy, że reformacja w XVI wieku w Polsce odwoływała się do rozsądku, katolicyzm do uczucia.

Datą krawędziową, historyczną będzie tu rok 1565, w którym umarł Mikołaj Czarny Radziwiłł, a natomiast arcybiskup Hozjusz sprowadził jezuitów do Polski i na Litwę. Teraz rozpoczyna się kontrreformacja i ma tempo prawdziwie rewolucyjne.

Jezuici powstali w r. 1540, założeni przez Ignacego Loyolę, Hiszpana, który sam się urodził w r. 1491. Była to, używając nowoczesnego wyrażenia, olbrzymia propaganda katolicyzmu. Skarga używając języka, który nas dzisiaj śmieszy, powiada, że jezuici przeniknęli do Japanu, Kongum, Malaki, południowej Etiopii, Angoli, Meksyku, Monomotapy. Faktem jest, że energia ich wylała się na świeżo odkryte przez Hiszpanów i Portugalczyków kraje za dalekimi morzami. Jezuici był to bunt południa europejskiego przeciwko surowości i oschłości północnoeuropejskiej, germańskiej. Oczywiście, że działalność ich związana jest z mocarstwowością hiszpańską, z ekspansją Hiszpanii na nowe kontynenty, ale związana jest także z wyższością talentów artystycznych hiszpańskich i włoskich nad innymi narodami. Zbory protestanckie miały być surowe w rysunku, Bóg protestancki miał być Bogiem sprawiedliwym, ale surowym. Ciepło, które na religię spływało z rączek Matki Boskiej, miało być wyeliminowane. Jezuici odwrotnie, jak najbardziej popierają piękno przy budowie kościołów, popierają innowacje, nowe style, nowe pomysły. Styl jezuicki, czyli odmiana baroku, jest pełen wesołości, wprowadza prawdziwe teatrum figur — jedne figury łączy się z innymi w akcji. Oto łucznicy strzałami rozstrzeliwują św. Sebastiana i oto inna święta śpieszy z olejkiem, aby zwilżyć jego rany. Jak najwięcej światła i słońca, precz z gotyckim półmrokiem i posępnością mistyczną. Precz także z równą linią renesansową. W stylu odrodzenia wszystko było podporządkowane linii prostej, sztywnej; figury musiały stać wyprostowane. W baroku figury zaczynają wychodzić z nisz, schodzić z kolumn, zaczynają się ruszać, żyć, nieomal tańczyć. Nie tylko architektura barokowa, ale również rzeźba, muzyka, śpiew, nawet taniec — wszystko to odgrywa ogromną rolę w jezuickiej propagandzie. Było z Polską właśnie tak jak ze zmianą wiary tych dwóch Radziwiłłów. Polska prędko się zmęczyła rozsądkiem i surowością, bezkolorowością protestantyzmu. Z całym zapałem młodej kobiety, potrzebującej przede wszystkim miłości, rzuciła się w objęcia jezuityzmu.

Zresztą Sierotkę Radziwiłła i jego braci nawracał na katolicyzm nie byle jezuita, lecz mąż genialny, Piotr Skarga. To dowód doskonałej organizacji zakonu jezuitów, że umiał on ocenić zdolności takiego człowieka jak Skarga. W historiozofii polskiej, w literaturze i tak zwanej filozofii polskiej Skarga pozostał jako wielki cień, który przestrzegał Polskę, że ustrój, który sobie obrała, prowadzi ją do zguby. Kazania sejmowe Skargi robiły olbrzymie wrażenie na współczesnych ze względu na to, że Skarga był mistrzem dobierania słów, geniuszem literackim. Jego porównania to chwyty z prawdziwie wielkiej literatury. Jak porównuje na przykład los biednego chłopka do ziaren tłuczonych przez kamienie młyńskie. Jakaż poetyczna siła tkwi w prostocie i realizmie tego porównania.

Ale za Batorego, za Zygmunta III Polska jeszcze była bardzo potężna. Konsumowała swoją mocarstwowość stworzoną przez dynastię Jagiellonów. Przestrogi Skargi, że Polska upadnie skutkiem swego ustroju zdążającego do anarchii, nie wydawały się zbyt realne. Ustrój polski opierał się na łacinie, na rozczytywaniu się w Cyceronie, na rzymskiej obronie wolności człowieka. Wydawało się to tak słuszne, jak retorycznie brzmiało pięknie.

Ustrój państwowy nigdy nie jest kwestią form prawnych, lecz zawsze układu stosunków rzeczywistych. Długo się ludziom zdawało, że dość jest zmienić monarchię na republikę lub republikę na dyktaturę, a wszystko zostanie uzdrowione. Przekonanie zupełnie błędne. Dla mnie doskonałością jest ustrój obowiązujący w Anglii, ale uważam, że istota tego ustroju nie tkwi w tym, że jest król, Izba Lordów, Izba Gmin, lecz w tym, że naród angielski, wspaniałym instynktem politycznym wiedziony, dzieli się tylko na dwie partie, z których jedna rządzi, druga krytykuje i czynią to na zmianę.

Ustrój francuski III i IV Republiki był właściwie wzorowany na ustroju angielskim. Od reprezentacji był prezydent, którego uprawnienia były wzorowane na uprawnieniach króla angielskiego, a raczej na ich braku. Senat i Izba Deputowanych, rząd odpowiedzialny przed parlamentem. I oto ten ustrój, który w Anglii daje tak pierwszorzędne wyniki — we Francji dał rezultaty fatalne, jak najgorsze. Dlaczego? Bo nie było we Francji rzeczy najistotniejszej: podziału narodu na dwie partie — wielopartyjność nie może być podstawą dla dobrego funkcjonowania systemu parlamentarnego.

Polska XVI wieku miała króla elekcyjnego, miała Sejm złożony z dwóch izb: Senatu oraz Izby Posłów, oraz szereg instytucji, dających się obronić w oczach tych, którzy kochali prawo rzymskie. Toteż nie same te formy prawne, które jeszcze w wieku XVIII pochwalał Jan Jakub Rousseau, ale ustrój rzeczywisty, ogólny, popychał Polskę ku anarchii, która sprawiła, że państwo to, tak potężne za Jagiellonów, w wieku XVIII padło ofiarą rozbiorów pomiędzy sąsiadami.

Skarga — człowiek, który poprzez pozory potęgi widział ziarna upadku w państwie polskim — był niewątpliwie człowiekiem genialnym. Zatrzymaliśmy się na jego postaci trochę dłużej, ale czynimy to w interesie księcia Sierotki i jego trzech braci, chcemy powiedzieć, że przyjęli oni katolicyzm nie pod wpływem pieczonych kapłonów powstających z półmiska, lecz pod wpływem istotnie genialnego człowieka.

Powrót Radziwiłłów Nieświeskich, Ołyckich i Kleckich do katolicyzmu osłabił w sposób decydujący protestantyzm na Litwie. Cios zadała mu także unia brzeska w 1596 r., o której jeszcze mówić będziemy. Protestantyzm na Litwie ochraniała jednak linia Radziwiłłów na Birżach i Dubinkach, wywodząca się od Mikołaja Rudego. Dlatego też protestantyzm na Litwie trwa i odgrywa pewną rolę aż do wygaśnięcia tej linii. Potem już tylko wegetuje.

Co zaś do psychologii samego księcia Sierotki, to nie potrzebujemy jej odgadywać, bo mamy w ręku dokument autentyczny, mianowicie własne jego wspomnienia z podróży do Ziemi Świętej, z których do głębi poznajemy człowieka.

Słyszałem, że to egzemplarz tych wspomnień w języku łacińskim ofiarował prezydent Kennedy swej chrześniaczce, córeczce swego szwagra, księcia Stanisława Radziwiłła. Sam Kennedy miał tę książkę otrzymać od Ben Guriona, obecnego premiera Palestyny. Prawdziwie można wykrzyknąć: Habent sua fata libelli!

Na podstawie tych wspomnień można o księciu Sierotce powiedzieć przede wszystkim, że był to człowiek niesłychanie odważny. Wszyscy zresztą Radziwiłłowie to ludzie rycerscy, wodzowie, zwycięzcy, czyli ludzie, którzy się nie bali. Ale w tym opisie podróży do Ziemi Świętej Sierotka nie pisze o niebezpieczeństwach, w ogóle niebezpieczeństw tych jak gdyby nie widzi. A przecież skóra może ścierpnąć na samą myśl o okolicznościach, które towarzyszyły jego pielgrzymce. Zamiast siedzieć spokojnie w domu względnie odbywać podróże z Nieświeża do Wilna lub do Krakowa na czele dobrze uzbrojonej świty, czyli podróże, w czasie których nic mu nie groziło, on, ponieważ „zdrowie mu falowało", ślubuje pielgrzymkę do Ziemi Świętej. Wyjeżdża z Nieświeża 16 września 1582 r., wraca dopiero po dwóch prawie latach, bo 2 lipca 1584 r. Z Wenecji jedzie drogą wodną poprzez najrozmaitsze wyspy do Cypru, a z Cypru dopiero do Tripoli, miasta w Libanie, którego nie należy mylić z bardziej teraz znanym miastem w Libii, w Afryce, o tej samej nazwie. Podróż morska i tam, i z powrotem przez Kair obfituje w niebezpieczeństwa od piratów, których pełno kręci się na tym morzu, którzy rabują, zabijają albo chwytają dla wymuszenia okupu, oraz od burz, które są straszliwe. Radziwiłł wynajmuje statki, które najrozmaiciej nazywa miejscowymi nazwami, które zapewne wyszły już z użycia; na tych statkach jedzie tam i zawraca, gdy wiatry są zbyt wredne. Na lądzie stałym niebezpieczeństwa są jeszcze większe. Ciągłe napaści najrozmaitszych bandytów względnie ówczesnych władz bezpieczeństwa, jeszcze gorszych od bandytów na tym terenie, na którym Arabowie są w wojnie z Turkami, a Turcy z Arabami. Władza sułtana tureckiego nie da się odczuwać, kiedy się wyjeżdża z głównych miast. Radziwiłł dla ochrony swej osoby powynajmował janczarów, ale ci są niepewni i sprzedajni i dają się łatwo terroryzować przez bandytów. Zresztą najgorszemu napadowi rozbójników uległ książę Sierotka już w drodze powrotnej, i to na terytorium włoskim, gdzie go zrabowano — jak się to mówi — do ostatniej nitki. Najmniejszy jednak symptom strachu obcy jest tym wspomnieniom, i to zupełnie szczerze.

Sierotka przejdzie do historii rodu Radziwiłłów nie jako wielki wódz czy wielki polityk, tak jak wielu jego krewnych, lecz przede wszystkim jako człowiek rządny, gospodarczo myślący i umiejący się rozporządzać swoim mieniem. Nie znaczy to, aby był skąpy czy nawet oszczędny. Przeciwnie, jest bardzo hojny na kościoły, cele religijne, a także dla ludzi biednych, ludzi w potrzebie. Jest to przede wszystkim umysł trzeźwy, spostrzegawczy, dokładny, spokojny, nie unoszący się. Jego wspomnienia są kopalnią materiałów dla opisu tamtych czasów. Jakże opisuje banany, których nie znał. Pisze o nich: „frukt jeden" nazywający się „mauza", do ogórków podobny, a mający zapach i smak podobny do naszych gruszek „urianówek". Nie można ich więcej zjeść od dwóch, i to z chlebem i serem. Dziś już nie wiem, niestety, jaki był smak tych gruszek-urianówek, owocu rosnącego na mojej ziemi, ale za to od dzieciństwa znam smak bananu i nie sądzę, abym na tej dziejowej zamianie cokolwiek zyskał. W Damaszku i potem w Kairze Sierotka widział ludzi chodzących zupełnie nago, których poczytywano za świętych. Te nagusy brały sobie jedzenie od każdego sprzedawcy żywności i ten z radością im na to pozwalał, a również na ulicy wobec wszystkich mieli stosunek seksualny z przechodzącymi niewiastami i te także poczytywały sobie za szczęście i honor, wraz ze swoimi mężami i rodziną. O Kairze pisze, że choć uprzednio znał i Rzym, i Paryż, to Kair wydał się mu bardziej ludny i w ogóle większym miastem. Jest tam rynek sprzedaży Murzynów-niewolników. Kiedy ten rynek oglądał, było na nim siedmiuset mężczyzn i sześćset kobiet, zupełnie gołych, tylko kobiety miały przekłute uszy i kolczyki oraz przekłute jedno nozdrze z gałką szklaną tam zawieszoną. Są także kobiety mające przekłutą wargę dolną i gałka przyczepiona wargę odciąga i zęby odsłania. Nie podobało się to księciu Mikołajowi. „Rzecz sprośna" — pisze. Każdy nabywający dziewczynę murzyńską nie tylko może sobie z nią robić, co mu się chce, ale także w każdej chwili ją zabić, nie ponosząc żadnej odpowiedzialności. Natomiast wywóz kupionych niewolników do krajów chrześcijańskich był zakazany pod karą śmierci.

Opisując rzeczy widziane dokładnie i trzeźwo, książę Sierotka żyje jednak nie tym, co jest, lecz tym, co było. Każdy najmniejszy szczegół związany z życiem Jezusa Chrystusa wstrząsa nim do głębi i Bogu dziękuje, że te miejsca widzi na własne oczy. Jakże go rozczula, że widzi krynicę na trzydzieści łokci głęboką, w której Najświętsza Panna swoje białogłowskie rzeczy prała. Zwiedzając te wszystkie uświęcone miejsca, książę Sierotka nigdy nie zapomina zaznaczyć, jaki odpust jest przywiązany do odmawiania modlitw w takim miejscu.

Książę Sierotka bynajmniej się nie chwali, lecz z jego wspomnień wynika, że miał bardzo dobre serce. W Jerozolimie usłyszał o jakiejś Polce, Dorocie Siekierzeckiej, która ciągle się modliła i spowiadała, lecz nigdzie mieszkać nie mogła, bo zakony na noc kobiet nie przyjmowały. Turcy często jej „psoty czynili", czyli gwałcili i ciągle bili, aż dziw, że nie zabili, bo od bicia miała żebra połamane. „Głowę miała skażoną" — pisze Radziwiłł, czyli że była wariatką. Książę Mikołaj zajął się nią, polecił swej służbie się nią zaopiekować, wysłał do Tripoli wbrew jej woli, a nawet przy jej oporze i rzucaniu przez nią cegieł, starał się odesłać do kraju do krewnych, ale wariatka z drogi gdzieś uciekła.

Również pomagał Sierotka różnym ludziom, którzy chcieli do krajów chrześcijańskich uciekać. Jeden wypadek wart jest specjalnego zanotowania. Jakiś Jan, Włoch, mający okowy na nogach, błagał Radziwiłła w Kairze, aby go wykupił z niewoli i do Włoch zabrał. Z zawodu był cyrulikiem. Sierotka go wykupił, a żeby czymś upozorować jego wywiezienie, przydzielił go do pilnowania żywych lampartów, kozorożców i innych „bestii", które sobie ponakupował. Ten Jan jednak, dojechawszy z Radziwiłłem do wyspy Krety, okradł go i uciekł w góry. Władze kreteńskie schwytały go i chciały powiesić. Radziwiłł go wybronił, bo uważał, że byłoby obrzydliwe, aby człowiek przez niego z niewoli tureckiej wykupiony miał być przez chrześcijan obwieszony. Uwolnił go więc i odesłał do Włoch.

W związku z tym incydentem pewien bogaty kupiec wenecki pouczał Radziwiłła, że wszyscy ci ludzie wykupywani z niewoli tureckiej okazują się później drapichrustami i nicponiami i wykupować ich nie warto. Pisze o tym Sierotka w swoich wspomnieniach bardzo pięknie: „Przywodził także ten kupiec moralne, lecz nie katolickie racje. «Kto za dopuszczeniem Boskim niewolę cierpi — powiadał — temu łatwiej powstrzymać się od grzechu». Ale racje tego rodzaju nie dadzą się utrzymać, ponieważ o wykupywaniu z niewoli Chrystus Pan, nasz Zbawiciel, co innego naucza".

Poza lampartami i kozorożcami kupił Sierotka jeszcze koczkodana i koczkodanicę, szczurków faraońskich dwa i kota, co zybet daje.

Chodziło tu o łaszę (viverra zibetha), wydzielającą woń piżmową, używaną przez ówczesnych neurologów w charakterze lekarstwa. Były kupione w Egipcie także mumie, ale, rzecz jasna, nad statkiem Sierotkę i mumie wiozącym rozszalała burza, która oczywiście dopiero wtedy się uspokoiła, kiedy mumie do wody wrzucone zostały.

Sierotka w rozmowie z biskupem ormiańskim w Ziemi Świętej powiada, że za grzechy Polaków Bóg nasłał na nich lutrów, zwinglianów, arianów, nowokrzezeńców i „inną hałastrę heretycką". Ale ten sam Sierotka fundował na Litwie liczne szpitale przy klasztorach zakonnych i mnichom zalecał, aby przyjmowali chorych heretyków i dbali o ich wyzdrowienie na równi z katolikami.

W Nieświeżu, tak zresztą jak w Wilnie, Mińsku, Pińsku, Połocku, Witebsku i w całej także Polsce oraz w całej Europie, przechodząc w piątek wieczorem przez ulice widziało się świeczki nad stołami zapalone. Były to żydowskie światła szabaśne. Żydzi, prześladowani i pogardzani, żyli w Europie ówczesnej trochę na sposób szczurów: byli wszędzie, docierali wszędzie. Górowali nad ludnością, wśród której mieszkali, swoją inteligencją, lecz trzeba także powiedzieć, że im ich było więcej, im byli w jakimś kraju liczniejsi, tym byli słabsi, bardziej bezbronni, bardziej na prześladowania wystawieni. Otóż wśród Żydów litewskich wyrosła legenda, że książę Mikołaj Krzysztof Radziwiłł Sierotka kazał na jeden dzień wybrać Żyda na króla polskiego, aby ten mógł dolę Żydów polepszyć. W legendzie tej nie ma oczywiście krzty prawdy, ale wskazuje na wiarę w potęgę Radziwiłłów i na to, że Sierotka przez wszystkich był uważany za człowieka dobrego.

A teraz posłuchajcie:

Wpierw analogia do tego zdarzenia całkiem rzeczywistego.

Oto w początkach wieku siedemnastego pierwszy car rosyjski z dynastii Romanowów, Michał, przyjechał do Moskwy z monasteru Ipatjewa.

Trzysta lat później ostatni car rosyjski był zamordowany w Jekaterynburgu także w domu Ipatjewa.

Książę Radziwiłł Sierotka był pierwszym ordynatem na Nieświeżu i zbudował wielki zamek nieświeski, otoczony wałami fortecznymi i kanałami z wodą.

W r. 1939 do zamku tego wkroczyły władze radzieckie. Objęły go w posiadanie i mianowały komisarza, który zamkiem miał zarządzać. Nazwisko tego komisarza brzmiało: Sierotka.

X

Pamiętniki Albrychta Stanisława Radziwiłła
kanclerza wielkiego litewskiego

Mikołaj VIII Krzysztof Radziwiłł Sierotka, marszałek wielki litewski i wojewoda trocki, umarł w r. 1616, a jego „Podróż do Ziemi Świętej, Syrii i Egiptu" obejmuje lata 1582—1584. Zajmę się teraz pamiętnikami jego synowca, Albrychta IV Stanisława Radziwiłła, kanclerza wielkiego litewskiego, urodzonego w r. 1595, a zmarłego w 1656. Pamiętniki jego, a raczej jego dziennik, pisany z dnia na dzień, w sposób plastyczny i kolorowy, wskrzeszający przed naszymi oczami życie tamtych czasów, obejmuje lata od 1632 do 1656 r.

Pomiędzy napisaniem tych dwóch książek zaszły wielkie zmiany — rozpoczął się i zamknął w życiu polsko-litewskiego państwa okres przejściowy. Śmierć Zygmunta Augusta w 1572 r. zostawiła to państwo nie tylko mocarstwem przepotężnym, ale i mającym wszelkie widoki rozwoju do stworzenia ustabilizowanej potęgi w basenach trzech wielkich rzek: Wisły, Dniepru i Dźwiny. Po jego śmierci Polska i Litwa walczy ze swymi sąsiadami: Turcją, Moskwą i Szwecją, i ze wszystkimi, w bilansie ogólnym, walczy zwycięsko. Nawet Gustaw Adolf, ten Napoleon XVII wieku, uratował się od śmierci czy niewoli tylko tym, że odpiął pas, na którym zwisała pochwa od rapiera, za którą uchwycił się rycerz polski, i uciekł. Ta pochwa od rapiera została oczywiście powieszona w kościele dla ukontentowania Pana Boga.

Nad Turcją odnosi Rzeczpospolita, bo tak w skrócie Polacy i Litwini nazywają swe państwo, wiele wspaniałych zwycięstw, jakkolwiek zdarzają się także bitwy, które przegrywa.

Moskwa w początkach XVII wieku znajdzie się w ogóle pod polską okupacją. Tutaj historia polityczna przybiera postać bajki. Oto na terenie Polski znalazł się mnich ubogi, który na spowiedzi ujawnił, że jest carem Rosji, cudownie od zamachu ocalonym Dymitrem. Znaleźli się ludzie ambitni, którzy w to uwierzyli. Wojewoda Mniszech wydał za niego swoją córkę Marynę i znalazło się dużo chętnych, którzy samozwańcowi towarzyszyli do Moskwy, gdzie właśnie umarł car Borys Godunow, po śmierci Iwana Groźnego obrany na carstwo, i część Rosjan przeszła na stronę Dymitra, który, trzeba to przyznać, wykazał niepospolite i szlachetne cechy prawdziwego władcy. Chciał spolonizować Rosję, szlachcie rosyjskiej dać prawa szlachty polskiej, mieszczanom samorząd, ulżyć doli ludu wiejskiego. Ale naród rosyjski tradycyjnie nienawidzi władców liberalnych. Toteż Dymitr został zabity, prochy jego włożone do wielkiej armaty i wystrzelone w stronę Polski. Powstał w Rosji straszny chaos, król polski Zygmunt III chciał być carem rosyjskim, Senat polski bardzo rozsądnie nie chciał na to zezwolić, wysuwana była koncepcja obioru na cara syna Zygmunta III, późniejszego polskiego króla Władysława IV, ale znów Zygmunt III stawiał temu opór. Wreszcie w Rosji wybuchło powstanie narodowe pod dowództwem mieszczanina Minina i księcia Pożarskiego i wypędziło Polaków, po czym nastąpił obiór dynastii Romanowów, która tam panowała aż do roku 1917.

Mówiliśmy już, że genialny Skarga w tym przejściowym okresie wskazywał na przyszły upadek Polski z powodu braku władzy, zbytnich uprawnień senatorów i szlachty. Później, w XIX wieku, powstała tak zwana historyczna szkoła krakowska, która proklamowała hasło: brak oświeconego absolutyzmu zgubił Polskę. Istotnie od XVII wieku władza państwowa w całej Europie, prócz Anglii, staje się bardziej centralistyczna, arbitralna, silna, natomiast w Polsce rozpoczyna się proces odwrotny, wiodący nas ku całkowitej anarchii. W okresie przejściowym, o którym mówimy, to jest od śmierci Zygmunta Augusta w 1572 do śmierci Władysława IV w 1648 r., Polska jest silnym mocarstwem w stosunku do swych sąsiadów, a natomiast coraz bardziej słabnie w egzekutywie wewnętrznej. W 1606 r. doszło do pierwszego rokoszu, czyli antykrólewskiego buntu zbrojnego, pod przywództwem zuchwałego senatora Zebrzydowskiego. Młodociany Janusz Radziwiłł z linii kalwińskiej został nawet dla splendoru nazwiska powołany na marszałka tego rokoszu. A przecież właśnie wtedy Polacy rządzili w Rosji, czyli że państwo nie było w stanie klęski, który zwykle we wszystkich państwach wywołuje przewroty, bunty i rewolucje.

W tym okresie przejściowym Polska miała czterech królów. I przy całej mojej sympatii do tez Skargi i wyroków historycznej szkoły krakowskiej, w admiracji do których się wychowałem, nie stać mnie na twierdzenie, że to właśnie możnowładcy i szlachta, a nie królowie, byli wszystkiemu winni w tym okresie. Następca bezpośredni króla Zygmunta Augusta był to król-nieporozumienie, którego śmiertelnie nudziło wszystko, co polskie. Był to tak zwany w Polsce Henryk I Walezjusz, ktory po prostu uciekł po kryjomu z Polski i został królem Francji pod imieniem Henryka III, po czym został skrytobójczo zabity. Królem następnym był Stefan Batory, książę siedmiogrodzki. Zasłużył sobie na wdzięczną pamięć, był wielkim wodzem, nawet wynalazcą w dziedzinie techniki wojennej, odniósł wspaniałe zwycięstwo nad Moskwą, planował wyprawę przeciw Turcji. Wybrany został na króla z inicjatywy Jana Zamoyskiego, kanclerza wielkiego koronnego, który miał wielki wpływ na nasze dzieje i nasz narodowy charakter. On właśnie idealizował cnoty republikańskie rzymskie i zaszczepiał je polskim uczuciom. Był wielkim przeciwnikiem powołania Habsburgów na tron polski, obawiając się monarchicznego absolutyzmu i kontrreformacji katolickiej. Sam Zamoyski był katolikiem, a nie protestantem, ale nie odpowiadała mu swego rodzaju dyktatura katolicyzmu, która właśnie powstawała na Zachodzie Europy. Jan Zamoyski jest jednym z głównych sprawców tego, że ustrój konstytucyjny Polski nie upodobnił się do ustroju innych państw zachodnioeuropejskich, lecz pozostał ustrojem tak bardzo oryginalnym. Zamoyski wierzył, że upodobnimy się do wzorów republiki rzymskiej świata antycznego.

Również Zamoyski wpłynął na to, że po śmierci Stefana Batorego nie został wybrany Habsburg, lecz Zygmunt III Waza, potomek Jagiellonów po kądzieli. Panowanie jego, rozpoczęte w 1587, a skończone w 1632 r., było bardzo nieszczęśliwe. O ile za najlepszego króla polskiego uznać chyba trzeba Kazimierza Jagiellończyka i w ogóle królów z dynastii Jagiellonów, o tyle Zygmunt III był niewątpliwie najgorszym królem polskim. Za jego czasów możnowładcy polscy niewątpliwie więcej krajowi przynieśli korzyści niż król. Możnowładcy ci ocalili Polskę od wzięcia udziału w wojnie trzydziestoletniej, która tak wyniszczyła i wyludniła kraje niemieckie. Był to zresztą okres najwybitniejszych naszych wodzów i mężów stanu. Unia lubelska w 1569 r. powołała dla Polski, którą zaczęto nazywać „Koroną", i dla Litwy jeden Senat i jedną Izbę Poselską, ale pozostawiła osobne ministerstwa dla Korony i dla Litwy. Był więc kanclerz wielki koronny i podkanclerzy koronny oraz kanclerz wielki litewski i podkanclerzy litewski, hetman wielki koronny i hetman wielki litewski oraz dwaj hetmani polni. To samo było z marszałkami, których przyrównać należy do ministrów spraw wewnętrznych naszych czasów, oraz podskarbimi, czyli ministrami skarbu. Właśnie panowanie Zygmunta III, tego króla nieudanego, dało nam wielkich hetmanów i polityków. Karol Chodkiewicz, hetman wielki litewski, odniósł wiekopomne zwycięstwo nad Szwedami pod Kirchholmem, a Rosjan rozbijał w szeregu bojów Krzysztof książę Radziwiłł, z przydomkiem „Piorun", i jego syn Krzysztof II, czyli syn i wnuk Mikołaja Rudego Radziwiłła.

Sam Zamoyski był nie tylko kanclerzem, ale i hetmanem, odnoszącym wspaniałe zwycięstwa na południu Polski i murującym podstawy wielkości Polski, które marnotrawił Zygmunt III. Swoim hetmanem polnym uczynił Zamoyski Stanisława Żółkiewskiego. Jest to jedna z największych postaci polskich, nie tylko jako wódz znakomity, lecz jako uosobienie obowiązku obywatelskiego. Kiedy rządy Zygmunta III wywołują rokosz Zebrzydowskiego, Żółkiewski, jakkolwiek przez króla nie doceniany i postponowany, pojawia się, aby władzy królewskiej bronić w ramach praw Rzeczypospolitej, a potem wpływa na załagodzenie całego konfliktu i zapobiega zemście nad rokoszanami. Postać Żółkiewskiego jest później, przez pokolenia całe, natchnieniem dla literatury polskiej.

Wyznaniowa polityka Jana Zamoyskiego wyraziła się w obronie tak zwanej konfederacji warszawskiej w 1573 r., która ustanawiała pokój pomiędzywyznaniowy. Niewątpliwie pod tym względem Zamoyski był kontynuatorem polityki Zygmunta Augusta, który uważał, że pomiędzy protestantyzmem północnych Niemiec, a raczej krajów północnej kultury germańskiej, katolickim cesarzem i wreszcie schizmatycką Rosją — jest miejsce w Europie Środkowej na mocarstwo, w którym współistnieć by mogły te wszystkie wiary, a władza państwowa byłaby między nimi arbitrem. Zygmunt III był z ducha konfederacji warszawskiej przeciwny. Stał on całym sercem po stronie cesarza, fanatycznie nienawidził heretyków i brakowało w jego mentalności jakiejś myśli większej, której rządzenie tak wielkim państwem wymagało. Zupełne przeciwieństwo nie tylko do światopoglądu wielkości, który u nas reprezentowali Zamoyski i Żółkiewski, ale także do zasady zręczności i wykorzystywania zakrętów historii, jaką we Francji reprezentował Richelieu, przez współczesnych Polaków zabawnie „Richelieuszem" nazywany. Zresztą, moralność wieku XVI z trudnością znosiła współistnienie wiar i podziwiać należy panów polskich, że tej polityki wewnątrz państwa tak długo bronili. Człowiek XVI wieku był przekonany, że życie na ziemi jest życiem chwilowym, a wyznawanie wiary prawdziwej jedyną możliwością zyskania sobie szczęścia w niebie. Wyobraźmy sobie, że ktoś na naszych oczach topi dziecko w wodzie, a nikt nie śpieszy poskromić mordercę. Takie samo wrażenie na człowieku owych czasów czynił widok tolerancji wobec głoszenia wiary, która musiała spowodować potępienie wieczne. Toteż indyferentyzm religijny Zygmunta Augusta wypływał wyłącznie z oportunizmu państwowego, a nie z zasad moralnych. Jednak było to tak państwo mądre, że ani Zygmunt III, ani walki pomiędzy wyznaniami nie mogły przez dłuższy okres tego zniszczyć. Duże znaczenie miał także ten zbieg okoliczności, że rodzina Radziwiłłów podzieliła się na protestantów i na katolików. Pomimo tej różnicy wiar Radziwiłłowie utrzymywali między sobą stosunki rodzinne i tworzyli wspólną linię polityczną.

Rozruchy wyznaniowe zwały się wtedy tumultami. Najczęściej występowały w charakterze zaburzeń studenckich — w Krakowie, w Wilnie i innych miastach, w których były uczelnie, i tu studenci dawali upust swej energii, często w bardzo nieprzyjemny sposób, jak na przykład włócząc po ulicach, a później topiąc jakiegoś zmarłego heretyka, rozpędziwszy uprzednio jego pogrzeb. Pod względem brutalności ruchy studenckie zawsze pozostaną takie same poprzez wieki. Protestanci w Polsce byli raczej szlachtą lub bogatymi mieszczanami, natomiast biedny chłop pańszczyźniany pozostał katolikiem. W imię zasady zrodzonej w protestanckich Niemczech: „cuius regio, eius religio", pan, który przyjmował protestantyzm, wypędzał w swoich dobrach księdza katolickiego i kościół oddawał na zbór ewangelicki lub kalwiński. Wywoływało to gwałtowne i oczywiście słuszne protesty księdza Skargi i jezuitów o gwałcenie sumień katolickich.

Trzeba przyznać, że tumulty przeciwko protestantom były przez władze państwowe karane, niezbyt co prawda surowo, ale w Polsce w ogóle kar surowych na nikogo nie było. Zdarzały się także tumulty antykatolickie. Na przykład w Wilnie strzelano do kościoła św. Michała, jako odwet za katolickie rozruchy studentów. W Rydze znowu, w związku z kalendarzową reformą nakazaną przez papieża, a przyjętą przez Polskę, księżyc wyrabiał miny pełne obrzydzenia i nawet natężając uszy słyszano, że stękał: „Boże, Boże, papież i jezuici".

Ostatecznie herezje, jak się wtedy mówiło, czyli wyznawcy buntu przeciwko Rzymowi, dały dużo kulturze polskiej przez rozpowszechnienie języka polskiego w piśmie. Reformacja jest niewątpliwie jeśli nie matką, to czcigodną akuszerką tego języka, który przez pisarzy polskich zarówno heretyckich, jak katolickich dźwignięty został do prawdziwej potęgi i majestatu. Ale nie byłby ten język tak piękny, gdyby go nie kształtowała kultura łacińska, Toteż wpływ i Rzymu, i katolicyzmu jest w tym czasie dla kultury polskiej równie pożyteczny. Jezuici przynieśli z sobą sztukę hiszpańską, natchnienie wielkiego malarstwa hiszpańskiego, będącego wówczas w szczycie rozkwitu. Kilka razy porywałem się na statystykę obrazów wiszących po dzień dzisiejszy w kościołach w Polsce, aby wykazać, że to są przeważnie kopie albo naśladownictwa malarstwa hiszpańskiego.

Było jeszcze trzecie zagadnienie religijne, mniej hałaśliwe wówczas, ale kto wie, czy nie ważniejsze. Chodzi mi o trzecie wyznanie, zwane przez katolików schizmatyckim, a przez swoich wyznawców: błahoczestiwym, który to wyraz później został zamieniony wyrazem: prawosławnym. Kościół Wschodni obejmował całą ludność wiejską wschodnich województw Rzeczypospolitej oraz dużą ilość szlachty, która przyjęła chrześcijaństwo jeszcze w XIV wieku i dotychczas go nie porzuciła. O ile Czartoryscy, Sapiehowie, Tyszkiewiczowie, Sołtanowie i inni przyjęli katolicyzm łaciński, o tyle na przykład wielka rodzina książąt Ostrogskich wciąż jeszcze trzymała się wschodniego obrządku. Zygmunt August i Jagiellonowie w ogóle byli przeciwnikami jakiegokolwiek prześladowania wschodniego obrządku, chcieli nawet, aby on czuł się w ich państwie równie dobrze, jak się czuł w jednolicie schizmatyckiej Rosji. Właśnie ze względu na rywalizację z Rosją Jagiellonowie prowadzili na swoich ziemiach politykę indyferentyzmu religijnego. Był to tylko objaw słusznego instynktu dynastyczno-religijnego.

Otóż Zygmunt III wszystko to zepsuł. Papież prowadził politykę pozyskania Rosji dla katolicyzmu — jest to odwieczna polityka Kościoła Rzymskiego. Malarz polski XIX wieku Jan Matejko, przedstawiający przeszłość Polski w szeregu olbrzymich płócien, przedstawił nam Possevina, legata papieskiego, w obrazie: ,,Batory pod Pskowem". Król polski przyjmuje hołd Rosjan klęczących przed nim z darami, a Possevino, legat papieski, zamierzający pozyskać Rosję dla Rzymu, patrzy na ten hołd zagadkowo. Zygmunt III przeprowadził w 1596 r. tak zwaną unię brzeską, w której rzekomo nastąpiło zjednoczenie i połączenie dwóch obrządków na ziemiach polskich w tej postaci, że kapłani obrządku wschodniego zatrzymali swoją liturgię przepiękną, swoje obyczaje, stroje, brody, a nawet nadal mieli się żenić, a uznali tylko kierownictwo i przełożeństwo papieża w Rzymie.

Nie mogę się nad tym spornym tematem dłużej rozpisywać, chciałbym tylko zaznaczyć, że jako publicysta rozważający nad wydarzeniami z punktu widzenia polskiej państwowej racji stanu uważałem unię brzeską 1596 r. za krok nieszczęśliwy, co budziło wielkie oburzenie u osób mi najbliższych. Rzeczpospolita nie dała unitom pełnego równouprawnienia z katolikami, biskupów unickich nie wpuszczono do Senatu z powodu małostkowości biskupów obrządku łacińskiego, a natomiast schizmatyków strącono do poziomu wyznania prześladowanego, na czym skorzystała tylko Rosja.

Tyle uwag ogólnych, przed rozpatrzeniem dzienników Albrychta Radziwiłła, kanclerza wielkiego litewskiego. Przebywał on stale w centrum rządów Rzeczypospolitej, stale był przy królu lub zasiadał w Senacie, lub wreszcie odbywał sądy w tych dziedzinach, które do jego urzędu należały. Był pisarzem z zamiłowania, napisał szereg dzieł pobożnych po łacinie oraz kilka książek tłumaczył z łaciny, między innymi „Słonecznik" ks. Drexeliusza. Jako polityk nie był człowiekiem wielkich koncepcji ani twórczych dynamicznych zamysłów, jakim za jego czasów był Jan Zamoyski, Stanisław Żółkiewski, Jerzy Ossoliński lub Janusz XI Radziwiłł, ale był to jednak jeden z tych wielkich polityków, którzy są bardzo potrzebni, to jest polityk ostrożny, dbający o to, aby państwo czy król nie wdało się w jakąś awanturę, szukający w życiu wewnętrznym wszelkich kompromisów, wreszcie — przy swej gorącej, katolickiej pobożności i hojności dla jezuitów — unikający wojen z heretykami, do czego stosunki z Radziwiłłami-protestantami znakomicie mu pomagały.

Pamiętniki ks. Albrychta nie przypominają oczywiście pamiętników Winstona Churchilla ani też wspaniałych pamiętników hr. Witte, męża stanu rosyjskiego na przełomie XIX i XX wieku. Ci politycy wypowiadają w swych książkach przede wszystkim wielkie koncepcje. Ale nie przypominają one także wspomnień austro-węgierskiego ministra skarbu, Polaka, Leona Bilińskiego, w których słychać wyłącznie i monotonnie stuk maszyny biurokratycznej, odwalającej swoje kawałki. Ks. Albrycht był kanclerzem wielkim, do swoich obowiązków ustosunkowywał się niesłychanie sumiennie, w swoich dziennikach opowiada o najmniejszych sprawach, załatwienie których przez jego ręce przechodziło. Mnie ten kanclerz zaimponował. Oto kiedy zwaliła się na Polskę katastrofa buntu kozackiego, on w mowie publicznej oświadcza, że przyczyna tkwi w nadmiernym ciemiężeniu chłopów. Rzadki samokrytycyzm wielkiego dostojnika i wielkiego pana. Ale Albrycht Radziwiłł idzie w tej samokrytyce daleko, pisząc we wrześniu 1649 r.:

„Kozacy i plebs popełnili niesłychane zbrodnie, ponieważ niesłychane były nasze grzechy. Oto jednak dobroć Boża i wstawiennictwo Bogarodzicy, Naszej Królowej Polski, sprawiły, że w dzień Jej Wniebowzięcia Królestwo nie zginęło, z czego łatwo wnosić, jaka kara nas oczekiwała, jeśli zasługi Naszej Pani i naszych patronów ledwo uzyskały to, co oglądamy. Resztę pozostawiam kaznodziejom. Musimy uskromić naszą wolność, a raczej nadużywanie jej, i przywróciwszy ducha, bardziej ochoczo przeciwstawić się wrogom, ale i prawem uwolnić poddanych od grabieży przez wojsko. I jak te trzy rzeczy przyniosły nam pomstę niebiańską, tak lekarstwa przeciw nim powstrzymają Boży gniew".

Tu przemawia nie biurokrata ograniczony do szablonu swoich zajęć — to jest krzyk męża stanu.

Książę Albrycht, jak wszyscy Radziwiłłowie XVI i XVII wieku, był człowiekiem bardzo wykształconym. Pisał po łacinie tak samo dobrze jak po polsku, a raczej po polsku tak prawie dobrze jak po łacinie. Nauka łaciny, którą wówczas pobierali ówcześni panicze przez całe swoje dzieciństwo, była czymś o wiele więcej niż nauką języka i jego gramatyki; obejmowała znajomość historii, prawa, poezji i retoryki łacińskiej. Cycerona i Owidiusza uczono się na pamięć. Była to więc asymilacja ogromnej kultury, o wiele bogatszej i wspanialszej niż kultura XVI i XVII wieku w Europie. Książę Albrycht był także znakomitym znawcą praw, nie darmo przez lat przeszło trzydzieści zajmował się sądami, ale był także człowiekiem dostępnym dla subtelnych uczuć artystycznych. We wrześniu 1636 roku zapisuje w swym dzienniku: „Wystawiono przed królem komedię włoską o Helenie i Parysie, w ciągu pięciu godzin w podziwienia godny sposób odmieniając kunszty na theatrum ku zdumieniu obecnych osób". Książę Albrycht mówił oczywiście płynnie po włosku, który to język był wówczas językiem sfer wykwintnych w Europie, mówił także gładko po francusku i po niemiecku. W innym miejscu swoich pamiętników, opisując nową królową, drugą żonę Władysława IV, księżniczkę francuską, Marię Ludwikę, którą przywoził do Polski, pisze:

„Wystawiono uroczystą komedię, ale chociaż przed samym królem uprzednio pokazano dziwy i żarty, królowej przedstawiono komedię, zwaną recitativa, przy śpiewie (wedle zwyczaju) muzyków [...] Kiedy o godzinie dziewiątej wieczorem w osobnej izbie zagadnąłem królowę po francusku, co mam napisać królowi, memu panu, czy komedia się jej podobała, usłyszałem z ust królowej odpowiedź, że nigdy podobnej rzeczy, tak godnej podziwu, nie widziała ani w Paryżu, ani gdziekolwiek indziej".

Trochę obszerniej zacytujemy wyjątki z dziennika księcia Albrychta, dotyczące opisu śmierci króla Zygmunta III w kwietniu 1632 r. Nie lubię tego króla, ale ks. Radziwiłł był jego przyjacielem i jego notatki o powolnym zgonie królewskim cechuje plastyczność opisu, przenoszącego nas w nastrój tamtych czasów:

„...Dnia 23 kwietnia król nie był w kościele z powodu ostrego wiatru".

„Dnia 24 kwietnia... Nadchodzą lekarze podając mu przygotowane lekarstwo. Król zaczyna się wzbraniać, zwłaszcza przed zażyciem miodu z różą, do którego miał wrodzony wstręt. Lekarze przymuszają go jednak do zażycia medykamentu, a wówczas król na ich uporczywe naleganie wziął to lekarstwo i powiedział: «Wiem, że w tym kubku śmierć mi podajecie»".

„Dnia 25 kwietnia... Zjawił się wojewoda derpski, który według zwyczaju rozsuwał zasłony i przyszedł powitać króla. Kiedy zaś kilkakrotnie zagadując nie otrzymał od króla żadnej odpowiedzi, zbliżył się jeszcze bardziej do niego i ujrzał, że król ma oko i część twarzy porażone paraliżem. Zaraz rzucił się na ratunek przynosząc wody trzeźwiące i różne lekarstwa. Dopiero po dwóch godzinach przyszedł król do siebie..."

„Dnia 26 kwietnia... Drzwi do pokoju króla były zamknięte. Opowiadano, że wstał z łóżka i przeszedł się do okna. Podpisał jeszcze kilka pism ręką własną, ale krzywo".

W tym miejscu przerywam cytowanie notatek i wyjaśnię, że panna Urszula nie była żadną przyjaciółką króla w dwuznacznym tego słowa znaczeniu, a tylko najbliższą damą dworu zmarłej królowej. Roztaczała ona opiekę nad życiem domowym króla i bardzo była przez niego i wszystkich szanowana. Nazywała się Majerin, była Austriaczką, tak jak i królowa.

Wracam do notatek:

„Oto przybywa wczesnym rankiem, we wtorek 27 kwietnia, posłaniec od Piotrowskiego, pokojowego panny Urszuli, z wiadomością, że król umiera [...] Około dziesiątej wzywają nas, urzędników koronnych i litewskich. Widzimy króla pozbawionego mowy, z wykrzywionymi z prawej strony ustami i unieruchomionym paraliżem lewym okiem. Był to przejmujący, a zarazem pełen zgrozy widok [...] Wtedy zaczęła do nas mówić czcigodna Urszula, polecając naszej opiece potomstwo króla i przypominając każdemu z nas otrzymane z jego rąk dobrodziejstwa. Przez z górą 44 lata szczęśliwego panowania zasłużył sobie król na taką od nas wdzięczność, abyśmy zachowali pamięć o nim okazując to najjaśniejszym jego dzieciom. Na te słowa z najwyższym trudem król zdjął, a raczej zrzucił z głowy swą czapeczkę i chociaż panna Urszula chciała kilkakrotnie włożyć mu ją na głowę, nie zezwolił na to, póki nie skończyła mówić. Wtedy dopiero z pomocą Urszuli włożył ją sobie na głowę. Słuch dobry zachował król do samej śmierci; słyszał nawet z daleka, rękami dając znać o swej woli. Inni senatorowie mieli wejść dopiero później, lecz nie czekając wezwania jeden po drugim wśliznęli się do pokoju króla. Wtedy dopiero ogłosiła panna Urszula wolę króla, że urząd podskarbiego koronnego powierza król Janowi Daniłowiczowi, dotychczasowemu podskarbiemu nadwornemu koronnemu. Jakub Zadzik, biskup chełmiński, mąż wyróżniający się znakomitą wiedzą, wymową i znajomością spraw państwowych, który przybył zapominając o żalu po niedawnej stracie rodzonego brata, zapytał króla, czy powierza urząd podskarbiego koronnego podskarbiemu nadwornemu; niech da znak ręką. Zaraz podniósł król rękę i chciał powiedzieć po polsku «tak», lecz tylko szept usłyszano. Znowu panna Urszula oznajmia, że urząd podskarbiego nadwornego powierzył król Jerzemu Ossolińskiemu, podstolemu koronnemu. Król zapytany przez kanclerza, czy się zgadza, dał znak ręką i głośno, choć nie dość wyraźnie, powiedział po polsku: «daję». Pytał jeszcze kanclerz, czy mają obaj teraz przy łóżku przysiąc; skinął wówczas obiema rękami. Składają więc przysięgę przy łożu króla, który wydawał się pilnie uważać. Ceremonia ta wywołała w nas wszystkich łzy szczerego żalu, gdy patrzyliśmy na tak pobożnego i łaskawego pana w tak żałosnym jego stanie”.

„W piątek 30 kwietnia, rano, w połowie kwadransa przed godziną trzecią, straciwszy przytomność, dobry król oddał Bogu ducha wśród modłów za konających [...] Przybiegam i ja, skoro tylko dał mi znać marszałek [...] Zobaczyłem tu wszystkich płaczących po kątach, lamentujące i mdlejące kobiety. Wszedłem do sypialni króla; widzę ciało zmarłego, całkiem zmienione. I gdybym nie wiedział, że to król, nigdy nie poznałbym go, bo do samego zgonu zachował twarz zaróżowioną; potem zaraz znikły rumieńce i wydało się, że to żółta maska z wosku, odlana z twarzy".

„Przed czwartą z rana o. Markwart miał mszę św. Rzecz podziwu godna; przed samym Podniesieniem przez otwarte okno zabłysło słońce nad głową zmarłego króla i długo świeciło, jak to świętych malują; byliśmy bardzo zdumieni."

Zauważyliście scenę rozdawania urzędów przez konającego króla? Dziennik kanclerza litewskiego, prowadzony z górą przez dwadzieścia lat, po brzegi jest wypełniony kwestią rozdawania urzędów. Tu nie wystarczy powiedzieć, że do każdego urzędu przywiązane były mniejsze czy większe dochody, należy raczej powiedzieć, że ambicje ludzkie wyżywały się wtedy w tych urzędach. Ledwie przyjdzie wiadomość, że ktoś umarł i urząd zostawił, z miejsca dygnitarze na wyścigi biegną do króla i wymagają od króla, aby urząd oddał temu lub owemu, krewnemu lub stronnikowi politycznemu, lub człowiekowi terytorialnie bliskiemu. To wydobywanie urzędów od króla upodabnia dziennik ks. Albrychta z XVII wieku do dziennika jakiegoś parlamentariusza francuskiego III Republiki Francuskiej z XIX lub XX wieku. Treść życia politycznego to na zewnątrz wielkie słowa, od wewnątrz — w takiej na przykład III Republice Francuskiej — to załatwianie kłopotów oraz interesów wybitniejszych swoich wyborców. Toteż nie gorszy mnie ten nawał solicytacji, który odbija się na dziennikach kanclerza wielkiego litewskiego. To dowód tylko, że Polska XVII wieku należała do świata parlamentarnego.

Czasami dziennik ks. Albrychta przypomina jakąś kronikę gazeciarską.

Tak na przykład 13 czerwca 1647 roku pisze: „Dzień [ten] oceniono w Warszawie jako dzień nieszczęśliwy i krytyczny. Starosta krzepicki Tarnowski, jedyny syn wojewody wendeńskiego, przed rokiem pojął za małżonkę Daniłowiczównę. Stąd między Daniłowiczami i nim zrodziła się kwestia długów ojca jego żony i ślubnych wydatków. Wielekroć narzekał on na to, ale poprzedniego dnia nastąpiła zgoda. Teraz rankiem wstał z łoża, długo się modlił i wreszcie przyłożywszy pistolet do głowy, pozbawił się życia. Huk wyrwał żonę ze snu; ujrzała męża padającego, podbiegła, lecz z największym bólem spostrzegła, że jest już martwy. Było powszechne przekonanie, że uczynił to ogarnięty obłędem, bo już nie raz padało mu to na mózg. Tegoż dnia dwaj cudzoziemscy szlachcice wzajemnie się wyzywający na pojedynek, obaj od składnego pchnięcia stali się ofiarami śmierci. Pewna mieszczka sama się powiesiła, bo odeszły ją zmysły. Tego dnia również pojawił się w Warszawie ogień i Wulkan sześć domów spopielił, czy raczej pożarł".

Jakże swoistą jest wzmianka o Łaszczu. Był to szlachcic tym sławny, że sobie nic z wyroków sądowych nie robił i, jak powiadano, szubę sobie wyrokami na siebie podszywał. Żywy przykład samowoli szlacheckiej i słabości egzekutywy państwowej.

Książę Albrycht wspomina o jego zgonie:

„Tego dnia Łaszcz, który sławny był nie tylko z czynów żołnierskich, ale i z rabunków, zaś minionej soboty otrzymał z mocy sejmu list żelazny, ponieważ był obłożony infamią, tak jak człek dobrej czci i dobry katolik, przyjąwszy wszystkie sakramenty, zmarł. To tylko wesołego się zdarzyło, że gdy przed zgonem prosili go wierzyciele, aby im długi wypłacił, odpowiedział, iż chętnie by to zrobił, gdyby mu darowano majątek; ale już tak jest ubogi, że nic nie może dać; niemniej rozkazał, aby Cygan, którego miał, zagrał im na swej cytrze, co też się stało".

Czasami z dzienników wyziera duma i poczucie znaczenia, które w Rzeczypospolitej Radziwiłłowie posiadają. Tak na przykład elekcja nowego po Władysławie IV króla została w dziennikach opowiedziana w następujących słowach:

„...prymas — co oby było szczęśliwe i pomyślne — mianował królem Polski królewicza Kazimierza, króla Szwecji, przypominając swój układ z Rzecząpospolitą, iż nie nominuje nikogo, zanim nie nastąpi powszechna zgoda. Przyjąwszy z powszechnym aplauzem nominację i ugiąwszy kolana, jednymi ustami i jednym sercem, chociaż na różną nutę, odśpiewano «Te Deum laudamus», a potem wszyscy ruszyli się z miejsca pospieszając do króla, by mu złożyć gratulacje. Także my, w liczbie pięciu z naszego rodu, wraz z wojewodą trockim pojechaliśmy do króla. Tymczasem działa poniosły echo elekcji. Ujrzeliśmy już zgromadzonych wielu senatorów i inne osoby. Ja, jako pierwszy z mojego rodu, życzyłem początku i późnego końca szczęśliwych rządów. Król, którego zastaliśmy już w królewskiej komnacie, przyjął nas życzliwą odpowiedzią i około dziewiątej wieczorem powróciliśmy do gospód".

Ks. Albrycht nie potrzebuje tego podkreślać, bo i tak każdy w Rzeczypospolitej wiedział wówczas, że nikt na króla nie mógłby być obrany wbrew woli rodziny Radziwiłłów. Królem, o którym mowa, był Jan Kazimierz, brat zmarłego Władysława, a syn Zygmunta III. Był to trzeci król z rodziny Wazów, którzy niepotrzebnie upierali się przy tytule królów Szwecji, co odpowiadało ideologii wojny trzydziestoletniej, która chciałaby mieć króla katolika na tronie szwedzkim, zajętym przez Wazów protestantów. Było to zupełnie niepotrzebnym obciążeniem polityki polskiej i jak najgorsze skutki nam przyniosło. W ogóle rodzina Wazów jest klamrą, która wielkość państwa stworzoną przez Jagiellonów łączy z okresem klęsk, kończących się w XVIII wieku rozbiorami i śmiercią państwa.

XI

Zwycięstwa i klęska

Radziwiłłowie XVI i XVII wieku to przede wszystkim wielcy wodzowie. Zawodowość wojenna pulsowała w ich krwi. Syn Mikołaja Rudego, Krzysztof I Radziwiłł, na polach bitew zyskał sobie zaszczytne przezwisko „Piorun". Urodzony w 1547 r., zostaje hetmanem polnym mając 25 lat. Towarzyszy królowi Stefanowi Batoremu na wojnie przeciw Moskwie — król odpasowuje swoją piękną szablę turecką i na polu bitwy ofiarowuje ją hetmanowi polnemu za mądre rady wojskowe i męstwo. Krzysztof Radziwiłł w czasie wojny z Rosjanami zapędza się nad Wołgę. Będąc protestantem finansuje i zwołuje do Wilna wielki kongres luteranów i kalwinów, aby się pogodzili i stworzyli jedną organizację religijną. Ale w tej dziedzinie był mniej szczęśliwy niż na polu bitew. Nie lubiący go jako heretyka król Zygmunt III oddaje mu w 1589 r. buławę wielką Wielkiego Księstwa Litewskiego, czyli czyni go wodzem wszystkich wojsk litewskich. Pięknie korzysta z tego książę Krzysztof broniąc w 1601 r. interesów Rzeczypospolitej Polsko-Litewskiej przeciwko Szwedom, wkraczając do obecnej Estonii i tam gromiąc wojska tego państwa północnego. Na wyprawę tę poprowadził wojska państwowe, wojska własne, wojska innych panów litewskich, których pociągnął za sobą, ale żołnierza opłacał przeważnie ze szkatuły własnej.

Godnym w dziedzinie miecza jego synem był Krzysztof II, urodzony w 1585 r. z matki Tęczyńskiej, bo Radziwiłłowie w tym okresie żenią się przeważnie z córkami wielkich rodów koronnych — jest to bowiem okres, w którym pomiędzy arystokracją i szlachtą polską powstają liczne związki krwi.

Krzysztof II był znowuż jedną z największych postaci historycznych w dziejach Europy pierwszej połowy XVII wieku. Swój chrzest bojowy otrzymuje w 1608 r. w wojnie ze Szwedami, z Gustawem Adolfem.

Tak samo w 1625 r. dowodzi wojskami przeciwko Szwedom i także opłaca żołnierza z pieniędzy własnych. W r. 1633 dwa razy zdobywa Smoleńsk, zdobywa tam 112 sztandarów rosyjskich. Stale jest uważany za głowę wszystkich dysydentów, czyli nie-katolików na Litwie, współcześni katolicy na niego narzekają; fanatyk katolicki Zygmunt III czuje do niego nieufność, my jednak dzisiaj studiując historię tych czasów widzimy jego politykę zdążającą do utrzymania kompromisu i współżycia pomiędzy wyznaniami. Raz jeszcze podkreślę, że wielka rola Radziwiłłów w XVI i XVII wieku polegała na utrzymaniu międzywyznaniowej koegzystencji w całej Polsce.

Krzysztof Radziwiłł był znów hetmanem wielkim litewskim, tak jak jego ojciec — Krzysztof I, jego dziad — Mikołaj Rudy, jego pradziad — Jerzy I, jego prapradziad Mikołaj II, tak jak nim również będzie jego syn — Janusz XI. Wielka buława litewska stała się jakimś dziedzicznym emblematem rodziny Radziwiłłów, chociaż nie należy myśleć, że przychodziła im łatwo. Zawsze były sprzeciwy przeciwko uczynieniu hetmanem Radziwiłła. Jeśli tak się stało, to dlatego, iż wszyscy uznawali, że Radziwiłłowie okazują jakieś przyrodzone zdolności do wojny. Przypomnijmy, że już w wieku XV, a także za pogańskich czasów, Radziwiłłowie stali na czele litewskiego wojska.

Wspominaliśmy, że w rokoszu 1606 r. ocalił Zygmunta III hetman Żółkiewski, osobiście przez króla skrzywdzony. Rokosz zdobył na swoje poparcie 50 400 podpisów szlacheckich — ilość jak na owe czasy ogromną. Janusz Radziwiłł został obrany marszałkiem rokoszu. Osobiste moje sympatie są po stronie zachowania się Żółkiewskiego, ale obiektywnie trzeba stwierdzić, że:

Po pierwsze: udział Janusza VI Radziwiłła w tym rokoszu nie miał najmniejszego charakteru zrywania unii Litwy z Polską. Rokosz narodził się właśnie w Koronie, Radziwiłł po prostu przyłączył się do ogólnopolskiej partii antykrólewskiej, antyzygmuntowej.

Po drugie: polskie rokosze w XVII wieku są tym samym, czym są francuskie frondy w XVII wieku, stanowią zjawisko charakterystyczne dla danego okresu historycznego. We Francji na czele frond stawali członkowie dynastii. Nie można więc bez umiaru Polski potępiać za to, że miała wtedy rokosze.

Po trzecie: nie mam zamiaru usprawiedliwiać Janusza VI, lecz trzeba nadmienić, że Zygmunt III stosował do niego wszelkie możliwe szykany jako do heretyka. Po prostu Janusz nie umiał wobec tych szykan króla Zygmunta zachowywać się tak przezornie, mądrze i państwowo, jak to czynili inni Radziwiłłowie.

Ci inni Radziwiłłowie żenili się często z katoliczkami. Janusz VI Radziwiłł pojął w drugim swoim małżeństwie za żonę córkę Jana Jerzego, elektora brandenburskiego, Hohenzollerna, czyli przodka cesarzy Niemiec z XIX wieku. Było to małżeństwo protestanckie, wiążące go z ogólnoeuropejskim obozem protestantów. Widzieliśmy, że jego ojciec i brat, dwaj Krzysztofowie, z własnej inicjatywy walczą z protestanckimi Szwedami, po stronie swego katolickiego państwa. Małżeństwo z elektorówną nie było oczywiście żadną zdradą i przez nikogo nie było uważane za akt jakiejkolwiek nielojalności, lecz w czasach, w których każde małżeństwo było przede wszystkim aktem i wyrazem politycznym, małżeństwo Radziwiłła z córką protestanckiego monarchy miało oczywiście swoją wymowę i wskazywało na określone sympatie.

W zetknięciu z elektorskim dworem brandenburskim dom Radziwiłłów wyglądał wspaniale. W ogóle Polacy XVII wieku ogromne przypisywali znaczenie przepychowi zewnętrznemu. W 1633 r. papież Urban VIII przyjmował poselstwo od króla polskiego Władysława IV, na którego czele stał Jerzy Ossoliński. Świetny orszak młodzieży z największych domów polskich otaczał Ossolińskiego. Kiedy wjeżdżano do Rzymu, konie miały podkowy szczerozłote, umyślnie źle do kopyt przybite. Odlatywały, a tłum rzymski zbierał je z pyłu ulicy. Jeden młodzieniec z orszaku szarpnął munsztuk i złote ogniwa łańcuszka posypały się także na ulicę dla tłumu. Przygnębiający jest wprost opis strojów panów polskich w tym poselstwie, pióropuszy, diamentów, aksamitów, klejnotów. Ciekawe, że jako sekretarz królewski brał udział w tym poselstwie jakiś Roncalli, czyżby daleki przodek obecnego papieża? Sam Ossoliński ubrany był jak „szary zmierzch". Miał suknię na czarnym jedwabiu haftowaną w złote łuski, ubraną w futro bogate, miała 20 pętlic i 20 guzów z diamentów. Szablę miał pokrytą perłami i rubinami. Koń był ubrany w pióra z diamentami. Strój ten wart był fortuny ogromnej.

O ile architektura i malarstwo przychodzi do Polski z Włoch i Hiszpanii, o tyle bogactwo strojów nosi wybitne cechy wschodnie. Słynne pasy jedwabne polskie przychodzą z Persji. Są to stroje, które swoim przepychem istotnie mogły powstać w bajkach z tysiąca i jednej nocy. Z miłością do łaciny, do majestatycznego stylu literatury łacińskiej przyszła do naszego kraju miłość do majestatu w ogóle. Jakież wspaniałe były zamki, które Radziwiłłowie sobie budowali. Niestety, ustrój polityczny był o wiele gorszy niż gusta w architekturze czy też w strojach. Przez całe życie studiuję prawo konstytucyjne, brałem nawet udział w układaniu konstytucji polskiej z 1935 r. Umiem oceniać dobre cechy wszelkich ustrojów. Dynastie monarchiczne narodowe jednoczyły się w jedno z państwem i broniły interesów państwa, jak potrafiły i umiały. Ustroje oparte na uprawnieniach prezydenta czynią odpowiedzialną za losy państwa tę partię polityczną, która przy wyborach prezydenta zwyciężyła. Natomiast polski ustrój elekcyjny zrzucał na króla całą odpowiedzialność, dając mu jednocześnie zbyt mało uprawnień. Praktycznie bardzo szkodliwe było także to, że po śmierci Zygmunta Augusta wybierano na królów członków dynastii obcych, bynajmniej nie zapewniając im dziedziczności tronu. Taki obrany na króla polskiego członek obcej dynastii nie wyzbywał się interesów własnej rodziny. Najjaskrawszy tego przykład widzimy w polityce Zygmunta III Wazy. W swoim mniemaniu był prawowitym królem Szwecji, tym prawowitszym, że był katolikiem, podczas kiedy tronem szwedzkim owładnęli Wazowie heretyccy.

Karol Sudermański w r. 1601 pozbawił tronu Szwecji naszego Zygmunta III i rozpoczęła się wojna szwedzko-polska, lecz na szczęście syn Karola, Gustaw Adolf, wielki wódz, zajęty był jednak swoim udziałem w wojnie trzydziestoletniej, u nas robi, co może, aby Zygmunta III od aktywnej wojny powstrzymać. Istotnie, Polska zainteresowana jest w stosunku do Szwecji obronnie, lecz nigdy ofensywnie. Polska musi bronić swoich południowych posiadłości, basenu rzeki dolnego Dniepru i Dniestru przed najazdami Tatarów i potęgą turecką, czyli przed światem islamu — państwo polsko-litewskie musi bronić swych północnoruskich krajów przed wzmacniającą się potęgą Carstwa Moskiewskiego. Na wyprawę na Szwecję, chociażby dla połączenia dwóch koron na głowie Zygmunta III względnie przywrócenia katolicyzmu w Szwecji, Polskę zupełnie nie stać, zresztą pod względem geopolitycznym plan taki jest zupełnie niedorzeczny. Ale Zygmunt III opanowany jest jakimś fanatyzmem, mającym cechy starczego czy też dziecinnego zaślepienia — myśli absolutnie kategoriami tych Niemców katolików, którzy z protestantami prowadzili wojnę trzydziestoletnią. Przytomniejszy od ojca Władysław IV zawiera ze Szwedami w r. 1636 rozejm na lat 26, a więc mający się zakończyć w r.

1661. Niestety po śmierci Władysława IV został na króla obrany Jan Kazimierz — polska zasada republikańskiej elekcji królów łączyła wszystkie złe cechy monarchii ze złymi cechami republik, nie posiadając dobrych cech tych obu systemów. Jan Kazimierz został przecież obrany tylko jako brat i syn królów uprzednich, a więc na skutek działania sympatii dynastyczno-dziedzicznych, inaczej przecież nikomu nie mogłoby przyjść do głowy obieranie człowieka tak niepoważnego. Jan Kazimierz jadąc swego czasu do Hiszpanii zaawanturował się odwiedzeniem terytorium francuskiego i został tam przyaresztowany i trzymany w więzieniu z wielką szkodą dla prestiżu swego brata i Polski. Po wydostaniu się z więzienia zachciało mu się wstąpić do zakonu jezuitów, czemu brat jego był jak najbardziej przeciwny i co spowodowało spięcie między królem polskim a zakonem. Po pewnym czasie dość miał jezuitów, natomiast zapragnął być kardynałem. Biedny Władysław IV musiał się starać u papieża o nominację kardynalską. Potem znów zapragnął być królem i został nim na nasze nieszczęście, aż do chwili, w której zechciał znów abdykować, co spowodowało nowy zamęt. Miał on szczególny dar zrażania ludzi do siebie i wzbudzania w nich nienawiści. Oczywiście nie usprawiedliwia to podkanclerzego koronnego, Hieronima Radziejowskiego, skazanego w r. 1652 na banicję, za obrazę majestatu królewskiego, który jeździł dosłownie naokoło Polski i wszystkich namawiał do napaści na Jana Kazimierza. Radziejowski był to zdrajca obrzydliwy. Skłonnym do wysłuchania jego poduszczeń był Karol X Gustaw, król Szwecji, który w 1655 r. napadł na Polskę.

Najazd szwedzki dlatego tak się początkowo Karolowi Gustawowi udał, że polityka Jana Kazimierza, co najmniej nieudolna, spowodowała wojny na wszystkich granicach Rzeczypospolitej. Nie było załatwione powstanie kozackie Chmielnickiego, które wybuchło w 1648 r., które solidaryzowało Kozaków, chłopów ruskich będących chłopami pańszczyźnianymi, z cerkwią schizmatycką odwołującą się do opieki carów moskiewskich. Kozacy był to czynnik całkiem swoisty. Na nie osiadłych bogatych stepach gromadził się żywioł awanturniczy powstały z wszelkiego rodzaju uciekinierów. Władysław IV chciał ten żywioł pchnąć przeciwko Turcji, chciał uczynić z niego sojusznika państwa polskiego w jego wojnie z potęgą islamu. Analiza tego „królewskiego zamysłu", realizowanego przez króla w tajemnicy przed polskim Sejmem, oraz wyjaśnienie, dlaczego ten zamysł nie miał powodzenia, przekracza ramy pracy niniejszej. Dość że to się Władysławowi IV nie udało, że przeciwnie, Chmielnicki, wódz Kozaków, upatrzony przez króla na sojusznika Rzeczypospolitej, stał się jej głównym i najbardziej niebezpiecznym wrogiem, który spowodował wszystkie klęski, które na Polskę w połowie XVII wieku się obsunęły.

Chmielnicki sprzymierzył się z Tatarami, uzyskał poparcie sułtana tureckiego, którego według zamysłu Władysława IV miał atakować, i szarpal bezsilność Rzeczypospolitej. Za mało się zresztą pisze o tym, że Chmielnicki to prekursor Hitlera pod względem mordowania Żydów. We wszystkich zajmowanych miastach i miasteczkach, które zajmował Chmielnicki, Żydzi ponosili śmierć masową.

Teraz przystąpię do historii Janusza XI, hetmana wielkiego litewskiego, którego nie należy utożsamiać z Januszem VI, mężem elektorówny brandenburskiej, o którym przed chwilą mówiłem i którego broniłem, a który był stryjem Janusza XI, hetmana, będącego synem Krzysztofa II, także hetmana. Ten Janusz XI przez polskich historyków oraz przez Henryka Sienkiewicza, mistrza słowa polskiego, nazwany został „zdrajcą” i tym zdrajcą pozostał w tradycji polskiej. Uważam tego rodzaju wyrok za płytki, niesprawiedliwy i wynikający ze złej znajomości historii wojny szwedzkiej i wywołanych przez nią stosunków.

Nie wiem, który z Radziwiłłów-hetmanów XVI i XVII wieku miał największe talenty wojskowe. Była to rzeczywiście dziwna rodzina, w której co pokolenie rodzili się Moltkowie lub co najmniej Eisenhowery. W opinii współczesnych bodajże właśnie Janusz XI był uważany za geniusza wojny. W r. 1648 rozbija Chmielnickiego w decydującej bitwie pod Mozyrzem, przy tym prowadzi do boju wyłącznie litewskie wojska, w tym 6000 piechoty własnej wojska radziwiłłowskiego.

W r. 1649, wtedy, kiedy wojska koronne, dowodzone przez samego króla, ponoszą klęski, Radziwiłł działając od północy znów odnosi wielkie zwycięstwa nad Chmielnickim i Kozakami. W dniu 21 grudnia tego roku składa u nóg królewskich 40 zdobytych sztandarów kozackich.

Nadchodzi rok 1651, rok wielkiego zwycięstwa polskiego nad Kozakami pod Beresteczkiem. Radziwiłł w tym roku zajmuje Kijów, który wtedy należał do Polski, lecz był we władaniu Kozaków.

Przez trzy lata trwa pokój między Chmielnickim a Polską. Ale w r. 1654 Chmielnicki dochodzi do porozumienia z carem moskiewskim, któremu oddaje się w poddaństwo, i rozpoczyna się nowa wojna Rosji i Chmielnickiego z Rzecząpospolitą Polsko-Litewską. Broniący się przed pochodem rosyjskim Radziwiłł zostaje pobity pod Szkłowem. Wojska rosyjskie posuwają się dalej.

W następnym, 1655 r., podczas kiedy pochód rosyjsko-kozacki na Polskę trwa nadal, król Karol X Gustaw napada na Polskę, która znajduje się w ten sposób w wojnie na dwa fronty, od wschodu z Chmielnickim i Rosją, od północy ze Szwecją. Do napaści na Polskę podjudził Szwedów zdrajca Radziejowski. Teraz, niestety, dnia 16 lipca 1655 r. ma miejsce najbardziej haniebna karta historii polskiej. Oto pod Ujściem nad Notecią wojewoda Opaliński, Wielkopolanin, uznaje króla szwedzkiego za króla i całe wojsko koronne przechodzi na stronę Szwedów. W niedługim potem czasie na prawnej elekcji obrany król, Jan Kazimierz, ucieka poza granice państwa polskiego, na Śląsk. Szwedzi zajmują stolicę Warszawę i cały kraj.

Tutaj, nie wybraniając ówczesnej polityki Janusza Radziwiłła, muszę gorąco zaprotestować przeciwko równaniu go ze zdrajcami w rodzaju Radziejowskiego, Opalińskiego i tych wszystkich dowódców wojska koronnego, którzy się w lipcu tego haniebnego dla Polski roku Szwedom poddali.

Janusz Radziwiłł był co prawda protestantem, ale nie mogę mu z tego powodu czynić zarzutu, aby się nie upodobnić do pewnego księdza katolickiego, Niemca, z anegdoty, którą znałem jeszcze przed pierwszą wojną światową. Ksiądz ten usłyszał przy początku spowiedzi od penitenta: „Ich bin ein Böhme" i odpowiedział: „No, eine Sünde ist das nicht, aber eine grosse Schweinerei jedenfalls". Protestantyzm Radziwiłła w niczym nie przeszkadzał mu myśleć kategoriami państwowymi i bliskość wiary kalwinów litewskich z protestantyzmem Szwedów niedużą jednak rolę odegrała w wydarzeniach, o których będziemy mówili.

Janusz Radziwiłł był wielkim patriotą Wielkiego Księstwa Litewskiego, ale to mu poczytujemy za cnotę, a nie za ujmę. Jeszcze jako młody człowiek, bo na Sejmie w roku 1633, kiedy wojewoda kujawski zaczął coś mówić przeciwko unii polsko-litewskiej i przeciwko Litwinom, Janusz Radziwiłł się uniósł i obrzucił wojewodę kujawskiego słowami obelżywymi i nieparlamentarnymi, co nawet urosło w większy incydent. Jestem w tej sprawie całkowicie po jego stronie, a przeciwko wojewodzie kujawskiemu.

Teraz w lipcu i sierpniu sytuacja była poważna. Dnia 16 lipca miała miejsce haniebna kapitulacja pod Ujściem i wojsko koronne przestało Rzeczypospolitej bronić. Dnia 8 sierpnia, a więc w trzy tygodnie później, wojsko rosyjskie zajęło, zburzyło i spaliło Wilno. Pożar stolicy trwał dni siedemnaście. Rosjanie dokonali okropnej rzezi ludności miasta, zarówno żydowskiej, jak chrześcijańskiej. Do dziś dnia w podziemiach kościoła Dominikanów w Wilnie, dziwnym zbiegiem okoliczności atmosferycznych, zachowały się zwały trupów tam w czasie rzezi zrzuconych. Można obserwować ówczesne wspaniałe stroje szlacheckie, buty na wysokich obcasach z cholewami do połowy łydki. Chodziło się po tych zwałach trupów, po tym XVII wieku cudem zakonserwowanym, jakby po ogromnej ilości gumy, z lekka uchylającej się pod stopami.

A więc poddanie się wojska koronnego Szwedom pod Ujściem 16 lipca, zajęcie Wilna przez Rosjan 8 sierpnia. Rosjanie sięgają po jeszcze bardziej zachodnie miasta Wielkiego Księstwa Litewskiego: Grodno, Kowno. W tych warunkach hetman wielki litewski w dniu 18 sierpnia zawarł rozejm ze Szwedami, aby „pomścić popioły Wilna", czyli móc dalej wojować z Rosjanami.

Nie można tego nazwać zdradą. Hetman działał w obliczu konieczności. Obowiązkiem jego, jako hetmana wielkiego litewskiego, była przede wszystkim obrona Rzeczypospolitej przed Rosją, przed Wschodem, tak jak pierwszym obowiązkiem wojska koronnego była obrona przed Zachodem. Janusz Radziwiłł jak wojskowy z prawdziwego zdarzenia uważał, że walczyć na dwa fronty w tej sytuacji jest niemożliwością.

Jestem wielkim admiratorem generała de Gaulle'a. Nie wiem nawet, czy posiada on w Europie większego wielbiciela ode mnie. Ale w swoim czasie broniłem marszałka Pétaina, bohatera Verdun. Byłem w r. 1940 we Francji i widziałem, że żołnierz francuski bić się nie chciał. Anglia odwiozła swe wojska z powrotem na wyspę z Dunkierki, Ameryka pomocy zbrojnej wtedy odmówiła. Pétain podpisał kapitulację. Swój honor starego żołnierza ofiarował Francji, aby pomniejszyć jej upokorzenie.

Coś z tragedii Pétaina tkwiło niewątpliwie w tragedii hetmana wielkiego litewskiego.

Rzecz inna, że rachuby Janusza Radziwiłła okazały się zbyt pesymistyczne. Na samej Litwie powstały oddziały walczące i z Rosją, i ze

Szwedami pod dowództwem wojewody witebskiego, Pawła Sapiehy. Janusz Radziwiłł zmarł 31 grudnia 1655 r. w oblężonym przez wojska sapieżyńskie Tykocinie.

Szwedzi zaczęli prześladować katolicyzm, kościoły, księży. Chcieli zabrać klasztor w Częstochowie na Jasnej Górze, gdzie się znajduje cudowny obraz Matki Boskiej. Przeor tego klasztoru, ks. Kordecki, zaczął się bronić przy pomocy wojskowych, którzy na pomoc mu przybyli. Oblężenie klasztoru Szwedom się nie udało, musieli od niego odstąpić. Cała Polska powstała przeciw najeźdźcy; wojsko koronne wróciło do pełnienia swej powinności. Szwedzi zostali z Polski wypędzeni. Król Jan Kazimierz objął z powrotem rządy.

Oddał on Polskę pod opiekę Matki Boskiej, ogłaszając Ją Królową Korony Polskiej. Entuzjazm katolicki odegrał ogromną rolę w odzyskaniu przez naród swej niepodległości.

Chyląc przed nim czoło nie można nie wspomnieć, że pośrednio miało to także skutki ujemne. Janusz Radziwiłł był ostatnim protestantem senatorem. Wrota Senatu zostały przed różnowiercami zamknięte. Epoka równouprawnienia wiar, na której Zygmunt August, Zamoyski i Radziwiłłowie zasadzali swoją politykę, została zamknięta. Polska miała być państwem katolickim. Było to przyjemne dla katolików, ale przecież Polska miała wtedy ogromną ilość ludności schizmatyckiej, dla której państwo nie powinno było być organizacją obcą.

XII

Henryk Sienkiewicz i litewskie „Vichy"

Henryk Sienkiewicz jest jednym z najgenialniejszych twórców powieści historycznych na całym świecie. Na krawędzi XIX i XX wieku powieść tego Polaka, „Quo vadis", pobiła rekordy nakładów wszelkich powieści, co wzbudzało uzasadniony żal i zazdrość ze strony wielu pisarzy francuskich. Zazdrość ta ujawniała się nawet w poniżaniu wartości „Quo vadis", w śmiesznych zarzutach, że uzależniona ona jest od „Salammbô" Flauberta, od Chateaubrianda i tak dalej. Ale to wszystko do rzeczy nie należy. Sienkiewicz napisał także „Trylogię", trzy powieści o polskim wieku XVII, w której przedstawił tragedię Janusza Radziwiłła, i to jest powodem, dlaczego się tutaj Sienkiewiczem zajmiemy.

O ile każda powieść historyczna, to znaczy obrazująca dawne czasy, jest anachronizmem, to znaczy o ile nie jest zgodna z duchem tych czasów, które opisuje? Moją dewizą jest, że wszystkie powieści są historyczne, prócz... powieści historycznych. Autor piszący powieść obyczajową wkłada w nią obserwacje z życia, które toczy się za jego czasów, które musi znać, bo z nimi współżyje. Toteż każda powieść obyczajowa jest dokumentem historycznym, jest protokołem, sprawdzianem, świadectwem życia pewnej epoki. Z Guy de Maupassanta, z powieści Zoli, z Tołstoja, Dostojewskiego, Dickensa — cytuję znanych powieściopisarzy na chybił trafił — wiemy, jak wyglądało życie w pierwszym, drugim, trzecim lub czwartym pokoleniu społeczeństw w XIX wieku. Natomiast pisarz żyjący pod koniec XIX wieku, piszący o czasach greckich lub egipskich, nie zna oczywiście życia w Egipcie lub Grecji starożytnej zbyt dokładnie, bo go na własne oczy nie widział. Studia, książki tu nie wystarczają. Gdybym dziś chciał pisać powieść o Chińczykach czy Japończykach, to każdy by ode mnie żądał, abym do Chin czy Japonii wpierw pojechał, na własne oczy je obaczył, a potem o nich pisał. Nic bardziej zawodnego niż tworzenie sobie obrazu o obyczajach jakiegoś kraju wyłącznie na podstawie literatury. Ludzie zmieniają zwykle swe zdanie o każdym narodzie, kiedy w rzeczy samej go poznają.

Innymi słowy — powieść obyczajowa jest dokumentem, chociażby jej autor jak najbardziej puszczał wodze swej fantazji; powieść historyczna nigdy takim dokumentem nie będzie, a tylko fantazją, której zgodności z rzeczywistością nigdy nie będziemy w stanie sprawdzić. Oczywiście wśród pisarzy historycznych są gradacje. Są tacy, którzy opisując Asyryjczyków opisują ludzi sobie współczesnych, tylko przybranych w odpowiednie kostiumy. Są inni, na których znać, że się umieli wczuć w kulturę środowiska, które opisują, i którzy wydają się nam rozumieć psychikę sprzed wieków. Sienkiewicz jest pisarzem tego drugiego rodzaju. Posiadał obszerną wiedzę i ogromne wczytanie się w literaturę rzymską. Był tak przesycony łaciną, że układ słów, budowa zdania w „Quo vadis" jest nie polska, lecz łacińska. Poza tym przed napisaniem „Quo vadis" Sienkiewicz zajmował się polskim wiekiem XVII, przeczytał wszystkie pamiętniki z tego wieku, przejął się głęboko jego psychologią. A czymże jest polskie siedemnastowiecze, jeśli nie marzeniem o starożytnym Rzymie. Polacy siedemnastego wieku chcieli być Rzymianami, a Sienkiewicz razem z nimi. Stąd Rzym zbliżał się do Sienkiewicza i bezpośrednio, przez dokładną znajomość Cycerona i Tacyta, i pośrednio, przez znajomość mów i toastów wygłaszanych w Polsce w czasie siedemnastego wieku.

Skoro jestem przy Sienkiewiczu, nie mogę tego nazwiska wymówić bez jednej uwagi. Prawdziwą wielkość Sienkiewicza może ocenić tylko człowiek znający język polski. Wśród zalet Sienkiewicza największą jego zaletą jest styl i język. Tak samo zresztą dla ocenienia Puszkina trzeba znać język rosyjski. Tak samo jak dzieło kute w granicie lub w marmurze nie da się zastąpić kopią z gipsu, tak samo dzieło wielkiego stylisty nie da się ocenić na podstawie tłumaczenia.

Zresztą języki są nieprzetłumaczalne. „Traduire c'est trahir" — mówił Anatol France. Każdy wyraz ma swój klimat, swoje — powiedziałbym — opakowanie, które nie da się przenieść do innego języka. Są wyrazy o klimacie śmiesznym, inne o wydźwięku zawsze patetycznym. Język polski ma czternaście synonimów wyrazu „dziewczyna", podczas kiedy język angielski musi się kontentować tylko jedną „girlsą", która oznacza zarówno dziewczynkę nieletnią, jak dziewuchę pracującą w polu, jak dziewkę uliczną. Myślicie, że łatwo jest tłumaczyć nazwy przedmiotów lub zwierząt? Mylicie się bardzo. „Krowa" po polsku znaczy to samo, co „vache" po francusku, ale krowa po polsku nieodłączna jest od pojęcia niezgrabności, tak powiedzmy jak osioł od pojęcia głupoty, natomiast po francusku wyrazem „une vache" określa się mordercę, nikczemnego sadystę. Desagi, które wyrazy z sobą przynoszą, są prawie zawsze zupełnie inne.

„Trylogia" Sienkiewicza pisana była w latach osiemdziesiątych zeszłego stulecia. Były to lata dla Polski okropne, pełne poniżenia. Klęska powstania 1863 r. przekreśliła wszelkie polityczne ambicje, w Warszawie używanie języka polskiego było ograniczone, był on wyrugowany ze szkół i urzędów. W korespondencji politycznej pomiędzy państwami wyraz Polska był rzadziej wymieniany niż Bułgaria, niż Czarnogóra i inne małe państwa. W tych warunkach „Trylogia" Sienkiewicza była hymnem tęsknoty do wielkości, do majestatu dawnej Polski.

Sienkiewicz kochał Radziwiłłów, bo właśnie uosabiali w jego oczach polską majestatyczność, ale nie był w stanie wyzbyć się pewnego anachronizmu w ocenie polityki Janusza Radziwiłła, wojewody wileńskiego i hetmana wielkiego litewskiego. Nie doceniał dwóch czynników: po pierwsze tego, że Litwa w 1655 r. jeszcze całkowicie Polską nie była. Stąd Radziwiłł mógł mieć przymus moralny nie pozwalający na gubienie Litwy dla ratowania Polski. To w 1863 r. jedynymi chłopami, którzy poszli gromadnie do powstania, byli chłopi litewscy, to w 1863 r. zanikło na pewien czas wszelkie rozróżnienie pomiędzy interesem Polski i Litwy, ale tak jeszcze nie było w r. 1655, tak jak zresztą nie jest dzisiaj.

Sienkiewicz nie tylko nie docenia, iż Radziwiłł miał nie tylko prawo, lecz i obowiązek, według poglądów swych czasów, do troszczenia się o Litwę bardziej niż o Polskę; Sienkiewicz nie docenia także grozy położenia Litwy w lipcu 1655 r., o czym już pisałem, ale tu raz jeszcze przedstawię.

Oto Opaliński stworzył wojsku szwedzkiemu drogę do podboju Korony, to jest Polski, a na Litwie wojska rosyjskie zajęły i spaliły Litwę, z wyjątkiem jej części zachodniej, i cały nieomal kraj z wyjątkiem jego części zachodniej. Wiemy przecież, że radziwiłłowski Nieśwież bronił się wtedy, oblężony i otoczony przez Rosjan.

Hetman litewski stanął więc przed dylematem: wojna na dwa fronty czy też rozejm ze Szwedami i uderzenie na Rosję. Wybrał to drugie i my go z tego rozgrzeszamy.

Sienkiewicz przeciwnie. Uważa, że Januszem Radziwiłłem kierowało nie poczucie obowiązku i obawa przed wojną na dwa fronty, lecz ambicja i tylko ambicja. Pozwolę sobie zacytować kilka ustępów z sienkiewiczowskiej powieści „Potop", aby to właśnie naświetlenie Sienkiewicza uwydatnić.

Przedtem jednak, zanim zaczniemy cytować teksty Sienkiewicza, musimy tu wypowiedzieć pewną uwagę. Oto „Trylogia" Sienkiewicza ukazywała się w Warszawie i ulegała cenzurze rosyjskiej. Stąd wolno było Sienkiewiczowi pisać o wojnie Polaków ze Szwedami, ale nie z Rosjanami. Rosjanie zawsze okazują pogardę dla prawdy historycznej. Toteż i w „Potopie" Sienkiewicz wspominając Rosjan zajmujących wtedy Wilno, położone wówczas w centrum kraju, musi o nich wspominać tylko aluzjami, tylko w postaci wymieniania nazwisk wodzów rosyjskich, i to możliwie rzadko, skromnie i bez patosu czy natężenia. Ku wstydowi ludzkości musimy zaznaczyć, że wielkie dzieło pisarza okaleczone jest tego rodzaju wymogami cenzury.

Teraz zacznijmy powtarzać Sienkiewicza:

„Był to człowiek czterdziestokilkoletni, postaci olbrzymiej i barczysty. Ubrany był w strój szkarłatny polski, spięty pod szyją kosztownymi agrafami. Twarz miał ogromną, o rysach, z których biła pycha, powaga i potęga. Była to gniewliwa, lwia twarz wojownika i władcy zarazem. Długie, zwieszające się w dół wąsy nadawały jej wyraz posępny i cała w swej potędze i ogromie była jakby wykuta wielkimi uderzeniami młota z marmuru. Brwi miał w tej chwili zmarszczone z powodu natężonej uwagi, ale zgadłeś łatwo, że gdy je zmarszczy gniew, wówczas biada tym ludziom, tym wojskom, na których gromy owego gniewu spadną.

Było coś tak wielkiego w tej postaci, że patrzącym na nią rycerzom wydawało się, iż nie tylko owa komnata, ale i cały zamek dla niej za ciasny; jakoż nie myliło ich pierwsze wrażenie, albowiem siedział przed nimi Janusz Radziwiłł, książę na Birżach i Dubinkach, wojewoda wileński i hetman wielki litewski, pan tak potężny i dumny, że mu było w całej niezmiernej fortunie, we wszystkich godnościach, ba! nawet na Żmudzi i w Litwie za ciasno".

Takie odnosi Sienkiewicz wrażenie z wyglądu Janusza Radziwiłła. Jeśli chodzi o jego polityczne zamiary w lipcu 1655 r., to Sienkiewicz, jak powiedzieliśmy, wywodzi je z ambicji, a nie z grozy położenia kraju. Nie widzi tu w nim Pétaina ofiarującego swój honor, aby ratować ojczyznę, tylko podejrzewa go o to, co najgorsi przeciwnicy Pétaina mu przypisywali, a mianowicie wykorzystanie sytuacji ojczyzny dla zagarnięcia władzy.

Powieściowy bohater „Potopu" Andrzej Kmicic jest oburzony tym, że hetman zawarł rozejm z Karolem Gustawem, królem Szwecji. Hetman przekonuje go w sposób następujący.

Pyta się Kmicica:

„— Co też sądzisz, co ja powinienem był uczynić wobec dwóch nieprzyjaciół, stokroć potężniejszych, przeciwko którym obronić tego kraju nie mogłem?

— Zginąć — odpowiedział szorstko Kmicic.

— Zazdrościć wam, żołnierzom, którym wolno tak łatwo zrzucić gniotące brzemię. Zginąć! [...] Was głowa nie boli o to i żadnemu na myśl nie przyjdzie, że gdybym ja teraz wojnę zaciekłą rozniecił i nie zawarłszy układu zginął, tedyby kamień na kamieniu z tego kraju nie pozostał. Nie daj Bóg, aby się tak stało, bo i w niebie nie znalazłaby dusza moja spoczynku. O, terque quaterque, którzy możecie zginąć!... Zali to myślisz, że i mnie żywot już nie cięży, żem niegłodny wiekuistego snu i odpocznienia? Ale trzeba kielich żółci i goryczy wychylić do dna. Trzeba ratować ten nieszczęśliwy kraj i dla jego ratunku pod nowym ugiąć się ciężarem. Niech zazdrośni posądzają mnie o pychę, niech mówią, że ojczyznę zdradzam dlatego, aby siebie wynieść — Bóg mnie widzi, Bóg sądzi, czy pragnę tego wyniesienia i czybym się nie zrzekł, gdyby inaczej być mogło... Znajdźcież wy, którzy mnie odstępujecie, środek ratunku; wskażcie drogę wy, którzyście mnie zdrajcą mianowali, a dziś jeszcze podrę ten dokument i wszystkie chorągwie ze snu rozbudzę, aby na nieprzyjaciela ruszyć".

Opuszczamy mniej zasadnicze ustępy tej rozmowy hetmana z Kmicicem i przechodzimy do wywodów programowych:

„To rzekłszy książę wyciągnął obie ręce do góry, jakby naprawdę chciał podeprzeć walące się sklepienie, i było w nim coś tak olbrzymiego, że Kmicic otworzył szeroko oczy i patrzył nań, jakby go nigdy dotąd nie widział — a na koniec spytał zmienionym głosem:

— Dokąd wasza książęca mość dążysz?... Czego chcesz?...

— Chcę... korony! — zakrzyknął Radziwiłł.

— Jezus Maria!

101

Nastała chwila głuchej ciszy — jeno puszczyk na wieży zamkowej począł się śmiać przeraźliwie.

— Słuchaj — rzekł książę — czas powiedzieć ci wszystko... Rzeczpospolita ginie... i zginąć musi. Nie masz dla niej na ziemi ratunku. Chodzi o to, by naprzód ten kraj, tę naszą ojczyznę bliższą, ocalić z rozbicia... a potem... potem wszystko odrodzić z popiołów, jako się feniks odradza... Ja to uczynię... i tę koronę, której chcę, włożę jako ciężar na głowę, by z onej wielkiej mogiły żywot nowy wyprowadzić... Nie drżyj... ziemia się nie rozpada, wszystko stoi na dawnym miejscu, jeno czasy nowe przychodzą... Oddałem ten kraj Szwedom, aby ich orężem drugiego nieprzyjaciela pohamować, wyżenąć go z granic, odzyskać, co stracone, i w jego własnej stolicy mieczem traktat wymusić... Słyszysz ty mnie?"

Musimy w tym miejscu przerwać czytanie „Potopu" dla wskazania czytelnikowi, że ze względów cenzuralnych Sienkiewicz nie mógł wyraźnie powiedzieć, o jakiego to „drugiego nieprzyjaciela" chodzi. Chodziło oczywiście o Rosjan, którzy w chwili tej rozmowy zajmowali Wilno.

Wracamy jednak do dalszego ciągu programowego przemówienia Radziwiłła w fantazji powieściowej Sienkiewicza:

„...W onej skalistej, głodnej Szwecji nie masz dość ludzi, dość sił, dość szabel, aby tę niezmierną Rzeczpospolitą zagarnąć. Mogą zwyciężyć raz i drugi nasze wojsko; utrzymać nas w posłuszeństwie nie zdołają... Gdyby każdym dziesięciu ludziom tutejszym dodać za strażnika jednego Szweda, jeszcze by dla wielu dziesiątków strażników nie stało... I Karol Gustaw wie o tym dobrze, i nie chce, i nie może zagarnąć całej Rzeczypospolitej... Zajmie Prusy Królewskie, część Wielkopolski co najwięcej — i tym się będzie kontentował. Ale aby owymi nabytkami mógł na przyszłe czasy bezpiecznie władnąć, musi sojusz Korony z nami rozerwać, bo inaczej nie osiedziałby się w tamtych prowincjach. Cóż się więc stanie z tym krajem? Komu go oddadzą? Oto, jeśli ja odrzucę tę koronę, którą mi Bóg i fortuna na głowę kładą, tedy oddadzą go temu, kto go w tej chwili istotnie opanował..."

(Zwracam ponownie uwagę, że sienkiewiczowski Radziwiłł ma tu Rosjan na myśli, wyraźnie nie wymienionych tylko ze względu na cenzurę).

„Lecz Karol Gustaw nierad tego czynić, by sąsiedzkiej potęgi zbytnio nie utuczyć i groźnego sobie nieprzyjaciela nie stworzyć. Chyba, że ja koronę odrzucę, wówczas musi tak być... Zali więc mam prawo ją odrzucać? Zali mogę pozwolić, aby stało się to, co ostatnią zgubą grozi? Po raz dziesiąty i setny pytam: gdzie inny środek ratunku? Niech się więc dzieje wola boża! Biorę ten ciężar na ramiona. Szwedzi są za mną, elektor, nasz krewny, pomoc przyrzeka. Uwolnię kraj od wojny! Od zwycięstw i rozszerzenia granic rozpocznę panowanie domu mego. Zakwitnie pokój i pomyślność, ogień nie będzie palił wsi i miast. Tak będzie i tak być musi... Tak mi dopomóż Bóg i Święty Krzyż — bo czuję w sobie siłę i moc z nieba mi daną, bo chcę szczęścia tej krainy, bo nie tu jeszcze koniec moich zamysłów... I na te światła niebieskie przysięgam, na te drgające gwiazdy, że niech jeno sił i zdrowia mi starczy, a cały ten gmach walący się dzisiaj odbuduję na nowo i potężniejszym niż dotąd uczynię.

Ogień bił ze źrenic i oczu księcia i całą jego postać otaczał jakiś blask niezwykły.

— Wasza książęca mość — zakrzyknął Kmicic — umysł objąć tego nie może, głowa pęka, oczy boją się patrzyć przed siebie!

— Potem — mówił dalej Radziwiłł [...] — potem... Jana Kazimierza nie pozbawią Szwedzi państwa ni panowania, ale go w Mazowszu i Małopolsce zostawią. Bóg mu nie dał potomstwa. Potem przyjdzie elekcja... Kogóż na tron wybiorą, jeśli chcą dalszy sojusz z Litwą utrzymać? Kiedyż to tamta Korona doszła do potęgi i zgniotła moc krzyżacką? Oto gdy na jej tronie zasiadł Władysław Jagiełło. I teraz tak będzie... Polacy nie mogą kogo innego na tron powołać, jeno tego, kto tu będzie panował. Nie mogą i nie uczynią tego, bo zginą, bo im między Niemcami i Turczynem powietrza w piersi nie stanie, gdy i tak rak kozacki pierś tę toczy! Nie mogą! Ślepy, kto tego nie widzi; głupi, kto tego nie rozumie! A wówczas obie krainy znowu się połączą i zleją się w jedną potęgę w domu moim! Wówczas obaczym, czy oni królikowie skandynawscy ostoją się przy dzisiejszych pruskich i wielkopolskich nabytkach. Wówczas powiem im: «quos ego!» i tą stopą wychudłe żebra im przycisnę, i stworzę taką potęgę, jakiej świat nie widział, o jakiej dzieje nie pisały, a może do Konstantynopola krzyż, miecz i ogień poniesiem i grozić będziem nieprzyjaciołom, spokojni wewnątrz! Wielki Boże, który obracasz gwiazd kręgi, dajże mi ocalić tę nieszczęsną krainę na chwałę Twoją i całego chrześcijaństwa, dajże mi ludzi, którzy by zrozumieli myśl moją i do zbawienia chcieli rękę przyłożyć...''

Wiemy, że wydarzenia potoczyły się w zupełnie innym kierunku niż ambitne wizje hetmana. Litwa zarówno sapieżyńska, jak i radziwiłłowska z katolickiej linii pierwej zaczęła bić Szwedów, a dopiero później Rosjan. Skończyło się to polskim zwycięstwem. Sam Radziwiłł umarł w Tykocinie i znów Sienkiewicz w sposób prawdziwie wielki opisuje jego śmierć.

Sienkiewicz jest mistrzem patosu i pod tym względem jest nie tylko uczniem, lecz i kontynuatorem wzniosłości łaciny starożytnego Rzymu. Ale Sienkiewicz jest także mistrzem w zupełnie nowoczesnym używaniu sugestii. Czy zauważyliście tego puszczyka, który wybucha swym krzykiem do śmiechu podobnym w czasie przemowy hetmana powyżej zacytowanej? Tak samo opisując dalsze działania hetmana Sienkiewicz wspomina dyskretnie, lecz sugestywnie jego astmę. Ta choroba męcząca ciągle przerywa hetmańskie myśli. Janusz Radziwiłł ma ciągle astmę, Bogusław Radziwiłł stale ataki febry i to są jak gdyby znaki tajemniczego losu, który przeznaczył już zgubę ich zamysłom.

Muszę jeszcze zacytować bardzo pod względem historycznym i psychologicznym trafne porównanie Sienkiewicza Janusza Radziwiłła z Jerzym Lubomirskim. Marszałek Lubomirski był to wielki polski magnat, który w czasie wojny ze Szwedami okazał wielką pomoc wygnanemu polskiemu królowi Janowi Kazimierzowi, potem jednak stanął na czele rokoszu, to jest zjawiska, które w tym samym wieku XVII nazywano we Francji frondą. Ten rokosz był przez wojska królewskie zwyciężony i sam Lubomirski otrzymał przebaczenie. Dla każdego znawcy tych czasów następujące słowa Sienkiewicza brzmią bardzo przekonywająco:

,,Czarny duch, który mieszkał w Januszu, był zarazem i wielki, nie cofał się przed nikim i przed niczym; Janusz pragnął korony i świadomie szedł do niej przez groby i ruinę Ojczyzny. Lubomirski byłby ją przyjął, gdyby ręce szlacheckie włożyły mu ją na głowę, ale mniejszą duszę mając, jasno i wyraźnie jej pożądać nie śmiał. Radziwiłł był jednym z takich mężów, których niepowodzenie do rzędu zbrodniarzy strąca, powodzenie do rzędu półbogów wynosi; Lubomirski był to wielki warchoł, który prace dla zbawienia ojczyzny, w imię swej podrażnionej pychy, popsuć był zawsze gotów, nic w zamian zbudować, nawet siebie wynieść nie śmiał, nie umiał; Radziwiłł zmarł winniejszym, Lubomirski szkodliwszym''.

XIII

Archiwum Radziwiłłowskie z XVII i XVIII wieku

Po tym wszystkim, cośmy opowiedzieli o walce orężnej Radziwiłłów Janusza i Bogusława z Janem Kazimierzem, królem Polski i wielkim księciem litewskim, warto dowiedzieć się, jaki był ich stosunek do następcy Jana Kazimierza. Co prawda wyraz „ich" jest tu niestosowny, bo Janusz Radziwiłł umarł w ostatnim dniu 1655 r., ale jego synowiec dalej walczył po stronie króla Szwecji przeciw królowi Polski. Jan Kazimierz jednak abdykował, zakończył swe panowanie, obfitujące w klęski, niewątpliwie w dużej części przez własną jego winę wywołane. Szlachta zebrana pod Warszawą dla elekcji nowego króla, wbrew opinii dygnitarzy i wbrew zdrowemu rozsądkowi, wybrała w r. 1669 na króla syna wielkiego wojownika, Michała Wiśniowieckiego, który jednak przymiotów ojcowskich nie posiadał. Wiara, że będzie tak dobrym królem, jak ojciec był wodzem, zawiodła całkowicie. Ale szlachta uważała go za swego wybrańca i dbała o to, żeby dygnitarze i senatorowie go nie krzywdzili. Niestety Polacy ówcześni zachowywali się podobnie jak Francuzi za czasów III Republiki, którzy wybierali na prezydenta kandydata możliwie najgorszego. „Je vote pour le plus bête" — jak powiedział Clemenceau, nie chcąc, aby do prezydentury doszedł istotnie utalentowany Juliusz Ferry. Upłynie lat kilkadziesiąt i maksyma ta obróci się jak wiadomo przeciwko samemu Clemenceau, którego przy wyborze na prezydenta zwycięży niejaki Paweł Deschanel, przy którego nazwisku określenie „niejaki" jest historycznie uzasadnione.

Bądź co bądź Michał Wiśniowiecki został królem Polski i wielkim księciem litewskim, otoczył go majestat prawno-polityczny. I oto w tymże Archiwum Radziwiłłowskim, o którym już opowiadałem, znajduję list króla Michała I do... Bogusława Radziwiłła. Sam fakt tego listu do człowieka, który wczoraj walczył jeszcze z najeźdźcą przeciw własnemu państwu, może z dzisiejszego punktu widzenia budzić pewne zdziwienie. Jeszcze większe obudzi w nas jednak sama treść listu. Oto on:

„Michał, z Bożej łaski Król Polski, Wielki Książę Litewski, Ruski, Pruski, Mazowiecki, Zmujdzki, Kijowski, Wołyński, Podolski, Podlaski, Inflancki, Smoleński, Siewierski i Czernichowski etc. etc. etc. Wielmożny a wielce nam miły. Życząc, aby akt koronacji naszej, na który wszystek świat zwykł obracać oczy, w jak największej był odprawiony frekwencji, żądam i gorąco proszę, abyś nie tylko z obowiązku senatorskiego, ale i z osobliwej ku nam życzliwości, kilka dni przed terminem w konstytucji wyrażonem, do boku naszego pośpieszyć zechciał, żebyśmy asystencją Waszej Książęcej Mości tym ozdobiony naprzód wjazd nasz do Krakowa, potem sam Akt, co daj Boże szczęśliwy, koronacji naszej odprawić mogli. Obligujesz nam tym wielce Waszmość Pan, któremu przy długotrwałym zdrowiu, pomyślnych od Pana Boga winszujemy szczęśliwości. Dan w Warszawie 7 miesiąca sierpnia 1669 Michał król. Panowania naszego pierwszego".

W rozdziale, w którym omawiałem rozmiary Archiwum Radziwiłłowskiego, pisząc o listach Barbary zaznaczyłem, że stylistyka i ortografia tych listów nie bardzo odbiega od typu naszych czasów. Nie znaczy to jednak, aby była taka sama. Przeciwnie, każdy dokument z dawnych czasów posiada na sobie piętno swego stylu i oczywiście nie przedstawia żadnych trudności rozpoznanie, w którym wieku powstał dany dokument. Więcej, zdaje się, że zmieniamy styl pisania i wyrażania się co lat dwadzieścia pięć. I tu właśnie należy westchnąć nad trudnościami przekładów z jednego języka na język drugi. — „Traduire c'est trahir" — mówił Anatol France i miał całkowitą rację. Przekład jest najtrudniejszym gatunkiem literatury, daleko łatwiej coś wypowiedzieć w języku własnym, niż dokładnie powtórzyć to, co kto inny wyraził w języku własnym. Weźmy kilka identycznych przysłów w różnych językach, we francuskim, niemieckim, angielskim, polskim, rosyjskim — myśli czy tendencje są zbliżone, ale wrażenie, które czynią, nigdy nie jest identyczne. Każdy wyraz ma w każdym języku inne cokolwiek znaczenie, inny klimat. Nawet jeśli chodzi o języki zbliżone, to zauważyłem, że wyrazy, powiedzmy, rosyjskie są bardziej energiczne niż ich odpowiedniki w języku polskim, ale może bardziej gruboskórne, bardziej prostackie. Kiedy się jakieś pojęcie tłumaczy z rosyjskiego na polski, to wypada ono bardziej delikatnie, lecz i bardziej mdło — coś jakby słowa z pokoju, w którym siedzą sami starsi mężczyźni, przenosić do pokoju dziecinnego czy damskiego i odpowiednio je ugrzeczniać. Powiemy jeszcze więcej — oto nazwy przedmiotów, rzeczy, zwierząt, które przecież nie zmieniają swej istoty, w przekładzie z języka na język napotykają na pewne trudności. Zdawałoby się, że krowa nie jest przynależna do żadnej narodowości i nazwa krowy powinna być identycznie rozumiana w każdej mowie. Otóż nawet tak nie jest. Prawda, określenie „krowa mleczna" jest tak samo rozumiane przez hodowców francuskich jak niemieckich, ale oto po francusku „vache", to jest krowa, nie wiadomo dlaczego jest synonimem bestialstwa, okrucieństwa, sadyzmu. „Oh! les vaches" — mówią Francuzi o mordercach, kiedy na przykład po polsku „krowa" jest tylko synonimem niezgrabialstwa. Francuz mówi „krowo" na kogoś, kto morduje, Polak na kogoś, kto przez roztargnienie rozbija szklankę. Czyli każde słowo otoczone jest klimatem, którego nie może się pozbyć. Jeśli mamy dalej trzymać się świata zwierzęcego, to przecież „orzeł" w wielu językach jest synonimem genialności, „osioł" głupoty, „świnia" podłości, ale znowuż po francusku „kura" oznacza coś podobnego, co po polsku „kociak". „Groch z kapustą" mówi Polak na jakieś wywody chaotyczne, podczas kiedy Francuz powiada: „ty mała kapustko" właśnie wtedy, kiedy Polak szepcze: „miły piesku". A teraz tłumacz to wszystko z jednego języka na drugi.

Po francusku, niemiecku forma „wy" jest ogólnie przyjęta. Po polsku ta forma łączy się z obrazem albo małego rolnika trzymającego widły w ręku, albo komunisty. Po angielsku „wy" nie istnieje w tej formie jak po niemiecku lub po francusku, bo nie ma charakteru kurtuazyjnego, wobec braku formy „ty" w języku potocznym człowiek gniewa się na psa i mówi do niego: „you". Formy ceremonialne w językach polskim i hiszpańskim są bardzo rozbudowane, po angielsku niesłychanie uproszczone.

Piszę to wszystko, aby się przed cudzoziemskim czytelnikiem wytłumaczyć, że cytując zwroty, mowy i listy z dawnych wieków nie potrafię mu zasugestionować odpowiedniego nastroju. Człowiekowi czasem trudno jest w pełni ocenić nastrój słów sprzed kilkuset lat we własnym języku, a cóż dopiero w przekładzie. Niewiele nam da zastępowanie archaizmów języka oryginału przez archaizmy języka przekładu, bo jeśli języki w swych barwach, temperaturze, tonie różnią się między sobą dzisiaj, to jeszcze bardziej różniły się dawniej.

W listach z XVII i XVIII wieku przeważają zdania konwencji pozdrowień i szacunku. I dzisiaj zaczynamy listy od „Szanowny Panie" i kończymy je prośbą o łaskawe przyjęcie wyrazów prawdziwego poważania. Zawsze mnie korci zakończyć taki list apostrofą następującą:

„Agréez, Monsieur, l'assurance de mon manque total du moindre respect".

Ale tego rodzaju wybryki nie zdarzają się teraz, a jeszcze mniej zdarzały się wtedy. Czasami cały w ogóle list osiemnastowieczny składa się wyłącznie ze zdań kurtuazyjnych, a właściwej treści w nim nie ma. Oto na przykład list Hieronima Floriana księcia Radziwiłła, podczaszego Wielkiego Księstwa Litewskiego, do jego kuzynki, księżny Marty Radziwiłłowej:

„Jaśnie Oświecona Mości Księżno Dobrodzieyko!

Pamięć Jaśnie Oświeconej Książęcej Mości Dobrodzieyki łaskawej, którą w szanownych powinszowaniach Nowego Roku następującego miałem honor odebrać, nie tylko napełniła mnie ukontentowaniem, ale też tak dalece wdzięcznym uczyniła, że na wypłacenie się Waszej Książęcej Mości Dobrodzieyki łaski będzie moim bez zamiaru obowiązkiem. Wzajemne życzenia Waszej Książęcej Mości Dobrodzieyce w najobfitszej serca uprzejmości niosę, abyś wiek przy najczerstwiejszym zdrowiu najdłużej i wszelkich intencjach przepędzała dla satysfakcji tego, który ze szczerym sercem przywiązaniem i uszanowaniem na zawsze pragnie zostawać Jaśnie Oświeconej Książęcej Mości Dobrodzieyki szczerze kochającym kuzynem i najniższym sługą.

Hieronim Florian Radziwiłł, podczaszy Wielkiego Księstwa Litewskiego".

Autor powyższego ma przynajmniej na swe usprawiedliwienie, że pisze list zdawkowy z podziękowaniem za życzenia noworoczne, a więc list nadający się do tego, aby nie posiadał żadnego sensu, a tylko formę, jak mowa współczesnego dyplomaty, ale oto odczytuję list z 6 lutego 1696 r., pisany przez chorążyca Krzysztofa Mackiewicza. Żali się on przed wszechmocnym księciem Radziwiłłem, że mu sąsiad tak wszystkie konie pokradł, że nie ma z czym iść na wojnę, a więc chodzi o rzecz konkretną i nieprzyjemną zarazem. Ale ta wstydliwa okoliczność tonie w okrągłych zwrotach o łaskach, dobroci, względach i przymiotach adresata oraz w życzeniach, powinszowaniach, zapewnieniach itd. itd., że rzecz sama przypomina muzułmankę tak spowitą w burnusy i zawoje, że jej samej dojrzeć nie można.

Czytelnik będzie dla mnie wyrozumiały, że oglądając katalog alfabetyczny korespondencji Radziwiłłów ze szlachtą litewską od razu szukałem swego nazwiska. Prócz tego, któremu sąsiad pokradł konie, znalazłem aż piętnastu innych Mackiewiczów i 151 listów od roku 1610 do 1808. Jakiś Jarosz Mackiewicz w latach 1639 do 1646 zajmował wybitne stanowisko w Kościele kalwińskim i w 37 przeogromnych i przenudnych listach wykładał zasady swej teologii. O ile wiem jednak, moja linia była znowuż gwałtownie katolicka. Na uwagę zasługuje korespondencja Michała Mackiewicza, adherenta księcia Radziwiłła „Panie Kochanku", który przez całe lata pisze do niego listy, pełniąc różne w polityce radziwiłłowskiej misje. Listy te są oczywiście obciążone kurtuazyjnymi konwencjami, które są dla nas dzisiaj komiczne, ale zawierają wiele trafnych uwag politycznych i bardzo słusznych spostrzeżeń. Z wykonawcy polityki Karola „Panie Kochanku" coraz bardziej ten Michał Mackiewicz wyrasta na jego politycznego mentora. Listy te niewątpliwie czekają na opracowanie w jakiejś pracy doktorskiej, jako przyczynek historyczny. Ja się przyczynkami nie zajmuję, mnie interesują historyczne syntezy.

Specjalnie obfita jest teka w Archiwum Radziwiłłowskim zawierająca listy z rodziną d'Arquian. Elekcyjny król Polski, Jan III Sobieski, ożenił się z Marią Kazimierą, wpierw panną z fraucymeru królowej polskiej Marii Ludwiki, później żoną Zamoyskiego. W historii polskiej i w literaturze polskiej nazwisko jej pisze się stale d'Arquien, margrabianka de la Grange d'Arquien. Na licznych listach tej rodziny do Radziwiłłów podpisują się oni stale nie d'Arquien, lecz d'Arquian. Nie potrafię wyjaśnić, skąd to pochodzi, lecz listy te czytałem własnymi oczami. Ponieważ tej korespondencji z rodziną d'Arquian było bardzo dużo, więc rzuciłem się na te listy sądząc, że wyśledzę tu jakąś intrygę polityczną pomiędzy Radziwiłłami a francuskimi krewnymi naszego króla. Nic z tego! Natomiast przeczytałem wzruszający list jednego z tych margrabiów:

— „Je me trouve dans un tres grand embarras aient fait romspre un mariage que Mr. de Boullon devoit faire avec une personne de la premiere qualité de ce royaume avec cent mille livres comptant, belle comme une ange et agée de vingt et un ans..."

109

Zachowuję oryginalną pisownię oryginału, jak również naturalny porządek rzeczy: gotówka najpierw, potem piękność anielska, wreszcie wiek młodociany.

Zaciekawiło mnie także bardzo, że papa naszej królowej nauczył się po polsku. Z początku widząc listy pisane po polsku myślałem, że to dzieło jakiegoś tłumacza, ale po sprawdzeniu z francuskimi listami stwierdziłem, że charakter pisma jest identyczny. Ojciec królowej Marysieńki polonizował nawet swoje nazwisko: podpisywał się po polsku „margrabia z Arquianu", czyli zamiast francuskiego „de" wstawiał polskie „z" i zmieniał dźwięk swego nazwiska zgodnie z przypadkowaniem gramatyki polskiej.

Monarchowie francuscy, Ludwik XIV, Ludwik XV i Ludwik XVI, pisząc do Radziwiłłów nazywają ich „Mon cousin" — mój kuzynie. Nie było żadnego między nimi pokrewieństwa, ale królowie Francji pisali kurtuazyjnie do wielkich monarchów przez „Mój Bracie", a do monarchów mniejszych przez „mój kuzynie" i do tego rzędu zaliczali także Radziwiłłów. W związku z tą tytulaturą nie mogę sobie odmówić przyjemności przypomnienia zabawnego incydentu. Oto w wieku XIX do Napoleona III, który ogłosił się cesarzem, Mikołaj I napisał, zamiast obowiązującego między monarchami: „Drogi Bracie", zwrot: „Drogi Przyjacielu". Wtedy Napoleon III, któremu nie brakowało zdolności dyplomatycznych, zwrócił się do ambasadora rosyjskiego hr. Orłowa na przyjęciu ze zręcznym frazesem: „Jestem specjalnie wzruszony zwrotem, którym cesarz Pański mnie zaszczycił, bo przecież wiemy, że musimy znosić swoich braci, a natomiast wybieramy sobie przyjaciół" („On subit ses frères et on choisit ses amis").

Listy królów polskich do rozmaitych Radziwiłłów liczą się nie na setki, lecz na tysiące. Te, które przeczytałem, potwierdzają tylko znaną prawdę, że polscy królowie elekcyjni nie czuli się gospodarzami w państwie, że musieli ciągle zabiegać o pomoc, współdziałanie, ciągle musieli uzgadniać i pertraktować. Toteż listy Leszczyńskiego, Augusta II, Augusta III, to ciągłe uzgadnianie z Radziwiłłami wszystkich spraw, a zwłaszcza tych, które tak wtedy, jak i teraz odgrywają w polityce rolę największą, mianowicie obsady wszelkich stanowisk. Czy kasztelanię trocką dać temu lub owemu? Czasami też królowie występują w charakterze swatów.

Listy królów pruskich mnie zawiodły. Fryderyk II Wielki pisze w 1776 r. do Radziwiłła „Panie Kochanku" w sprawie długu u kupca z Królewca w wysokości 431 florenów: „Nie mogłem odmówić prośbie mego poddanego, który mnie błagał, abym w tej sprawie zwrócił się do Waszej Książęcej Mości". Jednak kiedy odwrotnie, Radziwiłł wstawia się za kupcami Efraimem i Cedalim, dwoma Żydami, to król odpowiada, że nie ma czasu na zajmowanie się włóczęgami tego rodzaju. W oryginale: „Vagabonds de cette espèce".

Tak wyglądają te listy, kiedy się je czyta na wyrywki, bez ich systematycznego poznania.

XIV

Nike, Nike, Nike

Czy wolno mi teraz wkroczyć w dziedzinę filozofii historii? Immanuel Kant, filozof najklasyczniejszy, powiedział w sposób felietonowy, że widzi dwie rzeczy ważne: ,,Niebo gwiaździste nad sobą i poczucie moralne w sobie". Lew Tołstoj w swej powieści spopularyzował zagadnienie, od którego chcę zacząć: roli indywidualności ludzkiej w historii. W tołstojowskiej ,,Wojnie i pokoju" wyśmiane jest twierdzenie, jakoby od kataru Napoleona mogły zależeć losy świata, jakoby wygranie czy przegranie wojny z Rosją w 1812 roku mogło zależeć od zdolności, sił i charakteru jednego człowieka. Zwycięzcą właściwym u Tołstoja jest Kutuzow, który nie robi nic, który śpi na naradach wojennych, ale który wyższy jest ponad myślących Niemców, strategów i uczonych. Bo wojny — według Tołstoja — nie wygrywa człowiek, wygrywa ją całość, masa, mnóstwo, wielomilionowy anonim.

Samo zagadnienie jest oczywiście starsze od Tołstoja i będzie jeszcze długo dyskutowane. Wszyscy czy ktoś jeden? Jednostka czy tłum? Różne kwestie przyczepiają sie do takiego czy innego rozwiązania tego najistotniejszego z zagadnień filozofii historii. Kult bohaterów, nurt arystokratyczny, żywy jeszcze w Grecji, powiadał: jednostka. Inny nurt, także żywy i piękny w starożytnej Grecji, w tym kraju zachwycającym, jakiego ani przedtem, ani potem nie było i nie będzie, powiadał: nie jednostka, lecz żywioł. W mitologii greckiej heros-bohater uosabiał wybitnego człowieka. Przegrywał on zwykle walkę z takim czy innym bogiem, o ile nie zawierał sojuszu z innymi bogami. Bóg to był żywioł, to, co się po rosyjsku zgodnie z greckimi tradycjami pięknie nazywa: ,,stichija".

Pytanie: jednostka czy wszyscy? stanowi źródło dwóch nurtów myśli biegnących w różnych kierunkach. Nurtu arystokratycznego i demokratycznego. Tołstoj, który w moim przekonaniu łączył w sobie talent literacki olbrzymi, gigantyczny, niezrównany z ciasnym, zacofanym obskurantyzmem myśli, zaprzeczał w ogóle jakiemukolwiek większemu znaczeniu jednostki ludzkiej; wszystko robią wszyscy. Carlyle wypowiadał poglądy wręcz odmienne. Na tym tle powstawały także zagadnienia społeczno-moralne.

Czy jakiś Bat'a, tworzący w Czechach fabryki obuwia pozyskujące rynek światowy, jest dobroczyńcą robotników, którym dał pracę i zarobek, czy jest tylko jednym z rekinów ssących krew robotnika? Czy jednostka karmi pracowników, czy pracownicy jednostkę?

Wróćmy jednak do historii. Czy gdyby nie było Napoleona, nie byłoby chwały i klęski oręża francuskiego? Czy gdyby nie było Bismarcka, nie byłoby zjednoczenia Niemiec pod hegemonią Prus? Czy gdyby nie było Piłsudskiego, nie byłoby wskrzeszenia państwa polskiego?

Mam wyraźną odpowiedź na pytania powyższe, ale przede wszystkim muszę wskazać metodę, na której ją opieram. Człowiek jest moim zdaniem niczym innym niż wydarzeniem w dziejach; zagadnienie, o ile jakiś człowiek wpływa na ogólny bieg historii, sprowadza się do rozstrzygnięcia szerszego zagadnienia — o ile jakieś wydarzenie może wpłynąć na bieg historii.

Kiedyś, jeszcze w dzieciństwie, porywała mnie myśl napisania historii Europy opartej na założeniu, co by było, gdyby... Wiadome mi było, że królowa Barbara, Radziwiłłówna z domu, Gasztołdowa z pierwszego zamążpójścia, umarła po poronieniu. Co by było, gdyby miała męskiego potomka? Rozumowałem w sposób następujący. Uratowana by była dla Polski dynastia, która stworzyła państwo polskie. Nie przyszłyby na Polskę wszystkie jej nieszczęścia w postaci pactów conventów, bezkrólewi, wolnych elekcji, tragicznych pomysłów ustrojowych kanclerza Jana Zamoyskiego. Polska wygrałaby swój pojedynek z Rusią moskiewską o panowanie nad światem słowiańskim. Ale co by było wtedy z biegiem dziejów Europy? Gdzie by się załamała potęga Napoleona, gdyby Moskwa nie miała tego znaczenia, jakie miała w rzeczywistości w 1812 roku?

Ktoś mi odpowie, że poronienie przez jedną kobietę nie może mieć charakteru wydarzenia historycznego, że od dawna wyśmiane jest powiedzenie, iż długość nosa Kleopatry wpłynęła na dzieje ludzkości. Masz tobie! Jakaż jest w takim razie metoda w odróżnianiu wydarzeń wielkich od małych? Jeżeli staniemy na stanowisku, że historią rządzą wydarzenia, zawsze największym i najbardziej dynamicznym wydarzeniem dziejowym będzie pojawienie się wielkiego człowieka w rodzaju wielkiego wodza wojennego czy wielkiego założyciela religii. Skoro człowiek ma panować nad biegiem historii, tym samym uznajemy, że najbardziej prywatne wypadki, związane z jego życiem, muszą mieć wpływ — pośredni, lecz decydujący — na kształtowanie się dziejów. Jakże by wyglądała „Boska komedia" Dantego, gdyby na świecie nie było Beatrycze? Jakiż charakter miałoby wyznanie wiary w Anglii, gdyby nie było procesu rozwodowego Henryka VIII? Kto by rządził Polską po śmierci Augusta III, gdyby nie romans wielkiej księżnej rosyjskiej?

Przy rozpatrywaniu każdego z tym szczegółów nasuwa się wciąż refleksja: jakżeby wtedy inaczej wyglądały dzieje ludzkości! Ale pytanie to wygląda poważniej, gdy rozpatrujemy wydarzenia wyglądające mniej fragmentarycznie aniżeli katar Napoleona podczas bitwy pod Możajskiem czy długość nosa Kleopatry. Co by było, gdyby Napoleon wygrał bitwę pod Waterloo lub gdyby przegrał którąś z uprzednich rozpraw orężnych: pod Lodi, pod Ulm, pod Austerlitz?

Otóż wypracowałem sobie odpowiedź na te wszystkie pytania.

Z wydarzeniem w historii, a więc z wpływem wybitnego człowieka na bieg historii, dzieje się to samo, co dzieje się w kasynie gry w Monte Carlo w chwili, gdy ktoś wygrywa bajecznie dużo, powiedzmy: milion dolarów. Zdarza się to bardzo rzadko, ale się zdarza. Jest to oczywiście niesłychanie wielkie zdarzenie, które może zmienić całkowicie bieg życia szczęśliwego gracza i bieg życia jego bliskich. Może kupić majątek, hodować tysiące baranów, żona jego może stać się bogatą kobietą, jego kochanka może dostać futro z nurków, może wybudować dwa kościoły i dzieci jego mogą uzyskać tytuł hrabiego watykańskiego, a jego siostrzeniec może zostać przewodniczącym partii radykalno-socjalnej we Francji i być wybrany na dyrektora towarzystwa wagonów sypialnych. W pewnych ramach, dla pewnej dziedziny, dla pewnego koła osób to „wydarzenie", że kulki ruletki padały na „czerwone", a nie na „czarne", może mieć olbrzymie znaczenie gospodarcze, obyczajowe, kulturalne i moralne.

Ale kasyno w Monte Carlo pomimo swojej przegranej — która w dziejach jego co jakiś czas się powtarza — zamknie swój rok bilansem, w którym zyski i straty będą takie same jak w latach uprzednich o podobnej koniunkturze gospodarczej. Ta wielka wygrana, która taki przewrót zrobiła w życiu osobistym pewnego koła osób, nie odbije się na życiu kasyna. Prawo wielkich liczb.

Bitwę pod Maciejowicami mógł Kościuszko jakimś cudem wygrać, ale nie mógł wygrać powstania, bo było zaczęte jako wojna na dwa fronty, z Rosją i Prusami jednocześnie, a więc mieściło w sobie klęskę w samym założeniu.

Bitwa pod Waterloo mogła być wygrana, tak jak wygrana być mogła bitwa pod Stalingradem lub mogła się udać inwazja na Anglię. Cóż z tego? Tak czy inaczej nie udałaby się ani stała hegemonia Francji nad Europą w pierwszej połowie XIX wieku, ani stała hegemonia Niemiec nad Europą w pierwszej połowie XX stulecia.

Wydarzenie może być decydującym faktem dla człowieka, nawet dla narodu, nawet dla pewnej epoki. Bismarck zmienił swoją polityką bieg historii w całej Europie, a więc pośrednio na całym świecie. Ale mija życie człowieka i mija pewna epoka. Rzeka płynie i robi zakręty. Może się wydawać, że od czasu do czasu płynie wstecz czy popłynie wstecz. A jednak rzeka nie popłynie ani wstecz, ani w prawo, ani w lewo od swego przeznaczenia, a przeznaczeniem jej jest płynąć ku morzu.

Nie wydarzenie, lecz determinizm dziejowy panuje nad historią.

Biegu, nurtu historii — jakież to gorzkie, jakież pesymistyczne wyznanie dla dziennikarza politycznego, jakim jestem i byłem przez całe życie — nie można zmienić, można co najwyżej zaobserwować, dokąd on zmierza.

Co jednak przesądza o biegu dziejów? Szkoła materializmu dziejowego — Feuerbach i Marks oraz jego wyznawcy — twierdziła, że sprawy gospodarcze. Jak każda skrajna szkoła myślenia, materialiści jednocześnie i nie mieli racji, i przyczynili się do poznania zagadnienia. Warunki gospodarcze są tylko jednym z czynników obiektywnych, które kształtują życie społeczne. Na przykład to, że po morzu nie można chodzić, a trzeba pływać, jest także warunkiem obiektywnym bytu i z tym się także trzeba liczyć. Ale podobnie jak to, że po morzu nie można chodzić, konieczność zaspokajania głodu — punkt wyjścia materialistycznego na świat poglądu — i dalsze tego zaspokajania głodu konsekwencje i sublimacje nigdy, wbrew marksistom, nie były motorem wielkich przemian historycznych, raczej były tylko czynnikiem hamującym, opóźniającym konserwatyzm. Jak już kiedyś pisałem, był to zaledwie Sancho Pansa wlokący się na osiołku za Don Kichotem i próbujący mu przemówić do rozumu.

Historia to przede wszystkim iluzje Don Kichota, jego sny, widziadła, strach, jego pobudki histeryczno-erotyczne. Obok głodu działa w człowieku instynkt erotyczny, on daleko bardziej pobudza człowieka do poddawania się wielkim iluzjom, które są czynnikiem przeobrażeń historycznych.

Dialektyka marksistowska powstawała pod wpływem historii Anglii i szukanie rynków zbytu za morzem wydawało się jej być przekonywającym argumentem. Jednak Kolumb odkrył Amerykę nie dla odkrycia rynków zbytu, lecz pod wpływem tego, co nazywam stanem wielkiej iluzji.

Ale znowuż wielkie iluzje: mity, ideały, programy polityczne, narodowe, społeczne, klasowe, wynalazcze. Tak! — wynalazcze, iluż to ludzi ze świętym uniesieniem połamało sobie karki, by nas unieszczęśliwić wynalazkiem wstrętnej, zatruwającej powietrze, pozbawiającej podróż wszelkiej rozkoszy, wreszcie zrzucającej nam na głowy obrzydliwe bomby maszyny latającej! O ileż lepsze były czasy, kiedy to paskudztwo jeszcze nie istniało! Wszystkie te wielkie iluzje stanowią znowu część szerszej kategorii zjawisk, które nazwać należy stanem psychologii społecznej.

Chciałem kiedyś historię przedstawić jako stan dramatycznej walki wielkich iluzji ludzkich z warunkami gospodarczymi. Wielkie iluzje popychają ludzi naprzód do realizacji czegoś nieznanego, pociągającego, zwykle przynosząc cofnięcie się cywilizacji, powrót ciemnoty i wszystkie w ogóle nieszczęścia, ale porywające za sobą ludzi i pchające ich do niesłychanych poświęceń, bohaterstwa, ofiary, dobrowolnych najstraszliwszych męczarni. Ale nie zawsze te wielkie iluzje zamęczają świat. Można trywialnie powiedzieć, że wywołane są one z piekieł albo przez wielkie głody, albo przez niestrawności spowodowane przejedzeniem się. Ale są czasy spokojniejsze, szczęśliwsze, w których mniej jest wzniosłych wieców i kazań, mniej zamiarów uszczęśliwiania i przerabiania ludzkości, a więcej spokoju i szczęścia. Takie czasy mniej walczą ze swymi warunkami gospodarczymi, mniej się im przeciwstawiają, bo w ogóle mniej w nich momentów walki.

Innymi słowy: iluzje ludzkości, mniejsze i większe, do największych włącznie, to część szerszej kategorii, którą nazywam psychologią społeczną.

Oczywiście stan psychologii społecznej wytwarzany jest przez nie znane dotychczas naszej wiedzy wpływy kosmiczne. Za czasów Długosza, w pewnym roku, nie wiadomo dlaczego dzieci w Polsce wyłaziły przez okna z domów i gromadami dążyły na Mont Saint Michel. W tym opowiadaniu, zapisanym przez Długosza w kronice już za czasów jego życia, a więc niewątpliwie wiarygodnym, występuje w swej nagości zagadka bytu, upodabniająca się do tych przypływów i odpływów morza, które w całej ich żywiołowej piękności można obserwować właśnie z Mont Saint Michel, a które są przecież regulowane przez księżyc.

Wszystko na świecie — wszelka wegetacja, wszelkie życie, wszelki klimat, wszelki ruch, wszelka śmierć — zależne jest albo całkowicie, alby przynajmniej w części od takich czy innych wpływów kosmicznych.

Byłoby absurdem, idiotyzmem, objawem braku wszelkiej metody i konsekwencji myśleć, że stan zbiorowy naszych mózgów wyłamuje się z tej reguły ogólnej.

A że nastroje psychiczne zmieniają się w każdym wieku, to przecież jest rzeczą jasną. Czy ktoś w XIX wieku mógłby powiedzieć, że wiek XX oglądać będzie zbiorowe palenie i gazowanie dzieci żydowskich? Żaden wariat nie zdobyłby się na takie przypuszczenie.

Są epoki, w których ogólny stan umysłów nastrojony jest odpowiednio do przyjęcia haseł rewolucyjnych lub ekstazy religijnej, lub pracy zbiorowej, są epoki, w których siejba i żniwo haseł jest nie do pomyślenia. Zupełnie jak z urodzajami na roli, w sadzie lub w ogrodzie.

Bogowie antycznej Hellady symbolizowali różne żywioły, które znała wiedza ówczesna, jak ogień, woda, morze, ziemia, wysokość, powietrze, miłość, współczucie. Walka tych bogów-żywiołów między sobą przesądzała o biegu historii.

Wpatrując się dziś w historię z biciem serca pytamy jej: komu dasz zwycięstwo? Do czyjego obozu wojennego wyślesz srebrnonogą i srebrzystoskrzydłą Nike zwycięską?

I mitologia grecka, niczym Pytia, która nigdy nie zadowala pytającego, ale daje właściwą metodę w określaniu zjawisk, odpowiada nam rodowodem samej Nike. Jest ona córką Styksu, czyli rzeki dzielącej śmierć od życia, czyli walki o śmierć i życie, i Losu...

A Los to właśnie jest ten nieznany żywioł kosmiczny, który ma właściwość wiatru: jest zawrotny i zwrotny.

XV

Równouprawnienie z monarchami

Leży przede mną książka pod prawdziwie profesorskim tytułem: „Stosunek książęcego domu Radziwiłłów do domów książęcych w Niemczech uważany ze stanowiska historycznego i pod względem praw niemieckich politycznych i książęcych". Książka ta napisana została w początkach wieku XIX przez profesora prawa na słynnym uniwersytecie niemieckim w Getyndze i radcę dworu, Karola Fryderyka Eichhorna. Przedmiotem jej rozważań jest tak zwana „Ebenbürtigkeit", czyli prawo Radziwiłłów do żenienia się z córkami monarchów niemieckich, oraz prawo monarchów niemieckich do żenienia się z Radziwiłłównymi. Uczony profesor wykazuje czarno na białym, że Radziwiłłowie są całkowicie pod względem statusu personalnego równi z książętami Rzeszy Niemieckiej, że ową „Ebenbürtigkeit" w pełni posiadają. Wykazuje też, że w licznych niemieckich domach panujących płynie krew radziwiłłowska, poczynając od pruskich Hohenzollernów i bawarskich Wittelsbachów. Powołuje się na szereg praw, między innymi na prawo z 1587 r. o organizacji domu Radziwiłłów, na udział Radziwiłłów w Radzie Książąt Rzeszy itd. itd. Aby przybliżyć czytelnika do tych wywodów, musiałbym, chociażby najbardziej syntetycznie, mówić o formach prawnych monarchii niemieckich w XVI i XVII wieku, tak jak to czynię w stosunku do historii politycznej narodu polskiego. Sądzę więc, że powinienem to pominąć, zwłaszcza że te rzeczy są dziś mało aktualne. Wątpię, aby dziś jakaś Wittelsbachówna, wychodząca za Radziwiłła, potrzebowała odwoływać się do erudycji szanownego profesora z Getyngi. Ze zgrozą w sercu powiedzmy, że czasy są już inne.

Natomiast co innego zafascynuje nas w książce prof. Eichhorna. Dokonał on szczegółowej statystyki radziwiłłowskich posiadłości w 1750 r. Pamiętajmy, że wtedy całe państwo polskie liczyło tylko 12 milionów ludności, bo zaludnienie dwieście lat temu było znacznie mniejsze. Otóż dom Radziwiłłów posiadał wtedy 23 obronne zamki, 426 większych i mniejszych miast, z przywilejami praw miejskich, 2032 majątki ziemskie, 10 053 wsie z chłopami pańszczyźnianymi, składające się razem z 502 658 dymów. Ponieważ chata chłopa pańszczyźnianego w owych czasach ze względów podstawowych i obyczajowych miała tylko jeden „dym", czyli jeden komin, a na jedną chatę liczyć należy co najmniej pięć dusz ludzkich, jeśli nie więcej, należy ustalić, że ćwierć ludności polskiej stanowili pańszczyźniani chłopi należący do rodziny Radziwiłłów.

Miasta rządzące się prawem miejskim jako ostatnią instancję miały nad sobą książąt Radziwiłłów. Wszystko to trudno jest zrozumieć w czasach obecnych, ale tak było i świadczyło to o wielkiej potędze tego domu nie tylko w Polsce, lecz w całej Europie.

Aby dodać kolorytu tym wszystkim cyfrom, powiedzmy jeszcze o Cyganach. Oto do Radziwiłłów należała opieka nad całym tym ludem, wcale nie tak mało licznym, który w początkach XIX wieku na samych polskich terytoriach rachowany był na 61 tysięcy głów. Sądzę, że zwierzchnictwo nad Cyganami Radziwiłłów, a ściślej mówiąc Radziwiłłów Nieświeskich, pochodziło z tego, że Cyganie koczowali na ziemiach przeważnie radziwiłłowskich, bo majątki przeważnie do Radziwiłłów należały. Tak czy inaczej, Radziwiłłowie mianowali królów cygańskich, do których znowu należała władza nad koczowniczymi hordami. Królowie ci często pochodzili ze szlachty, jak Marcinkiewicze, Stefanowicze, Znamierowscy.

Temat cygański jest mi miły, ponieważ mieści w sobie szyderstwo z wszelkiego rodzaju uczonych socjologów, których tak nienawidzę za ich wymyślanie praw, rzekomo rządzących ludzkością, do których potem stosuje się ustawodawstwo na utrapienie nas wszystkich. Ileż zła i szkody przyniosła chociażby przegłupia teoria o bilansie w międzynarodowych stosunkach gospodarczych. Cyganie są żywym świadectwem, że pewne cechy irracjonalne, rasowe, płynące z jakichś dziwnych fluidów dziedzicznych, górują nad regułami tworzonymi przez socjologów. Cyganie są jak wiadomo narodem koczowniczym, znajdują się stale w stanie ustawicznej wędrówki, tak jak w świecie przyrodniczym rysie, czyli wielkie koty czy też małe tygrysy lasów mej Ojczyzny. Cyganie, naród pochodzenia indyjskiego, wałęsają się wciąż po Europie, zwłaszcza po krajach romańskich i słowiańskich, gdzie byli mniej prześladowani niż w krajach romańskich. Od dzieciństwa widziałem tabory cygańskie złożone z bud, zaprzężonych w konie, później widziałem w Anglii podobne tabory Cyganów, już złożone z aut. Wszystkie kraje uchwalały surowe prawa zmuszające Cyganów do zaprzestania swych wędrówek, Odpowiednie ustawy wydawał Filip II hiszpański, Franciszek I francuski, Józef II austriacki i Katarzyna II rosyjska. Władcy z XVI i XVII wieku grozili Cyganom karą śmierci, jeśli nie przestaną się włóczyć i nie zechcą osiąść na roli, którą im wyznaczano. Im władcy byli oświeceńsi, im bardziej hołdowali racjonalizmowi, tym była w nich większa wiara, że na drodze odpowiedniego ustawodawstwa można będzie zmusić Cyganów do porzucenia koczowniczego trybu życia. A z tego nic nigdy nie wychodziło. Cyganie włóczą się i włóczą po dziś dzień. Wreszcie socjalistyczna obecna Polska pobudowała Cyganom piękne domy w mieście, wezwała ich do uprawiania ulubionego ich rzemiosła, to jest kotlarstwa, w stanie osiadłym.

Cyganie sypiali w wozach przed przeznaczonymi dla nich kamienicami, aż wreszcie pewnej nocy wszyscy w różne strony uciekli. Tak więc reżimy monarchiczne, racjonalistyczne i socjalistyczne na równi nie mogły sobie dać rady z cygańskim zewem krwi.

Radziwiłłowie byli o tyle rozsądni, że nie próbowali osadzić Cyganów na miejscu i mało się nimi interesowali, ograniczając się do mianowania ,,królów'', czyli wodzów cygańskich.

Kochali Cyganów przedrewolucyjni Rosjanie. Odbicie tego widzimy w ich literaturze, gdzie najrozmaitsi bohaterzy szukają ukojenia w pieśniach cygańskich. W ogromnej ilości przedrewolucyjnych powieści rosyjskich figuruje chór cygański, tańce Cyganek, orgie z Cygankami. Cyganki są jak Hinduski — smukłe, o wyrazistych, tajemniczych oczach, o ruchach wzniosłych i zmysłowych jednocześnie. Posuwają się do wszelkiego rodzaju bezwstydu w podnieceniu i pozbawieniu woli mężczyzny, z tym że wyciągnąwszy pieniądze, nigdy nie uprawiają prostytucji w formalnym tego słowa znaczeniu, nigdy się nie oddają. Wyłudzone w scenach erotycznych pieniądze wręczają mężowi, dzieciom lub rodzicom jako zdobycz. Może właśnie ten moment, że Cyganka ciągnie, lecz wybrania się przed oddawaniem, stwarzał taki pociąg do nich w rosyjskich lokalach nocnych. Po dziś dzień w stolicach Europy pojawiają się Cyganki ubrane w coś w rodzaju ,,sari'', chusty osłaniające ich od szyi do stóp, podchodzą do stolika w restauracjach, wróżą, żebrzą, wyłudzają pieniądze. W tym wszystkim jest jakiś uśmiech tajemniczości. Nie mogę zrozumieć, dlaczego Hitler ich mordował, dlaczego wzbudzili w nim uczucie nienawiści. Po tych dygresjach powróćmy do Radziwiłłów XVII wieku.

Janusz XI, o którym pisałem poprzednio jako o rodzaju Pétaina litewskiego, pisał w 1653 r. do Bogusława, swego brata stryjecznego: „...Kiedy lutrów w Polsce nie będzie, to i wolności nie będzie. Widzimy insze państwa Hiszpańskie, Włoskie, Rakuskie, które nie mają herezji, ale oraz także wolności..."

Tak się jednak nie stało. Po wypędzeniu Szwedów z imieniem Matki Boskiej Jasnogórskiej na ustach Polska przestała być państwem wielowyznaniowym — stała się państwem katolickim, ale swoista „wolność" polska nie została poskromiona, przeciwnie, szybko się wyradza w całkowitą anarchię.

Protestantyzm traci w Polsce znaczenie, które posiadał, ale też wymiera linia Radziwiłłów na Birżach i Dubinkach, głównych obrońców wszelkich innowierców.

Ostatnim jej przedstawicielem był ks. Bogusław Radziwiłł, który umarł ostatniego dnia 1669 r. Pozostawił tylko córkę, która była wydana za brata elektora brandenburskiego.

Historykiem najdokładniejszym rodu Radziwiłłów jest Edward Kotłubaj. Broni on Janusza Radziwiłła z zarzutu zdrady argumentami, które podzielam. Natomiast o postępowaniu Bogusława Radziwiłła pisze jako o „haniebnym". Istotnie wraz z wielu innymi dowódcami polskimi znalazł się Bogusław w obozie króla Szwecji, ale kiedy inni Polacy już porzucili Karola Gustawa, on pozostał mu wierny i bił się po stronie szwedzkiej z własnymi rodakami. Podtrzymuję całkowicie określenie Kotłubaja, że było to postępowanie nikczemne i haniebne.

Ale musiał mieć Bogusław Radziwiłł coś takiego w charakterze, że lgnęły do niego serca ludzkie i wybaczano mu zbrodnie. Oto Michał Kazimierz Radziwiłł opierał się najazdowi Moskali w swym zamku w Nieświeżu. Rosjanie zajęli cały kraj. Nieśwież był odcięty, a jednak się bronił i w końcu obronił — fortece były taką potęgą w tych czasach. Potem Michał Kazimierz Radziwiłł całym sercem stanął za Janem Kazimierzem i przeciwko Szwedom, a jednak wybronił Bogusława od upokarzającej niewoli i, co dziwniejsze, jednemu ze swoich synów, który przyszedł na świat już po hańbie Bogusława, nadał jego imię.

Bogusław był pięknym młodym rycerzem, kochającym zawód wojenny, nie tyle jako wódz, ile jako żołnierz niepospolitej wprost zuchwałości. Włóczył się w młodości po całej Europie i gdzie mógł, tam brał udział w wojnach. Ogromna ilość pojedynków po świecie — z księciem Talmontem, z księciem de Rieux. Temu ostatniemu Bogusław dał w twarz na dworze francuskim, ale później kardynał Mazarini, wielkorządca francuski, trzy razy udaremnia pojedynek. Pisał Bogusław także listy rzewne: „Chciałbym być płótnem, z którego uszyto by koszulkę dla Waćpanny".

Przeszły lata klęski, wróciły dla Polski czasy zwycięstwa. Po wypędzeniu Szwedów, w pogoni za którymi wojska polskie biły się aż w Danii, wyparto także Rosjan i na Sejmie 1661 r. rzucono królowi pod nogi 132 sztandary rosyjskie, z których duża ilość zdobyta była przez Radziwiłłów.

Bogusław Radziwiłł, pomimo swej apostazji za czasów szwedzkiego najazdu, brał udział w elekcji nowego króla po abdykacji Jana Kazimierza w październiku 1668 r. Przybył na tę elekcję na czele 8000 wojsk własnych: piechoty, kawalerii i artylerii.

Elekcja ta stała się widownią zwycięstwa demagogii szlacheckiej, w danym wypadku niedorzecznej. W Polsce obowiązywał ideał „równości szlacheckiej", przez nikogo nie kwestionowany, przez wszystkich uznawany. Był to ideał republikańsko-rzymski. Nie było sztywnego prawnego podziału na szlachtę i arystokrację, jaki istniał we wszystkich innych państwach europejskich. Szlachta polska była o wiele liczniejsza niż gdzie indziej i bardziej uboga. Senatorzy w Polsce byli tylko urzędnikami wyższymi, doradcami króla. Gmin szlachecki spoglądał na nich krzywo, podejrzliwie, zazdrośnie. Oczywiście, że z Senatu wychodziły inicjatywy polityczne, które później senatorowie „papką i czapką", czyli swoistymi metodami jednania: goszczeniem i uprzejmością, narzucali ogółowi szlachty. Abdykacja Jana Kazimierza związana była z intrygami prymasa i innych dygnitarzy dążących do wprowadzenia na tron polski księcia francuskiego. Jakiś wzmocniony nerwowy fluid podejrzenia i zazdrości przeszedł przez drobną szlachtę, zebraną na elekcji. Zaczęło się od bójki w wielkich wymiarach. Opowiada o niej pamiętnikarz szlachecki Jan Chryzostom Pasek, że na okrzyk jednego ze szlachty: „Nie odzywajcie się, Kondeuszowie!" — jeden z senatorów ostro odpowiedział. Wyraz „Kondeusz" po polsku oznaczał księcia francuskiego, Condé, ale w fonetyce polskiej był bliski słowu „kundys" czy „kundel". Na niegrzeczność senatora szlachta zaczęła strzelać. Pasek z rozkoszą opisuje, że senatorowie włazili pod karety, pod krzesła, powstał rozruch, tumult. Szlachta zaczęła wołać: innych senatorów wyznaczymy, a was wytniemy, króla sobie sami obierzemy. Potem wrzawa się skończyła, lecz Pasek dalej lubieżnie opisuje, jak to senatorowie znowuż wyłazili spod karet, spod krzeseł, na wpół żywi.

Awantura ta miała swoje skutki. Ktoś wrzasnął, że królem, którego szlachta chce obrać na przekór wszystkim cudzoziemskim kandydaturom, jest syn Jeremiego, księcia Wiśniowieckiego, dzielnego i okrutnego wodza, który Kozaków rozbijał i którego cała Polska uwielbiała za talenty wojskowe. Szlachta nie znała tego syna, ale nie mogąc obrać ojca-bohatera, który nie żył, obrała młodzieńca dwudziestodziewięcioletniego, chorowitego, nierozgarniętego, łysego i po francusku ubranego. Ale uniesienie się szlachty było trwałe i oto ten król, bez żadnych politycznych kwalifikacji, był przez nią kochany i wielbiony jak żaden inny.

A jednak już Sejm koronacyjny został zerwany przez jednego z posłów.

Zaczyna się teraz tragedia państwa polskiego, polegająca na ciągłym stosowaniu liberum veto. Wystarczyło, aby jeden z posłów wniósł żądanie zerwania Sejmu, aby Sejm z miejsca musiał przerwać swe obrady, posłowie musieli rozjechać się do domów i czekać na wybory nowego Sejmu. Liberum veto nie tylko zrywało, rozwiązywało Sejm istniejący, ale także powodowało, że wszystkie powzięte przez Sejm uchwały, uchwalone prawa itd. stawały się nieważne. Zważmy teraz, że Polska szła w kierunku koncentrowania wszelkiej władzy państwowej właśnie w Sejmie, że z pokolenia na pokolenie ograniczano władzę królów i dostojników, rozszerzano kompetencje sejmów i jednocześnie tę jedyną władzę paraliżowano całkowicie. Przecież w początkach XVIII wieku sejmy nie zerwane należą do wyjątków. Przecież zrywano nawet sejmy przed obiorem marszałka Sejmu, zrywano je z miejsca.

A jednak ta instytucja, całkowicie katastrofalna, znajdowała w Polsce obrońców. Polacy bardzo kulturalni, wychowywani na prawie rzymskim, wywodzili, że liberum veto to źrenica wolności, że jeśli król będzie tyran, senatorowie sprzedajni, a posłowie skorumpowani, to wystarczy głos jednego uczciwego posła, aby to wszystko unicestwić. Trudno nawet odpowiadać na teorie tak bzdurne, broniące anarchii w państwie, ale swoje oburzenie i gniew powstrzymajmy uwagą, że nie był to pierwszy ani ostatni system, w rzeczy samej kompletnie idiotyczny i klęskonośny, który byłby broniony w sposób uczony i patetyczny.

Na razie jednak czekały Polskę dni wielkiej chwały. Oto po śmierci słabowitego na ciele i umyśle króla Michała Wiśniowieckiego został obrany na króla Jan III Sobieski. Tutaj już obrano wielkiego bojownika we własnej osobie, a nie jego wuja lub ciotkę dla jego uczczenia, jak to było z królem Michałem, którego obrano, aby uczcić zwycięstwo jego ojca, księcia Jeremiego. Sobieski imponował nie tylko Polakom, ale i całej Europie swoim geniuszem wojskowym. Lata upłyną, a uzna ten jego geniusz Napoleon, stawiając go na równi z Fryderykiem II, jeśli chodzi o zdolności dowodzenia, zaznaczając, że Sobieski był ostatnim z wielkich wodzów kawalerii jako broni samodzielnej.

Rodzona siostra króla Jana III, Katarzyna Sobieska, była żoną Michała Kazimierza Radziwiłła, o którym przed chwilą pisaliśmy. Na elekcję króla Jana III wpłynęło stanowisko „Litwy Radziwiłłowskiej", gorąco się za nią opowiadającej.

Sobieski obrany był na króla w r. 1674, a 12 września 1683 r. miała miejsce odsiecz Wiednia. Stolica cesarza Leopolda była osaczona przez Turków. Król polski, wezwany na pomoc przeciwko wrogowi chrześcijaństwa, w ciągu kilku dni przyprowadził polską kawalerię i rozbił wojska tureckie. Jest to jedna z tych 18 decydujących bitew w dziejach świata, które wylicza lord d'Abernon, który obiema nogami stoi na gruncie teorii, że to wielkie wydarzenia kształtują bieg historii, co się nie zgadza z moimi przekonaniami.

Królowi Janowi zdawało się, że broni całego świata chrześcijańskiego, ale nie było to prawdą. Protestanci w Europie raczej życzyli sobie zwycięstwa sułtana nad katolickim cesarzem. Pomoc Jana III, którą okazał Wiedniowi, to jeszcze jeden dowód, że Polska w tych czasach staje się wielkim czynnikiem polityki katolickiej.

Turcy pod Wiedniem zostawili wielkie bogactwa. Było wtedy zwyczajem jechać na wojnę z przedmiotami zbytku. Namioty wodzów tureckich pod Wiedniem miały dywany tkane z użyciem złota, łóżka pełne przepychu, inne przedmioty drogocenne. Namioty te były rozbijane w ten sposób, że tworzyły pokoje odrębne. Namiot wezyra miał czterdzieści pięć takich płóciennych pokoi; dopiero trzeciego dnia poszukiwań znaleziono w tym namiocie dwie luksusowe kochanki wezyra, jedną żywą, drugą ściętą.

XVI

Wojna z Sapiehami

W drugiej połowie XVII wieku, tak samo jak w pierwszej, pieczęć wielka litewska spoczywała w rękach Radziwiłłów. Do roku 1697 kanclerzem wielkim litewskim był ks. Dominik Radziwiłł, a potem ks. Karol Stanisław, syn Michała Kazimierza i Katarzyny z Sobieskich, siostry króla Jana III. Historia rodziny Radziwiłłów tak się zazębia z historią Polski, iż autor niniejszego z całych sił musi się bronić przed przekształceniem swej pracy w skrót dziejów państwa. Dlatego więc, zamiast zwracać uwagę na tor zasadniczy życia państwowego, w którym Karol Stanisław brał udział jak najżywszy, przypomnę prowincjonalne dzieje litewskie.

Książę Karol Stanisław urodził się w 1669 r., a już w r. 1687, a więc za panowania swego stryja, obrany był posłem na Sejm, który odbywał się w Grodnie, gdyż każdy trzeci Sejm Rzeczypospolitej obradował w Grodnie, przez kurtuazję dla Wielkiego Księstwa Litewskiego. Ten Sejm w Grodnie był oczywiście zerwany przez posła Dąbrowskiego. Karol Stanisław posłował także na Sejm następny, który nic nie umiał postanowić, natomiast upamiętnił się sprawą Łyszczyńskiego, dowodzącą, jakim nurtem popłynęło w Polsce życie religijne. Niejaki Łyszczyński, zamożny szlachcic, na marginesie książki, w której zamieszczone były dowody istnienia Pana Boga, każdy z tych dowodów opatrzył swoją repliką, po czym napisał: „Ergo Deus non est". Książkę tę ktoś mu wykradł i zaczęto go ciągać po sądach za bluźnierstwo i w końcu był, za inspiracją tego Sejmu, ścięty w Krakowie. Takich rzeczy dotychczas w Polsce nie było. Prześladowanie prywatnego poglądu człowieka miało miejsce za inkwizycji hiszpańskiej, a także w państwach socjalistycznych za życia Stalina.

Karol Stanisław posłował potem na trzeci Sejm, a później został podkanclerzym litewskim. Zaczyna się jego życie polityczne, które ce-

125

chuje powaga, rozwaga, umiar i pociąg do kompromisu. Pod tym względem przypomina Albrychta kanclerza, o którego pamiętnikach się rozpisywałem. W ogóle w wieku XVII bardzo się zaznaczyła różnica postępowania pomiędzy birżańską, kalwińską linią Radziwiłłów, potomków Mikołaja Rudego, a linią katolicko-nieświeską, pochodzącą od Mikołaja Czarnego. Pierwsi są jak rycerze turnieju, pełni zapału i uczucia ataku, drudzy — jak sędziowie takiego turnieju, rozważni, powściągliwi i obiektywni.

W miejsce kalwińskich Radziwiłłów w ostatnich latach XVII wieku wstąpili katoliccy książęta Sapiehowie. Był to ród konkurujący co do znaczenia na Litwie z Radziwiłłami. Jak przypuszczam, pochodzenie Sapiehów było ruskie, a nie litewskie, i sądzę, że Sapiehowie z XIV wieku wyznawali obrządek wschodni, a katolicyzm przyjęli dopiero później. Najwybitniejszym przedstawicielem tego wielkiego rodu był Lew Sapieha, kanclerz wielki litewski, autor główny Statutu Litewskiego, zbioru praw, który przetrwał do końca Rzeczypospolitej, a później był ojcem prawa cywilnego w cesarstwie rosyjskim. Wspominamy też z wdzięcznością hetmana Pawła Sapiehę, który wypędzał Szwedów i Rosjan.

Duch epoki. Duch epoki. Duch epoki. Kiedy oglądam fotografie postaci politycznych czy literackich z poprzedniego pokolenia, widzę w nich fizjonomie swoich stryjów czy wujów. Wielcy poeci francuscy, angielscy, rosyjscy, polscy daleko bardziej są sobie nawzajem bliscy, daleko bardziej do siebie podobni aniżeli, powiedzmy, Puszkin do Jewtuszenki czy Mickiewicz do Miłosza. Podobieństwo ludzi z tej samej epoki jest o wiele silniejsze niż podobieństwo ludzi z różnych pokoleń z tego samego narodu. Epoka, o której mówimy, koniec XVII wieku, była wypełniona kłótniami, wrzaskami, rąbaniną, chaosem politycznym, i to nie tylko w Polsce, lecz poniekąd w całej Europie, choć należy przyznać, że najbardziej wtedy kłócili się między sobą Polacy.

Jak czytelnik widzi, pomału przestajemy używać wyrazu Litwin, ponieważ ten termin przestał być wtedy określeniem przynależności narodowej, a stał się tylko oznaczeniem przynależności prowincjonalnej.

Syn Pawła Sapiehy, salwatora całej Polski, pomimo miłości, którą wzbudzał w żołnierzach, którymi dowodził, musiał mieć niespokojnego ducha w sobie, skoro ostatecznie doprowadził do wojny dużej części szlachty litewskiej z sobą i z domem Sapiehów.

Zaczęło się od sporu z biskupem wileńskim, Brzostowskim, herbu Strzemię. Hetman rozmieścił część wojsk w dobrach duchownych, podobnie jak rozmieszczał je po majątkach właścicieli świeckich. Oburzyło to bardzo biskupa i po szeregu protestów i kontrprotestów, w dniu 18 kwietnia 1694 r., biskup Brzostowski w katedrze wileńskiej rzucił na hetmana uroczystą klątwę, wyłączając go z Kościoła katolickiego.

W tej anatemie biskup wypomina hetmanowi, że swoimi wojskami dewastował dobra kościelne, co mogło być połączone z pozbawieniem wiecznego zbawienia ludzi zamieszkujących te dobra, bo mogło pchnąć ich ku herezji.

Formy wygłaszania klątwy sa uroczyste i groźne. Ludzie, obecni na nabożeństwie w tym dniu, trzymali zapalone świece, a potem na rozkaz słów: „anatema, anatema, anatema" — świece te rzucali na kamienną podłogę katedry. Po czym, po skończonym nabożeństwie, poszli gremialnie na ulicę, na Antokol, do pałacu Sapiehy na obiad, bo zdaje się, że tego dnia były jego urodziny.

Bardzo lubię ten incydent z historii mego kraju. Dowodzi on, jak mało są u nas ludzie zawzięci. Zresztą urodziny były poważnym argumentem w tym postępowaniu.

Dalsze jednak wypadki nie miały charakteru tak liberalnego. Zakony na Litwie, z których wiele miało hetmana Sapiehę za swego dobrodzieja, nie chciały uznać biskupiej klątwy. Biskup obłożył te zakony także ekskomuniką za nieposłuszeństwo. Prymas i nuncjusz również wypowiedzieli się przeciwko biskupowi; kardynał Denhoff napisał do biskupa Brzostowskiego list następujący:

„Nikt tego chwalić nie może, że Ty, Bracie, z niemałem pogorszeniem i niebezpieczeństwem kościelnej dotąd władzy, posunąłeś się do ekskomunik i bardziej jeszcze z użyciem niewłaściwych, niezwykłych i niesłychanych słów, co tu ganią. Jednak należy nam Duchownym starać się, żeby Świeccy nie nawykli mieczem żołnierskim miecz duchowny do pochew zapędzać, że mają środki skuteczniejsze, to jest do wyższych rekurs, do Stolicy Apostolskiej".

Biskup Brzostowski odwołał się też do papieża, którego prosił jednocześnie o pomoc miłosierną, ponieważ twierdził, iż hetman Sapieha zupełnie biskupstwo wileńskie zrujnował.

Ale odpowiedź papieża była równie krótka, jak kategoryczna: „Zaniechaj, Bracie miły, pychy, zemsty i pieniactwa, stanie Tobie dochodów, jak wszystkim innym Biskupom stawało i staje".

Oczywiście oba powyższe dokumenty podaję w brzmieniu, w którym w tych czasach zostały ogłoszone.

Ale nawet tak wymowne przestrogi ze strony Głowy Kościoła nie powstrzymały biskupa Brzostowskiego od dalszych temperamentowych wystąpień. Hetman Sapieha także szerzył zamieszanie. Między innymi najechał na dobra Kopyl, należące do ks. Karola Stanisława Radziwiłła, na tle jakichś sporów o Birże. Pomimo tego najazdu ks. Stanisław Karol nie daje się wciągnąć w wojnę przeciwko Sapiehom i przez cały czas tej groteski, powoli zmieniającej się w tragedię, zachowuje ścisły obiektywizm i nawołuje obie strony do zgody, a nawet osłania hetmana Sapiehę, do którego czuje wielki szacunek jako do znakomitego wodza.

A jednak biskup Brzostowski wywołuje całą wojnę domową. Ogiński, Wiśniowieccy i inni panowie litewscy zaczynają się zbroić przeciwko hetmanowi.

Finałem całej tej historii będzie bitwa pod Olkienikami w dniu 18 listopada 1700 r. Wojska sapieżyńskie zostały pobite w zaciętym boju, jeden z Sapiehów został okrutnie rozsiekany, Była to niestety największa bitwa tego okresu. W wojnie ze szwedzkim Karolem XII, która niebawem nastąpi, nigdy nie brało udziału tak dużo wojsk.

Wojna z Karolem XII to kryzys państwa polskiego. Ten naród, w pogoni za ideałami republikańskimi, wyrzekał się narodowej dynastii, wybierał sobie na królów członków dynastii obcych, a potem jeszcze uniemożliwiał im rządy przez zrywanie sejmów. W roku 1697, podczas elekcji po śmierci Jana III, dochodziło do walki orężnej pomiędzy zwolennikami elektora saskiego a księcia Conti, członka dynastii francuskiej. Sas zwyciężył i został królem polskim pod imieniem Augusta II. Łamał podkowy, miał 1500 dzieci z odpowiedniej ilości kochanek; przeszło 500 jego dzieci otrzymało tytuły szlacheckie. Jego prawnuczką z nieprawej linii była między innymi słynna pisarka francuska George Sand. Ale Polski pokochać nie potrafił ani się do niej przywiązać i nie kierował się zasadą, że obrona tego państwa to jego święty obowiązek. Zresztą Polacy w tym okresie tylko zrywali sejmy lub rąbali się nawzajem, jak pod Olkienikami — trudno było cudzoziemcowi nabrać do takiego kraju czulszego respektu. August II prowadził politykę własną, egoistyczną, dynastyczną. Zawarł sojusz z Piotrem Wielkim rosyjskim przeciwko Karolowi XII szwedzkiemu. Zaczęła się wojna, która skończyła się zwycięstwem Rosji, klęską Polski. Karol XII pobił Augusta II i był pobity przez Piotra Wielkiego.

W ogóle historyk każdy winien przyznać, że w wieku XVI Polska góruje nad Rosją, w wieku XVII odnosi jeszcze nad Rosją zwycięstwa, a stanowcza przewaga Rosji nad Polską zaczyna się dopiero od czasów saskich w Polsce, czasów Piotra Wielkiego w Rosji. Wielki Dostojewski słusznie wyjaśnił, że charakter narodowego geniuszu rosyjskiego w polityce polega na skupianiu ogromnej władzy w jednym centrum. Wielu już pisarzy zwracało uwagę na podobieństwa pomiędzy Piotrem Wielkim a Stalinem. Podobieństwa te są istotnie uderzające. I jeden, i drugi nie uznawał w swych poddanych jakichkolwiek obywateli posiadających jakiekolwiek prawa, a tylko dosłownie niewolników, z którymi robić można, co się chce, którzy słuchać zawsze muszą, którym nie wolno rozumować czy krytykować władzę. Nie da się zaprzeczyć, że i Piotr Wielki, i Stalin kosztem wolności, szczęścia i dobrobytu swych niewolników, swoich rabów, wzmocnili Rosję. Piotr Wielki zrobił z Rosji państwo, które stało się silniejsze od Polski, które stało się najsilniejszym państwem słowiańskim; Stalin zrobił z Rosji niewątpliwie najsilniejsze państwo i w Europie, i w Azji.

Polska szła w kierunku zupełnie odwrotnym. Źle zrozumiane ideały rzymskie uczyniły z Polski państwo o jak największej swobodzie indywidualnej. Elekcje królów i zrywanie sejmów stworzyło anarchię. Anarchia ta miała swoje usprawiedliwienie, że płynęła z umiłowania wolności, z wstrętu do niewolnictwa politycznego, ale w rezultacie spowodowała i utratę niepodległości, i utratę państwa.

Wstępujemy teraz w smutny, ponury okres, w którym, w formach groteskowych, ujawnia się rozkład państwa.

XVII

Dekadencja

Studia nad dziejami takiej rodziny, jak Radziwiłłowie, dlatego są tak przyjemne, że uwidaczniają wpływ epoki, tego najsilniejszego czynnika w życiu społecznym. Epoka nadaje charakter wszystkiemu: polityce, sztuce, gospodarstwu, wyglądowi zewnętrznemu człowieka, charakterowi jego pisma. Pierwsza połowa XVIII wieku to w całej Europie epoka dekadencji dotychczasowych form życia. Jeśli chodzi o Polskę, to tutaj spotykamy się z niezrównanie większą niż gdzie indziej dekadencją ustroju politycznego państwa. Rodzina Radziwiłłów ulega także dekadencji. Zamiast wielkich mężów stanu, jakich niewątpliwie wydawała w wiekach poprzednich, a zwłaszcza w wieku XVI, choć także w wieku XIV i XV, i XVII, zaczyna wydawać figury dekadenckie, schyłkowe; Radziwiłłowie w wiekach poprzednich tworzyli, reprezentowali wielkość państwa lub co najmniej jej bronili. Teraz będą ilustrować jego upadek.

Polska od śmierci Jana III, w ciągu lat jakichś piętnastu, uległa dekadencji. Oczywiście, że ziarna upadku tkwiły w naszym ustroju jeszcze wcześniej, ale teraz to się ujawniło. Jak pisałem: Polska w wieku XVI jest państwem bezwzględnie silniejszym od Rosji, w wieku XVII wychodzi zwycięsko z walk z Rosją, teraz, w jakimś powiedzmy roku 1710, nie może być mowy o równości sił pomiędzy Rosją a Polską, Rosja Piotra Wielkiego, autokraty, dyktatora i samodzierżcy, jest o tyle silniejsza od Polski Augusta II Sasa, króla liberum veto, chronicznie zrywanych sejmów, i nie tylko sejmów, lecz i trybunałów.

Upadek mocarstwowego znaczenia Polski w latach 1696—1710 można porównać tylko z upadkiem politycznego znaczenia Wielkiej Brytanii w latach pomiędzy 1945 a 1962. Z wielkiego imperium o światowym znaczeniu — państwo europejskie, poza jednoczącą się Europą, z pretensjami do wpływów na innych kontynentach.

W Polsce zerwanych sejmów było: za Jana III sześć na trzynaście; za Augusta II jedenaście na piętnaście; a za Augusta III na trzynaście zwołanych trzynaście było zerwanych.

Podobnie zrywano trybunały, a nawet sejmiki, czyli zebrania przedwyborcze do obioru posłów na Sejm lub deputatów do trybunału.

Konfederacja — cudzoziemiec z trudnością zrozumie, co to były te polskie konfederacje. Była to po prostu partia polityczna, dążąca do takich czy innych celów, która skupiała zwolenników z szablami w rękach, którzy tymi szablami chcieli narzucić swe cele państwu. Była to instytucja wyrosła na tle paraliżowania życia sejmowego przez liberum veto.

Odpowiednikiem konfederacji w życiu politycznym, publicznym, była samopomoc w życiu prywatnym. Szlachcic, który dostał w zwadzie szablą po łbie od innego szlachcica, składał co prawda jakiś pozew do sądu, ale będąc niepewny rychłości w wymiarze sprawiedliwości, szukał okazji, aby się własną szablą na przeciwnikach zemścić. Toteż pamiętniki z tego okresu to długie rachunki samopomocy szablą w sporach zarówno osobistych, jak majątkowych.

Ustrój więc był absurdalny, ale jakże mało ludzi go potępiało. Ci, którzy przez potomność i współczesnych otaczani byli największym szacunkiem, twierdzili, że liberum veto to źródło wolności. Ale taki absurdalny stosunek do ustroju zdarza się nieraz w historii. Dzisiejszy ustrój socjalistyczny w Polsce jest podobnie obłędnym idiotyzmem, jakim było liberum veto w XVIII wieku, ale jak mało ludzi gotowych jest wypowiedzieć głośno tę prawdę.

Trzeba jeszcze zaznaczyć, że Polska w pierwszej połowie XVIII wieku, osłabiona, degradowana i niszczona przez absurdalny ustrój polityczny, była bogata, o wiele bogatsza od tych państw, które ją później między sobą podzieliły, to jest Rosji i Prus. W porównaniu z Polską Rosja była uboga, Prusy były ubogie. Polska była stodołą Europy, Polska zaopatrywała Europę w konie, a koń to przecież benzyna owych czasów, przedmiot pierwszej potrzeby. Nie tylko ilość, lecz i jakość polskich koni była wtedy imponująca. Upadek polityczny Polski w żaden sposób nie da się wytłumaczyć jakimikolwiek względami gospodarczymi.

Teraz przejdźmy do charakterystyki osoby księcia Hieronima Floriana Radziwiłła, urodzonego w 1715 r., zmarłego w 1760, czyli żyjącego mniej więcej w tych czasach, o których mowa.

Był to syn Karola Stanisława, kanclerza wielkiego litewskiego, o którym mówiliśmy w rozdziale „Wojna z Sapiehami". Nie otrzymywał jednak żadnych urzędów od Rzeczypospolitej, bo się życiem politycznym nie interesował. Posiadał czysto grzecznościowe tytuły podczaszego, a później chorążego, do których nie były przywiązane żadne poważniejsze funkcje. Czy to nie symbol, że praca państwowa w Polsce traciła swe atrakcje?

Natomiast tenże Radziwiłł przechwalał się, że ma wojska więcej niż całe państwo polskie. Posiadał istotnie wojsko wszelkich ówczesnych rodzajów broni: chorągwie husarskie, które do boju szły z wielkimi skrzydłami z piór indyczych. Widok rycerza w pancerzu i z tymi wielkimi skrzydłami na plecach był piękny, poza tym ich szum płoszył konie nieprzyjacielskie. Skrzydła te były znane tylko wśród rycerstwa polskiego; ostatnie wielkie zwycięstwo odniosły pod Wiedniem, w bitwie o międzynarodowym znaczeniu. Poza tym ks. Hieronim miał kawalerię typu dragonów, piechotę i dużą ilość artylerii. Brakowało mu tylko czołgów i broni atomowej. Ale nie tylko wojska miał ten Radziwiłł więcej niż Rzeczpospolita, pieniędzy posiadał też na pewno nie mniej niż skarb państwa. Na tym polegały anomalie tego ustroju.

Książę Hieronim miał nie tylko wojsko, ale i szkoły wojskowe, swój korpus kadetów, swoich grandmuszkieterów, wzorowanych na grandmuszkieterach Ludwika XIV, którzy się kształcili na oficerów.

Pisał: „Urzędów żadnych, miarkując się z naturą swoją, nie chciałem i nie chcę". Bardzo to było rozumne, owe „miarkując się z naturą swoją". Był to jednak człowiek pełen sprzeczności. Oto kiedyś porwał się na oczyszczenie Niemna dla dobra publicznego i dużą część tej rzeki uregulował.

Czasami chciał zaimponować. Król August III namiętnie lubił polowanie. Aby go uczcić, ks. Hieronim przywiózł pod samą Warszawę mnóstwo zwierzyny ze swoich lasów. W Bielanach pod Warszawą zbudowana była altanka, w której zasiadał August III ze strzelbą. Przywiezione było łosi i niedźwiedzi po dziewięć, dzików i wilków po trzydzieści, lisów dwadzieścia pięć i borsuków dwadzieścia. Na polowaniu w lasach księcia Hieronima ubił królewicz Karol, syn Augusta III, samych niedźwiedzi szesnaście.

Czasami książę Hieronim zabawiał się polityką. Swoich własnych dzierżawców mianował królami o wymyślonych przez siebie nazwach, kazał im między sobą zawierać traktaty. Zabawy godne rządów emigracyjnych naszych czasów.

Żony, których miał trzy, uciekały od niego. Nie umiały znieść jego despotyzmu, jąkania się, okropnego charakteru. Natomiast kiedy został opiekunem i kuratorem swego dalekiego kuzyna, Marcina, wariata, to zarządzał jego majątkami sprężyście i rozumnie w sposób godny największej pochwały, chociaż Marcin, który wierzył w metempsychozę, mówił mu: „Ja jestem kulikiem (kulik to ptak wodny), a ty jesteś wieprzem".

Ten książę Marcin Mikołaj, noszący tytuł krajczego Wielkiego Księstwa Litewskiego, był prawnukiem Aleksandra Ludwika, syna Sierotki, od którego rozeszły się linie Radziwiłłów — nieświeska i klecka, które się potem połączyły. Urodzony w 1705 r., umarł w 1756 r. Była to zakała rodu Radziwiłłów. Z największą przyjemnością i celowo starał się swoim skandalicznym prowadzeniem robić rodzinie jak największe przykrości. Zresztą był to człowiek umysłowo chory, ale proces o jego ubezwłasnowolnienie i uznanie za wariata trwał bardzo długo i książę Marcin miał czas dużo nabroić. Bardzo lubieżny pod względem seksualnym, utrzymywał cały harem piękności, które zresztą na przemian pieścił i maltretował. Obok haremu istniały „kadetki", czyli małe dziewczynki, które były przeznaczone na późniejsze damy haremowe. Dziewczynki te musiały się zapowiadać na piękności, lecz chodziły brudne i zaniedbane, bo książę Marcin był chorobliwie skąpy. Z takimi upodobaniami powinien był przyjąć islam, jako dopuszczający istnienie haremów, lecz książę Marcin obrał sobie religię mojżeszową, przebrał się w chałat, czyli narodowy strój żydowski, obchodził wszystkie obrzędy i święta żydowskie, wreszcie wszystkie godności na swoim dworze porozdawał pomiędzy Żydów. Niejaki Szymon, Żyd, został jego wielkorządcą.

Książę Marcin miał żonę i dzieci. Los ich był zupełnie okropny, toteż ze strony rodziny najbliższej wypływały wnioski o ubezwłasnowolnienie, które nastąpiło dopiero na kilka lat przed jego śmiercią. Książę Marcin miał także niepospolite zdolności w różnych dziedzinach, na przykład w muzyce.

Jeszcze jako dziecko słyszałem, że był taki Radziwiłł, który zrobił się Żydem i jest pochowany w Wilnie na cmentarzu żydowskim. Ale to nieprawda, książę Marcin był pochowany przez księcia Hieronima w Nieświeżu, w grobach rodzinnych.

Natomiast starszy brat księcia Hieronima, Michał V Kazimierz, tak nazwany na cześć swego wielkiego dziada, Michała Kazimierza, kanclerza wielkiego litewskiego z XVII wieku, był osobistością czcigodną i szanowną. Urodził się w 1702 r. Wtedy istniał przesąd, że długie życie i szczęście człowiekowi zapewni trzymanie go do chrztu przez ludzi ubogich. Toteż rodzicami chrzestnymi księcia Michała Kazimierza byli staruszkowie z domu dla ubogich starców. Istotnie życie jego było szczęśliwe. W 1744 r. został hetmanem wielkim litewskim. Do historii przeszedł wraz ze swoim przezwiskiem „Rybeńko", bo tak się przeważnie zwracał do ludzi, co już wskazuje na jego uprzejmy charakter.

Hetman Michał Kazimierz żył i działał, kiedy w Polsce toczyła się walka pomiędzy dwoma wielkimi stronnictwami. Jedno z nich było to stronnictwo dążące do reformy ustroju, kierowane przez książąt Czartoryskich, przeciwne królowi Augustowi III. Drugie stronnictwo, popierające króla, było stronnictwem rodziny Potockich. Książę Michał Kazimierz zachowywał się bardzo umiarkowanie, starając się osłabić złe skutki walki stronnictw.

Hetman „Rybeńko" był ojcem słynnego Karola Radziwiłła „Panie Kochanku".

XVIII

Memento mori

Powtórzę tu uwagi o nastroju XVIII wieku, które obszarniej wypowiedziałem w swej pracy o królu Stanisławie Auguście: W kościele św. Jana w Wilnie, barokowym i jezuickim, pozostał na noc jakiś zamodlony nowicjusz. I oto gdy wybiła północ, z podziemi tego kościoła wychodzili potępieńcy. Nowicjusz, aby od nich uciec, pobiegł na chór kościelny. Potępieńcy powrócili do podziemi, poprzynosili swoje trumny i zaczęli z nich wznosić rusztowanie w kierunku chóru. Ale za każdym razem, gdy wierzchołek upiornego rusztowania był już bliski balustrady chóru, nowicjusz czynił znak Krzyża Świętego i wszystkie trumny z hałasem, z łoskotem piekielnym padały na kamienną posadzkę kościoła. Potępieńcy padali wraz z nimi i tylko ze złością szczerzyli w stronę nieszczęsnego nowicjusza swe obmierzłe, trupie zęby. Wreszcie trzeci kur zapiał, potępieńcy uciekli, trumny otwarte pozostały na podłodze.

Oo. jezuici, gdy nad ranem zjawili się w kościele na modły pobożne, zastali rumowisko czarnych i spróchniałych desek trumiennych w kościele, a skręcone w piekielnych widać mękach kościotrupy potępieńców w kryptach pod kościelną podłogą. Cóż mieli robić? Nie mogli przecież nadal trzymać potępieńczych kości w swojej świątyni. Ze wstydem i smutkiem musieli się zgodzić na pochowanie tych niegodnych resztek gdzie indziej, co im oswobodziło zresztą krypty kościelne do godnego pochowania nowych dobrodziei kościoła i zakonu.

Samo wydarzenie było opisane w licznych publikacjach i stało się również przedmiotem wielu rycin sprzedawanych później pobożnym.

Adam Moszczyński w swoich pamiętnikach opowiada, że w Gosławicach, w województwie gnieźnieńskim, proboszczowi miejscowemu ukazał się były dziedzic Gosławic, Lubrański, na koniu ognistym, zjeżdżając do niego z sufitu w nocy, i kazał obecnemu kolatorowi Łąckiemu powiedzieć, aby złożył fundusz na utrzymanie aż pięciu księży przy gosławickim kościele, przy tym Lubrański nadmienił, że w tej samej postaci gotów jest stanąć na komisję do ks. prymasa Łubieńskiego.

Łącki żądany fundusz złożył.

Niedowiarek Moszczyński pisze w swoich interesujących pamiętnikach:

„Nie było domu magnata lub majętnego obywatela, żeby po śmierci pana dusza jego nie ukazywała się to księżom, to sługom, to zakonnikom bawiącym w tym domu i nie żądała, by sukcesorowie czynili bajeczne ekspensa na nabożeństwa dla jej zbawienia. Częstokroć te dusze zostawiały znak ręki wypalonej na stołach i straszyły swym pokazywaniem się ludzi i kobiety".

Byli jednak ludzie, którzy w nic absolutnie nie wierzyli. Wolterianie i ateiści. Ale i ci czasami musieli dawać świadectwo prawdzie. Oto Tadeusz Czacki, herbu Świnka, ogólnie w Polsce znany działacz, patriota i uczony, w swym dziele kapitalnym „O litewskich i polskich prawach", wydanym w 1801 r., a więc już nie w XVIII, lecz w XIX wieku, potępia wiarę w czary, gusła i czarownice, szydzi i drwi z ludzi zabobonnych. Jako jednak człowiek obiektywny zaznacza:

„...Powinność pisania prawdy każe wyrazić, że w czasie powietrza w 1770 r. żywą upiorzycę na Ukrainie spalono" — przy czym pisze dalej:

„...Czyż nekromancja, sprowadzanie duchów przez Schroephera, obcowanie z umarłymi Swedenborga nie ma związku z mniemaniami o upiorach? Wyznajmy prawdę, że dwie ostateczności: lekkowierność i niedowiarstwo, zbyt są zbliżone z sobą".

Poszedłbym dalej niż to twierdzenie z książki tłoczonej w 1801 r. Spirytyzm praktykowany w XIX wieku i za naszych czasów, stoliki wirujące i talerzyki gadające imieniem duchów, to przecież także jakaś skarlała, zdegenerowana rasa tych wspaniałych obcowań z duchami w XVIII wieku.

Powróćmy do tego, co opowiada Moszczyński:

„Przez cały Wielki Post widzieć można było po wszystkich kościołach parafialnych i klasztorach, na mszę wielką i na nieszpory wchodzącą procesję kapników, na czele których jeden niósł krzyż z figurą Zbawiciela ukrzyżowanego, a kończyli procesję dwaj kapłani z laskami czarno pomalowanymi.

Wszedłszy do kościoła parami, w dwóch rzędach klęknąwszy, wzdłuż kościoła rozciągali się krzyżem, kładąc się na ziemi z dyscypliną w ręku. Ubrani byli w wery z grubego płótna różowego koloru, na plecach mieli otwartość dla łatwiejszego obnażania się, z zasłoną zakrywającą tę otwartość. Głowę okrywali workiem kanciastym u góry, z dziurami na oczy i usta dla oddychania, z kołnierzem spadającym i pokrywającym ramiona.

Ci kapnicy, za uderzeniem laską o ziemię przez kapników kończących ich procesję, kładli się na ziemię, wstawali, podnosili zasłonę z pleców, zaczynali się biczować i przestawali.

Jedni mieli dyscypliny rzemienne z przypiekanymi końcami, drudzy mieli druciane, a niektórzy z przyprawionymi metalowymi gwiazdeczkami, co ciało rwało. Tak się mocno biczowali, że blisko nich siedzących lub klęczących krwią pluskali, na co było przykro i obmierzłe patrzeć. W Wielki Piątek takaż procesja z kapników obchodziła stacje ze śpiewaniem o Męce Pańskiej, biczując się przed każdą stacją".

Dalej pisze Moszczyński:

„Na każdym odpuście w kościele widzieć można było opętanych krzyczących głosem przeraźliwym i po kilka słów mówiących różnymi językami, to znów egzorcystów, zaklinających czartów do milczenia, a kiedy na nich kładli relikwie lub wodą święconą kropili, niesłychany krzyk i jęk i syk wydawali i w ciele kontersje i łamaniny robili".

Wszystko to było napojone myślą o śmierci i strachem przed śmiercią. Malowano takie obrazy: zgrabne panie w lila i pąsowych sukniach, panowie w kolorowych frakach tworzyli koło taneczne, tylko że pomiędzy te panie i panów wchodziły szkielety. Każdy tancerz swą dłoń i każda tancerka swą rączkę trzymała w kiści strasznego szkieleta.

Memento mori.

Ośmielam się te wszystkie objawy religijności nazwać dekadencją religijności. Bo przecież nad tymi wyżywającymi się w masochizmie tłumami nie wywyższał się żaden prawdziwie uduchowiony święty, żaden wielki i wspaniały Franciszek z Asyżu. Czasy wielkich natchnień i uduchowień nie są czasami XVIII wieku.

Nieustanna udręka z czarami i czarownicami.

Orgia znęcania się nad kobietami pod wpływem psychozy czasów i czarownic nigdy w Polsce nie była tak potworna jak w Europie Zachodniej. Tylko w Polsce trwa długo jeszcze w XVIII wieku, kiedy gdzie indziej już się była skończyła. Szablon jest następujący: Oto we wsi jedna kobieta oskarża drugą o czary, ponieważ krowa przestała dawać mleka albo nie chce się cielić, albo prosiętom coś się stało, albo mąż zapadł na płciową impotencję, albo zaszło coś innego z fizjologii życia. I oto oskarżoną z reguły biorą na tortury, a na torturach pierwszych przyznaje się ona do tego, że jest czarownicą, że jeździ na miotle na Łysą Górę i śpi z szatanem; na torturach drugich wymienia nazwiska innych czarownic z tej wsi, a na torturach trzecich już opowiada, jak znieważała, jak plwała na hostię, jak dzieliła się nią z szatanem itd. Zeznania na tych sądach raczej są monotonne w tych wszystkich fantastycznych szczegółach. Motorem, maszyną tworzącą te zeznania był ból fizyczny nie do zniesienia wywoływany przez tortury. Zapładniały te fantazje pytania sędziów i kata, których wszystkich razem nazwać należy oprawcami.

Nic nie pomagało jeśli po odbytych torturach nieszczęsna kobieta odwoływała swe wyznania, bo wtedy męczono ją znowu.

Tak to opowiada pamiętnikarz dokładny, ks. Kitowicz.

Oskarżona rozebrana do naga i ogolona z włosów, gdyż we włosach ukrywały się siły nieczyste, które pomagały do znoszenia tortur, sadzana była na stoliczku pośrodku izby. Ręce miała związane postronkiem, który był zaczepiony o hak wbity na półtrzecia łokcia wysoko u jednej ściany; nogi zaś miała związane innym postronkiem, który znów przechodził przez hak wbity nisko.

Wykonywanie sprawiedliwości rozpoczyna się od naciągania postronków tak, aby ręce i nogi nie zwisały, lecz bez zadawania bólu. Wtedy instygator, to znaczy oskarżyciel, występując imieniem delatora, to znaczy donosiciela, który także mógł być na tej scenie obecny, jeśli sobie tego życzył, zwracał się do wójta z prośbą, aby zechciał nakazać tortury, gdyż oskarżona o czary przyznać się nie chce, a rzecz trzeba wyjaśnić dla świętej sprawiedliwości. Wtedy wójt pierwej zadawał pytania, jakiej jest oskarżona kondycji i czym się bawiła od czasów swej młodości do obecnej swej kaptywacji, czy była kiedy posądzona o podobny kryminał i czy kiedy była torturami próbowana. Po tych pytaniach łagodnie i grzecznie perswadował oskarżonej, aby przyznała się dobrowolnie, gdyż zapieranie się do niczego nie prowadzi, a przez przyznanie się i wydanie spólników może sobie zasłużyć na śmierć łaskawszą. Gdy takie namowy, a nawet zaklęcia na Boga, nie pomogły i oskarżona kobieta twierdziła, że czarownicą nie jest, dopiero wtedy mówił: „Mości instygatorze, mów mistrzowi, niech postąpi według prawa".

Mistrz, to jest kat, zaczynał od następującej ceremonii: zwracał się do siedzących za stołem wójta i urzędników magistrackich i do oskarżyciela siedzącego przed stołem ze słowami: „Mości panowie zastolni i przedstolni, jeśli z wolą czy bez woli?" Pytanie to powtarzał trzy razy i instygator trzy razy mu odpowiadał: „Z wolą".

Wtedy dopiero kat zaczynał naciągać postronek, ręce się wyłamywały i wchodziły na równy poziom z głową, nogi zawisały w powietrzu.

Czarownica wtedy zaczynała krzyczeć przeraźliwie, przywołując na pomoc Matkę Boską, Jezusa Chrystusa i wszystkich świętych, i twierdziła, wciąż jeszcze, że jest niewinna, w miarę jednak, jak ją szatan opuszczał, zaczynała się do zarzucanych czynów przyznawać, to znaczy, że na zadawane pytania, czy robiła to lub tamto, krzyczała, że robiła.

Wtedy następował „trakt" drugi: kat przywoływał swego pomocnika, obydwaj naciągali sznury, co mieli siły, na piersiach czarownicy — według świadectwa ks. Kitowicza — robiła się dziura, w którą wchodziła głowa, cała wisiała już w powietrzu. Wtedy czarownica wydawała już inne czarownice z tej samej wsi lub ze wsi sąsiednich. Strasznо mi było czytać w takim protokole, jak oskarżona wymienia jakąś Kunegundę „z nieletnią dziewczyną swoją, Tereską". Po prostu nieszczęsne kobiety wymieniały jakiekolwiek znane sobie osoby, aby się od bólu uwolnić.

W trzecim „trakcie" kładli czarownicy na nogi żelaza, które przez jakichś piekielników były obmyślane dla zadawania bólu takiego, że nawet najbardziej zawzięte czarownice do wszystkiego się przyznawały. W tym trzecim „trakcie" zwykle była mowa o znieważeniu hostii.

Strasznе było to, że jedynym dowodem w tym postępowaniu było podejrzenie rzucone przez sąsiada lub sąsiadkę i wyznania złożone w czasie tortur.

Dziś, po dwustu latach, trudno jest bez okropnego uczucia myśleć o losie jakiejś dwunastoletniej Tereski, której głowa na torturach wchodzi do piersi lub która ma palone ręce wzniesione nad głową.

Bo udręka każdej czarownicy kończyła się jej spaleniem, ale ręce, które znieważyły hostię, karane były specjalnie. Wiązano je i wznoszono nad głową ofiary, smarowano lekko smołą i palono za życia ofiary, po czym dopiero palono całą czarownicę, dbając o to, aby dłużej się męczyła.

Szlachta nie podlegała torturom. Szlachciance oskarżonej o czary trzeba było tego dowieść w sposób ludzki. Ciężar oskarżeń o czary spadał przeważnie na chłopki.

Czarownicy-mężczyźni zdarzali się o wiele rzadziej.

Z uczuciem wielkiej ulgi czytamy konstytucję z r.1776, która zabraniała stosowania tortur w procesach o czary. Konstytucją w dawnej Polsce nazywała się każda ustawa, a ta wynikła ze starań króla Stanisława Augusta, którego imię w tym miejscu należy wypowiedzieć z wdzięcznością. Wtedy to poseł Gurowski herbu Wczele mówi:

„Małoż to wieku mojego popalonych było za czary, oddanych katowi za gusła, za zarzut bez dowodu zgubionych najgorszymi mękami nieszczęśliwych".

Ten wyraz „nieszczęśliwych" wart jest tego, aby go powtórzyło echo wieków.

Nie tylko społeczeństwo ówczesne ciągle mówiło i myślało o śmierci, ale także miało dla niej duży respekt. Zawsze mnie bardzo fascynuje ceremonia przestrzegana przez trybunał szlachecki. Przed odczytaniem wyroku skazującego kogoś na śmierć marszałek trybunału głosem donośnym wołał: „Woźny, otwórz drzwi". Ale drzwi wtedy były otwarte i woźny, wbrew rozkazowi marszałka, podchodził do nich i z łoskotem jak największym je zamykał. Wtedy marszałek wołał: „Woźny, zamknij drzwi", i znów woźny na opak rozkazowi drzwi z takimże hałasem otwierał. Wtedy marszałek po raz trzeci wołał: „Woźny, otwórz drzwi", i znowuż woźny na odwrót temu wezwaniu drzwi zamykał.

Ks. Kitowicz, który zapisał tę formę procedury sądowej, nie wie, skąd ona powstała i co miała wyrażać, ale osobiście wypowiada przypuszczenie, że w ten sposób sąd wyrażał, jak mu jest trudno i ciężko wydawać wyroki śmierci. Sądzę, że można się tutaj dopatrzeć związku z obecnością krucyfiksu zawsze zawieszonego nad stołem sędziowskim. Sądzę, że było to odbicie tej prawdy, że wyrok śmierci jest czymś, co jest sprzeczne z nauką Chrystusa Pana. Stąd to zamykanie drzwi przez woźnego na opak rozkazom marszałka trybunału.

Z tej jednak ciągłej myśli o śmierci, z ciągłego straszenia śmiercią, ceremoniowania się ze śmiercią, rodził się jakiś żywiołowy hedonizm tej szlachty polskiej XVIII wieku. Poza pogrzebem i czarną kapą w kościele, pito na umór, objadano się z rozkoszą, tańczono bezprzytomnie. Śmierć czyha, trzeba użyć życia — myślano powszechnie. Na tym tle dopiero można zrozumieć politykę polską ówczesną.

XIX
Anegdoty o „Panie Kochanku"

Ks. Karol II Radziwiłł był synem hetmana wielkiego litewskiego „Rybeńko" i urodził się w Nieświeżu 27 lutego 1734 r. Ojciec jego umarł w r. 1762, ale pogrzebany został dopiero rok po śmierci. Był to pogrzeb wspaniały. Nieśwież, miasteczko, w którym stoi najwspanialszy z zamków radziwiłłowskich, zbudowany przez księcia Sierotkę, był za mały, aby pomieścić chociażby duchowieństwo sproszone na tę uroczystość. Toteż ks. Karol kazał dokoła Nieświeża rozbić namioty i tak powstało dla gości pogrzebowych drugie płócienne miasto. We wszystkich kościołach nieświeskich odprawiano msze żałobne od północy do południa, po czym wszyscy byli spraszani do stołów rozstawionych po klasztorach i w namiotach. Wina podawano w niesłychanej ilości: węgierskie, burgundzkie, szampańskie — wszystkie w beczkach na tę uroczystość posprowadzane. Biskup wileński, książę Ignacy Massalski, pokłócony z domem Radziwiłłów, nie chciał przyjechać, lecz w zamian jego byli sproszeni biskup żmudzki i biskup smoleński, dwóch diecezji leżących na krańcach Litwy, ojczyzny Radziwiłłów. Pogrzeb trwał trzy dni i kosztował miliony.

Przystępując do jaskrawej postaci księcia „Panie Kochanku", bo takie było przezwisko księcia Karola, mówiącego do każdego szlachcica litewskiego: „Panie Kochanku", podzielimy sobie temat na „Panie Kochanku" w anegdocie i „Panie Kochanku" w polityce polskiej. Czy wszystkie te anegdoty odpowiadają prawdzie? Nie wiem i sądzę, że nie ma to to większego znaczenia.

Niewątpliwie „Panie Kochanku" miał talent gawędziarski, narracyjny, a przede wszystkim fantazję niesamowitą. Jego tak zwane łgarstwa zapłodniły literaturę polską. Zagłoba sienkiewiczowski ma w nim oddalonego przodka. „Panie Kochanku" nigdy swych opowiadań nie spisywał, a przecież powinien być uznany za jednego z literatów polskich bardzo twórczych, Chodźko, Rzewuski i szereg innych byli pod jego wpływem. Anegdota opowiadana przez „Panie Kochanku" zasługuje więc na o wiele obszerniejsze studium niż te kilka słów, które poniżej wypowiem. Ale wstęp do jej opracowania powinien być jednak polityczny. Oto Polska za Augusta III dzieli się na dwa stronnictwa: Potockich i Czartoryskich. Wszystkie nasze sympatie są oczywiście po stronie Czartoryskich, ponieważ to stronnictwo wyznawało konieczność reformy ustroju państwa i coraz śmielej opowiadało się za zniesieniem obłędnego liberum veto. Rzecz inna, że w praktyce, dla celów partyjnych, stronnictwo Czartoryskich potrafiło się niestety tymże liberum veto posługiwać nie gorzej, a może nawet lepiej od Potockich. Ale było to stronnictwo reformy. Otóż to stwierdzenie nie ogranicza się do zagadnień politycznych czy ustrojowych. Pod względem obyczajowym stronnictwo Czartoryskich reprezentowało gust do francuszczyzny, do cudzoziemszczyzny, podczas gdy partia Potockich była bardziej „sarmacka" — jak się wtedy mówiło — to znaczy o wiele bardziej związana z oryginalnymi tradycjami polskimi. Obrazowo mówiąc: stronnictwo Czartoryskich to stronnictwo fraków, strojów francuskich czy ogólnie europejskich, natomiast partia Potockich to kontusze, czyli wspaniały, tradycyjny, na orientalnych motywach oparty strój polski.

Otóż jeśli Bogusław Radziwiłł z XVII wieku, syn elektorówny i protestant, reprezentował u nas skłonności do cudzoziemszczyzny, o tyle nieświescy Radziwiłłowie, wręcz odwrotnie, byli całkowicie sarmatami, a z nich wszystkich sarmatą największym był właśnie „Panie Kochanku".

Wiek XVIII to wiek finezyjnego, delikatnego wyrażania myśli. Anegdota „Panie Kochanku" to prostoduszna rubaszność. Zaraz ujawnimy to przeciwieństwo na przykładach.

Oto Klaudiusz de Rulhière, dobrze nam znany oficer francuski, będący łącznikiem pomiędzy Francją Ludwika XV a konfederacją barską i autor pełnej paszkwili na Stanisława Augusta, lecz niesłychanie cennej pracy o anarchii w Polsce, pisywał w chwilach wolnych od trudów bojowych tak miłe wierszyki, jak te:

Un jour une actrice fameuse
Me contait les fureurs de son premier amant

Moitié riant, moitié rêveuse,
Elle prononça ce mot charmant:
Oh, c'était le bon temps, j'étais si malheureuse.

A poeta polski, biskup Krasicki, trochę mu sekundował:

Guwernantka umarła, jest w niebie.
Jak zwykle, wziął ją Pan do siebie.

A cóż dopiero najoficjalniejszy przedstawiciel stronnictwa Czartoryskich, sam król Stanisław August, który się wyrażał w sposób następujący:
„Les grands secrets ne se disent guère avant minuit bien sonné".
Albo mówił:
„Wstąp Pani do mego ogrodu, pragnę, aby róże moje Cię ujrzały".
Ten wiek XVIII nawet rzeczy sprośne umiał wypowiadać w niesłychanie miły sposób, czego dowodem są choćby te wierszyki wypisane diamentem na oknie pewnego zamku:

„Je Vous aime avec constance
Et au prix de cet aveu
Donnez-moi la préférence
Du bijou, qui s'ouvre un peu
Quand Vous faites la révérence".

Jakże z tym wszystkim kontrastuje typowa anegdota „Panie Kochanku" o tym, jak polował na niedźwiedzie:
Wymazywał miodem dyszel od wozu. Niedźwiedź rozdziawiał paszczę, aby zlizać miód z dyszla, potem liżąc dalej, ciągle w głąb siebie wpakowywał dyszel, aż w końcu zupełnie na dyszel się nadziewał.
„Panie Kochanku", aczkolwiek doskonale włada francuskim, nigdy nie używa francuszczyzny, a jego stosunek do cudzoziemców żywo przypomina starego Zawiłowskiego z „Rodziny Połanieckich", który wyższość Polaków nad innymi nacjami zasadza to na tym, że jemu mnóstwo Niemców, Francuzów, Włochów czyściło buty, a on nikomu butów nie czyścił i nie będzie.
Tradycje anegdoty „Panie Kochanku" przemawiają w tym sienkiewiczowskim opowiadaniu:

1. Jerzy Radziwiłł (1480—1541), syn Mikołaja Radziwiłła, kasztelan wileński, hetman wielki litewski

2. Jerzy Radziwiłł

3. Mikołaj Krzysztof „Sierotka" Radziwiłł (1549—1616), syn Mikołaja „Czarnego" Radziwiłła, wojewoda wileński

4. Kardynał Jerzy Radziwiłł (1556—1600), syn Mikołaja „Czarnego" Radziwiłła, portret z ok. 1590 r.

5. Anna Radziwiłłowa (1567—1617), córka Gotarda Kettlera, księcia Kurlandii, żona Albrychta Radziwiłła, pierwszego ordynata kleckiego

6. Janusz Radziwiłł (1579—1620), syn Krzysztofa „Pioruna" Radziwiłła, kasztelan wileński

7. Elżbieta Radziwiłłówna, córka Mikołaja Krzysztofa „Sierotki",
żona Gabriela Tęczyńskiego i Krzysztofa Kiszki

8. Albrycht Stanisław Radziwiłł (1593—1656), syn Stanisława Radziwiłła,
kanclerz wielki litewski, portret z ok. 1640 r.

9. Krystyna Radziwiłłówna (1598—1657), córka Stanisława Radziwiłła, siostra Albrychta Stanisława, ksieni klasztoru benedyktynek w Nieświeżu, portret z okresu 1635—45

10. Janusz Radziwiłł (1612—1655), syn Krzysztofa, wojewoda wileński, hetman wielki litewski, portret z 1654 r.

11. Katarzyna Radziwiłłowa, córka Stefana Potockiego, i Maria Radziwiłłowa, córka Bazylego Lupu, hospodara mołdawskiego, żony Janusza Radziwiłła (1612—1655), portret z 1646 r.

12. Katarzyna Radziwiłłowa

13. Stanisław Kazimierz Radziwiłł (1648—1690), syn Michała Karola Radziwiłła, marszałek wielki litewski, portret z ok. 1690 r.

14. Michał Kazimierz „Rybeńko" Radziwiłł (1702—1762), syn Karola Stanisława, wojewoda wileński, hetman wielki litewski, portret z ok. 1660 r.

15. Hieronim Florian Radziwiłł (1715—1760), syn Karola Stanisława Radziwiłła, podczaszy litewski, chorąży litewski

16. Karol Stanisław „Panie Kochanku" Radziwiłł (1734—1790), syn Michała Kazimierza „Rybeńki" Radziwiłła, wojewoda wileński

17. Teresa Karolina Radziwiłłowa, córka Wacława Rzewuskiego, żona Karola Stanisława „Panie Kochanku" Radziwiłła

18. Maria Radziwiłłowa (1840—1915), córka margrabiego Henri de Castellane, żona Antoniego Wilhelma Radziwiłła

19. Elżbieta z Radziwiłłów (1861—1950), córka Antoniego Wilhelma Radziwiłła i Marii de Castellane, żona Romana Potockiego

20. Jerzy Fryderyk Radziwiłł (1860—1914), syn Antoniego Wilhelma Radziwiłła i Marii de Castellane, mąż Marii Róży z Branickich

21. Maria Róża Radziwiłłowa (1863—1941), córka Michała Branickiego, żona Jerzego Fryderyka Radziwiłła.

22. Dzieci Marii Róży i Jerzego Fryderyka Radziwiłłów: Róża (ur. 1884), Antoni Albrecht (1885—1935), Karol Mikołaj (1886—1969), Leon Władysław (1888—1959)

23. Leon Władysław Radziwiłł
(1888—1959), syn Jerzego
Fryderyka, mąż Olgi Simo-
lin-Wettberg

24. Olga Radziwiłłowa (1886—
1948), córka Aleksandra
Simolin-Wettberga, żona
Leona Władysława.

25. Karol Radziwiłł (1874—1906), syn Ferdynanda i Pelagii z Sapiehów

26. Janusz Radziwiłł (1880—1967), syn Ferdynanda i Pelagii z Sapiehów

27. Anna Radziwiłłowa (1882—1948), córka Stanisława Lubomirskiego,
żona Janusza Radziwiłła, ok. 1931 r.

28. Edmund Radziwiłł (1906—1971), syn Janusza i Anny z Lubomirskich

29. Janusz Radziwiłł (1880—1967) z córką Krystyną (ur. 1908)

30. Krystyna Radziwiłłówna, córka Janusza i Anny z Lubomirskich

31. Ołyka — widok od strony
dziedzińca

32. Ołyka — brama wjazdowa

33. Birże — ruiny zamku

34. Kiejdany — zamek od strony podjazdu

35. Połoneczka — pałac od strony ogrodu

36. Nieborów — pałac od frontu, sierpień 1988 r.

37. Nieborów — pałac od frontu, sierpień 1988 r.

38. Nieśwież — brama wjazdowa, czerwiec 1988 r.

39. Nieśwież — front pałacu od strony dziedzińca, czerwiec 1988 r.

40. Nieśwież — front pałacu — zbliżenie, czerwiec 1988 r.

41. Mir — widok ogólny zamku, czerwiec 1988 r.

42. Mir — dziedziniec zamkowy, czerwiec 1988 r.

43. Mir — wieża obronna, czerwiec 1988 r.

Mleko z dojonych krów zlano do sadzawki. Potem ze śmietanki z tego mleka zrobiono masło. I w maśle tym — według opowiadania „Panie Kochanku" — znaleziono źrebię, które się w sadzawce z mlekiem utopiło.

Raz „Panie Kochanku" polował, zobaczył jelenia, ale nie miał już kul ani nawet śrutu. W pośpiechu nabił więc strzelbę pestkami od wisien. Następnego roku w tym lesie wychodzi na Radziwiłła jeleń z dużymi gałęziami wiśni wyrastającymi mu z głowy.

Na Morzu Adriatyckim okręt, którym „Panie Kochanku" podróżował, rozbił się i Radziwiłł zamieszkał samotnie na skale, która wystawała z morza. Na tej skale poznała go i zakochała się w nim syrena i z tej koneksji powstały śledzie.

Atakując fortecę w Chorwacji książę „Panie Kochanku" miał przykry wypadek. Oto pocisk armatni oberwał jego koniowi obie tylne nogi. Ale „Panie Kochanku" z taką siłą dał ostrogi koniowi, że ten tylko przednimi nogami na wał forteczny wskoczył, gdzie książę załogę wyrąbał.

Raz przez omyłkę w Hiszpanii znalazł się w obozie nieprzyjacielskim. Od razu wlazł do lufy armatniej wycelowanej w obóz własny. Po chwili armata wystrzeliła księcia, który zdrów i cały do swoich powrócił.

— Czyż to nie było cudowne zdarzenie — opowiadał „Panie Kochanku" — jak ja, prowadząc chorągiew husarską, przez kulę armatnią na pół rozerwany zostałem. Pamiętasz to, Borowski?

— Nie, nie pamiętam, proszę księcia pana — odpowiada zapytany — bo już wtedy byłem zabity.

Opowiadanie „Panie Kochanku" o dwóch myszach, które w zajadłości nawzajem się zjadły i tylko dwa ogony z nich pozostały, zostało uwiecznione przez poezję polską.

Lubię także to opowiadanie, jak „Panie Kochanku" spotkał we Włoszech armatę tak dużą, że czwórką koni i karetą wjechał do jej środka, zawrócił i wyjechał.

Kiedy to opowiadał, Borowski uśmiechnął się.

— Co, nie wierzysz, Panie Kochanku, nie wierzysz? — zawołał książę.

— Ależ wierzę, mości książę, wierzę. Ja właśnie w tym samym czasie przejeżdżałem przez panewkę.

Radziwiłł się roześmiał.

— Tak, ja łżę, ale łżę zawsze rzeczy, które zdarzyć się mogą. Dlaczego nie ma być takiej armaty, do której można by wjechać czwórką koni? Przecież można taką armatę zbudować. Ale proszę, wymyśl, Borowski, coś takiego, co w ogóle, absolutnie byłoby niemożliwe, a dam ci konia z rzędem.

Nazajutrz Borowski przychodzi ze smutną miną.

— Co się stało, Panie Kochanku?

— A nic, miałem tylko dziwny sen.

— Cóżeś śnił?

— Ano śniłem, że byłem w niebie i tam... kiedy wstydzę się opowiadać.

— No co, nie bój się.

— Tam w niebie u Pana Jezusa Radziwiłł świnie pasie...

— No tak, Panie Kochanku, zmyśliłeś coś, co jest w ogóle absolutnie niemożliwe. Dostaniesz konia z rzędem.

Opowiadałem anegdotę powyższą za najsmutniejszych moich emigracyjnych czasów dwóm siostrom, bardzo pięknym młodym kobietom, w nocnej knajpie, na Piccadilly, w Londynie.

Kiedy skończyłem opowiadanie, zbliżył się kelner...

Wybacz, Czytelniku, lecz nie zakończę tej swojej dygresji.

Henryk Rzewuski w swoich wspaniałych „Pamiątkach Soplicy" opowiada, jak „Panie Kochanku" rozdał kiedyś wśród współbiesiadników swój kontusz, żupan i pas i siedząc w koszuli z ogromnym szkaplerzem na karku perorował w sposób następujący:

— Panie Kochanku — widzicie ten mój szkaplerz? To ja go w sukcesji mam po swoich antenatach. Jeszcze go mój praszczur, Lizdejko, nosił, zanim rewekował Władysław Jagiełło. Sierotka z nim do Betleemu chodził. On wielki jest, bo w nim zaszyta Unia z Koroną. Ja kocham Koronę, ale nie ma jak nasza Litwa. Ja i w Koronie mam kawałek ziemi, ale diabeł by tam siedział. Tam łatwiej o kuśnierza jak o dojeżdżacza. My tu niedźwiedzie bijem, a tam z rozjazdem na przepiórki polują. U Koroniarzy susły to gruba zwierzyna. To, panie, jak zaczął mnie prześladować książę biskup wileński, szwagier pana wojewody nowogródzkiego, co tu usadził się na nas, aby nie pan Michał Rejtan, ale pan Kazimierz Hałaburda dekreta nam pisał, to już z rozpaczy chciałem się do Korony wynieść. I mnie tam intratne opactwo dawano za to, że piękne wiersze piszę. Już byłem osiadł na Rusi, ale kiedym zaczął się modlić Panu Jezusowi w Beremiu, On się do mnie odezwał: „Radziwille, wracaj do Litwy, bo tu nic nie wskórasz, tu szlachectwo śmierdzące". Powiada dalej Pan Jezus: „Wracaj do nas na Litwę i kłaniaj się szlachcie nowogródzkiej ode mnie, bo moja prababka była Litwinką". A ja Mu na to, upadłszy krzyżem na ziemię: „Panie, a jak mam wracać na Litwę, kiedy tam mnie Twój biskup prześladuje". A on mnie: „To nie mój biskup, to hultaj, ale on naprzeciw mnie nic nie dokaże. Wracaj, Radziwille, na Litwę i będziesz Radziwiłłem po dawnemu, a on jak był kiep, tak będzie kpem". Otóż, Panie Kochanku, ja, ośmielony takim przyrzeczeniem Pana i Boga mojego, do was wróciłem i Pan mój nagrodził moją wiarę, bo ja nigdy nie wątpiłem o słowie przez Niego danym, a moje wiersze odstąpiłem księdzu Naruszewiczowi, bo choć on był podupadły, ale radziwiłłowski krewny i on za moje wiersze dostał biskupstwo smoleńskie.

Oczywiście „Panie Kochanku" nie żądał od nikogo wiary w to, że kiedyś był rozerwany pociskiem na dwie części ani że pisał wiersze dla Naruszewicza, wówczas uważanego nieomal za największego poetę polskiego.

„Panie Kochanku" był niewątpliwie impetykiem, pasjonatem i człowiekiem samowolnym, tak jak każdy szlachcic w tej mało budującej epoce. Był jeśli nie najbogatszym, to jednym z najbogatszych ludzi w Europie, w każdym razie tego rodzaju bogaczy nie było wówczas ani w Rosji, ani w Prusach, więc to bogactwo dawało jego wybrykom ogromne możliwości. Serce miał jednak dobre, bo się ujmował bardzo za niedolą chłopów i nie znosił ucisku chłopów w swoich dobrach przez ekonomów. Raz chciał zabić ekonoma, który bił starych chłopów kańczugiem. W miarę wieku odchodziło jednak od niego awanturnictwo. Był obok króla Stanisława Augusta, z którym tak długo walczył, osobą najbardziej spotwarzaną i oplotkowywaną w Polsce. Dumouriez mówił o nim jako o głupcu. Inni twierdzili, że nie umie pisać lub przynajmniej, że nie umiał pisać i czytać, jak już miał lat piętnaście.

Wszystko to są oszczerstwa, tak częste w osiemnastym wieku.

Czesław Jankowski wydał listy Karola „Panie Kochanku" w wieku dziecinnym pisane po francusku i po polsku, i nawet po łacinie, a Waliszewski wydał jego listy dyplomatyczne i polityczne, oryginalnie przez niego pisane, a nie przez sekretarzy, które wskazują na duży poziom inteligencji. Czasy były absurdalne, poglądy były absurdalne i stąd „Panie Kochanku", wycięty ze swoich czasów, pozbawiony ich tła, może się nam wydać także absurdem, co nie byłoby jednak diagnozą inteligentną. Zawsze się jednak pocieszam w takich okazjach, że kto wie, czy XIX wiek nie powiedziałby, a XXI wiek nie powie o naszych obecnych czasach, że są równie absurdalne.

Za młodu „Panie Kochanku" u swego stryja powiedział jego dworzaninowi nazywającemu się Ryś, że powinien się nazywać Kot, bo ryś to kot oswojony. Ten dworzanin odpowiedział, że on taki sam dobry szlachcic jak i książę, i wyzwał go na pojedynek, który miał miejsce i w którym „Panie Kochanku" był poraniony.

Nie tylko w tym incydencie ujawnia się zasada równości szlacheckiej owych czasów. „Panie Kochanku" nie był szczęśliwy w życiu sentymentalnym. Zakochał się w młodości w pięknej Felicji Woyzbunównie. Ona go nie chciała, mając już narzeczonego, a gdy natarczywie dom zajeżdżał, ojciec panny powiedział, że mu strzeli w łeb jak psu. Co prawda „Panie Kochanku" potem go najechał i pannę porwał, ale ją „uszanował", czyli nie zgwałcił. Po kilku dniach Woyzbunówna odzyskała wolność i „Panie Kochanku" tę historię do końca życia uważał za swój grzech największy.

Był żonaty dwa razy: z Marią Lubomirską i Teresą Rzewuską. Oba małżeństwa były nieszczęśliwe. Podobno stary Woyzbun przeklął księcia Karola, że umrze bezpotomny. Tak się też stało.

XX
Polityka ks. Karola Radziwiłła

Pierwsza wielka awantura „Panie Kochanku", opisywana z sympatią przez Ignacego Chodźkę i innych pisarzy polskich, to sprawa Wołodkowicza. Był to przyjaciel młodego „Panie Kochanku", współcześnik jego zabaw, hulanek i pijaństwa. W r. 1760, kiedy ks. Karol miał zaledwie 26 lat, wyprotegował on na deputackim sejmiku nowogródzkim, to znaczy obierającym członka Trybunału Litewskiego, wybór tegoż Wołodkowicza na sędziego Trybunału. Posiedzenia tego najwyższego sądu odbywały się w Mińsku Litewskim, zwanym czasami Mińskiem Trybunalskim. Marszałkiem Trybunału był Michał Kazimierz Sapieha, niechętny Radziwiłłom, lecz zdał przewodnictwo Merykoniemu, potomkowi rodziny włoskiej, od dawna na Litwie osiadłej. Wołodkowicz jako członek sądu od razu zaczął się zachowywać w sposób błazeński i awanturniczy. Potrącał i szturchał swoich kolegów sąsiadów, ubliżał im, kazał straży trybunalskiej wchodzić do sali posiedzeń i bić w bębny. Wszystko to bez żadnego rozumnego powodu, a tylko z nadmiaru temperamentu. Oczywiście sąd nie miał powodu znosić tego rodzaju postępowania. Wreszcie Wołodkowicz zamachnął się szablą na przewodniczącego Merykoniego, a gdy ten się uchylił, zerwał sukno ze stołu trybunalskiego, owinął w nie Merykoniego, wyprawiając dalsze brewerie i wymachując szablą. W przerwie pomiędzy naradami sądu Wołodkowicz podobne awantury wyrabiał na ulicach miasta. Deputaci rozjeżdżali się do domów w nadziei, że się Wołodkowicz uspokoi. Aż wreszcie 12 lutego 1761 r., na walnym posiedzeniu Trybunału, Wołodkowicz zaczął lżyć Merykoniego i deputatów, dobył szabli i umyślnie czy nieumyślnie ciął w krucyfiks. Trybunał uchwalił dekret, aby go uwięzić, potem drugi, aby go rozstrzelać. Miano to uczynić za kilka dni dopiero, lecz rozeszły się pogłoski, że ks. Karol Radziwiłł idzie ze swoim wojskiem, aby uwolnić Wołodkowicza, więc rozstrzelano go w trybie przyśpieszonym, dnia 13 lutego. Wołodkowicz kilka godzin spowiadał się przed śmiercią — może chciał zyskać na czasie licząc, że „Panie Kochanku" wkroczy do miasta. Rzecz dziwna, oto „pieśń gminna" stanęła po stronie Wołodkowicza. Śpiewano po wsiach o nim piosenki napojone sympatią do jego osoby. W czasach bojów taki Wołodkowicz mógłby być doskonałym dowódcą oddziału partyzanckiego. Muszę powiedzieć, że znałem takich Wołodkowiczów nawet w 1919 r., byli wariacko odważnymi dowódcami oddziałów kawaleryjskich. Ale oczywiście do zasiadania w Trybunale mieli mniej kwalifikacji. Dość iż rozumiem, że mógł być przyjacielem ks. Karola i że ten go kochał i do śmierci sobie wyrzucał, że nie spełnił wobec niego przyjacielskiego obowiązku, że go nie uratował.

Żył wtedy jeszcze hetman „Rybeńko", ojciec „Panie Kochanku", i ten go rozumnie powstrzymał od napaści na Trybunał. Ale hetman „Rybeńko" nie pochwalał także Trybunału i co dziwniejsze, że musimy przyznać rację jego wywodom, że Wołodkowicz ostatecznie nikogo nie zabił, więc rozstrzelanie było karą zbyt surową, zwłaszcza że wówczas kara śmierci w zastosowaniu do szlachcica była czymś zupełnie wyjątkowym, dwa: że Wołodkowicz przed osądzeniem i rozstrzelaniem nie był pozbawiony charakteru członka Trybunału, co było zaniedbaniem formalności zupełnie koniecznej, i że, po trzecie, sędziowie skazali i rozstrzelali Wołodkowicza za jego zachowanie się wobec nich samych, Merykoni wydał na niego wyrok za siekanie go szablą, a więc sędziowie działali wbrew podstawowej zasadzie prawa: „neme iudex in causa sua".

Widzimy, że wiek XVIII, pomimo że wszystkie ważne sprawy w Polsce rozstrzygał rąbaniną, a nie argumentami, z łatwością posługiwał się zręczną dialektyką prawniczą.

Sędziowie Trybunału odpowiadali, że Wołodkowicz skazany został nie za poprzednie awantury, lecz za uderzenie szablą w krucyfiks.

Pod wpływem swego rozsądnego i umiarkowanego ojca ks. Karol pojednał się z Trybunałem Litewskim i nawet wspaniale go podejmował w Nieświeżu, ale, jak już wiemy, ojciec jego, hetman „Rybeńko", umarł 20 maja 1762 r. i „Panie Kochanku" sam musiał prowadzić politykę radziwiłłowską na Litwie i w Polsce.

Mam na XVIII wiek w Polsce wyrobione poglądy, które wypowiedziałem w swej książce o Stanisławie Auguście i które muszę tu powtórzyć, gdyż inaczej nie potrafię wyjaśnić polityki ks. Karola, a byłoby ogromnym błędem ograniczać przedstawienie tej historycznej postaci do anegdot, które opowiadał. „Panie Kochanku" po śmierci swego ojca stanie się czynnikiem oddziałującym bardzo wydatnie na dzieje swego państwa.

Poglądy na czasy Stanisława Augusta urobili sobie Polacy według rozświetleń i naświetleń wielkiej poezji romantycznej. Mickiewicz, Krasiński, Słowacki oraz inni poeci z pierwszej połowy XIX wieku uduchowiali wiek XVIII. Bardzo pięknie, genialnie, ale trzeba powiedzieć, że nie była to historia, lecz poezja. Nie był to rzeczywisty polski wiek XVIII, lecz epoka romantyczna, biorąca sobie za fabułę te czasy. Należy w tym miejscu kategorycznie stwierdzić, że polska poezja romantyczna góruje nad romantyczną poezją rosyjską, angielską, francuską, że romantyzm polski jest pierwszym wśród romantyzmów i może dlatego potrafił swoim przedstawieniem rzeczy zasugestionować nie tylko swoich, lecz i cudzoziemców. W swoim „Stanisławie Auguście" polemizuję z szeregiem błędów i fałszów tego romantycznego ujęcia. Oto na przykład pod wpływem romantyków cały szereg najpoważniejszych polskich historyków uważa, że czasy saskie i królowie sascy byli niepopularni w społeczeństwie polskim XVIII wieku, że czasy te były piętnowane w znanym powiedzeniu: „Za króla Sasa jedz, pij i popuszczaj pasa". Romantykom się wydawało tak oczywiste, że Polacy byli zawsze zajęci rzeczami wyłącznie wzniosłymi, a więc wyrazy: „jedz, pij" mogły mieć tylko ujemno-satyryczne znaczenie.

Otóż w swej pracy stwierdziłem, że tak wcale nie było, że przysłowie „jedz, pij" chwaliło dobrobyt polski za Augusta III i bynajmniej nie miało charakteru nagany, jakeśmy romantycznie przypuszczali.

Polska XVIII wieku miała skarb państwowy pusty, wojsko nieliczne, państwo biedne, ale społeczeństwo bogate. Dobrobyt się przelewał. Z jednej swej komory celnej na granicy Polski, Kwidzynia, Fryderyk II czerpał więcej dochodów, niż przynosiły mu wszystkie pruskie podatki.

Dziwię się, że historycy tak wielkiego formatu, jak prof. Konopczyński, mogą twierdzić, że August III był niepopularny. Był to istotnie człowiek bardzo niemądry, ale Polacy kochali go bardziej niż któregokolwiek innego ze swoich królów. Polska jest w ogóle jak ta piękna i rozumna kobieta, która odrzuca inteligentów, a kocha się w durniach. Jeśli chodzi o Augusta III, to przecież wszystkie patriotyczne konfederacje za czasów Stanisława Augusta życzą sobie powrotu Sasów, jak zwłaszcza konfederacja barska, i przecież nawet Konstytucja 3 Maja, ten najwspanialszy czyn narodu polskiego przed zgonem państwa, ustawowo przywoływała dynastię saską z powrotem na tron. Jakże sprzeczne jest więc tłumaczenie Konopczyńskiego o wzgardzie, którą rzekomo czuło społeczeństwo polskie do Augusta III. Ależ ono go kochało!

Również w sprawie rywalizacji stronnictwa Czartoryskich i Potockich panuje u nas pewna gmatwanina pojęć. Czartoryscy mają niewątpliwie zasługę głoszenia konieczności naprawy ustroju, dążenia, aby sejmy obradowały na podstawie większości głosów, a nie jednomyślności, którą tak ubóstwiano wówczas, a która w praktyce uniemożliwiała rządy państwem. Ale Czartoryscy zdążali do władzy środkami wątpliwej wartości, mianowicie drogą sojuszu z Rosją. Doprowadziło ich to do przywołania wojsk rosyjskich do Polski podczas bezkrólewia po śmierci Augusta III. Tego rodzaju metody zasługują oczywiście na jak największą naganę.

Trzeba także zauważyć, że ówczesna Europa dzieliła się „ideologicznie" — jak byśmy dziś powiedzieli — na dwa obozy. W jednym z nich były państwa protestanckie i schizmatycka Rosja. W drugim były państwa katolickie. Podział ten jest bardzo ogólnikowy, bardzo często powstawały tu zamieszania i nawet wojny pomiędzy państwami jednego obozu, ale samo istnienie chociażby zarysu takich dwóch obozów wystarczało, że partia Potockich, zgodnie z ultrakatolicyzmem, który wtedy w Polsce panował, trzymała się państw katolickich. Współpracując z Rosją partia Czartoryskich łamała solidarność katolicką. Radziwiłłów, którzy od wygaśnięcia linii na Birżach i Dubinkach stawali się coraz namiętniej katolikami, odtrącało to od stronnictwa reformy.

A teraz należy podkreślić rzecz najbardziej istotną. Radziwiłłowie od początku powstania swej rodziny, poetycznie się wyrażając, od gniazda orłów, w którym znaleziony był mały Lizdejko, byli siłą walczącą z Rosją. Reprezentowali siłę wpierw dążącą do niedopuszczenia Rosji do zespołu państw europejskich, potem czynnik broniący wielkiej Litwy i najodleglejszych ruskich ziem Wielkiego Księstwa Litewskiego przed przyłączeniem ich do Rosji, wreszcie niepodległość i niezależność Polski i Litwy od Rosji. Nić polityki antyrosyjskiej wiąże wszystkie pokolenia Radziwiłłów, wiąże konsekwentnie, tylko że oczywiście ta antyrosyjska polityka przybiera najrozmaitsze kształty, zależnie od okoliczności.

Książę „Panie Kochanku" niewątpliwie nie stoi na tym poziomie politycznego, nowoczesnego wyrobienia, jaki posiada sztab stronnictwa „Familii", to jest Czartoryskich. Ale uczucia ks. Karola są bardziej szczere. Są antyrosyjskie i ultrakatolickie. I to sprawia, że w rywalizacji stronnictwa „Familii" z „republikańskim" stronnictwem Potockich chce przeciągnąć szalę na rzecz republikanów.

Nie można się oczywiście zwodzić brzmieniem wyrazów: „stronnictwo republikańskie". Nie ma ono naturalnie nic wspólnego z ideałami, które w czasach, o których mówimy, rodzą się dopiero we Francji i na terytorium, które później będzie stanowić terytorium Stanów Zjednoczonych. Przeciwnie, stronnictwo republikańskie to stronnictwo broniące poglądów zastarzałych, broniące liberum veto i uwielbiające króla Augusta III. Mówiąc porównaniami do czasów obecnych, ówcześni republikanie Potockich była to reakcja, a „Familia" Czartoryskich była partią reform.

Sztab główny „Familii" za czasów Augusta III pracował w sposób następujący. Książę Michał Czartoryski, kanclerz wielki litewski — proponował, był inicjatorem, twórcą koncepcji; książę August, brat jego, wojewoda ruski, wybierał; Konstancja Poniatowska z domu ks. Czartoryska, siostra dwóch poprzednich, decydowała, a Stanisław Poniatowski, jej mąż — wykonywał.

Tak o tym przynajmniej pisze syn Stanisława i Konstancji Poniatowskich, Stanisław Antoni Poniatowski, stolnik litewski, który należy także do kierownictwa stronnictwa „Familii", a którego lepiej znamy jako Stanisława Augusta, ostatniego króla polskiego. Po wyborze na króla zmienił bowiem drugie imię: Antoni, na imię August, co również wskazuje na ówczesną popularność zmarłego Augusta III.

Z jego zapisu wynikało, że rolę pierwszorzędną w kierownictwie „Familii" odgrywała kobieta. Polacy powiadają, że mężczyzna to głowa, a kobieta — szyja, i że głowa się zwraca w tę stronę, w którą szyja ją obróci. Ale Konstancja Poniatowska umarła w roku 1759.

W sierpniu 1762 roku umarł jej mąż, a ojciec przyszłego króla, Stanisław Poniatowski. Żołnierz i przyjaciel Karola XII, opisany przez Woltera, kasztelan krakowski, czyli pierwszy senator Rzeczypospolitej. Kiedy konał, kazał zawołać stolarza i robić mu trumnę w pokoju położonym nad sypialnią, w której leżał. Wsłuchiwał się w odgłosy młotka tego stolarza i kiedy ich słychać nie było, posyłał robotę nad trumną przyśpieszyć. I w tym wsłuchiwaniu się w młotek klecący trumnę, i w tym przyśpieszaniu roboty nad trumną przez ojca ostatniego naszego króla jest coś niezwykle sugestywnego i symbolicznego. Ks. Karol „Panie Kochanku" ściera się ze stolnikiem litewskim Poniatowskim na sejmach w latach 1761 i 1762. Obydwaj są posłami. Poniatowski, przyszły król, jako sejmowy leader stronnictwa „Familii" domaga się usunięcia z liczby posłów Sejmu Brühla, syna wszechwładnego ministra Augusta III, pod pozorem, że Brühl nie ma indygenatu, czyli nie jest szlachcicem polskim. „Panie Kochanku" jako przeciwnik partii Czartoryskich namiętnie tego Brühla broni. Zresztą w swoich pamiętnikach, napisanych długo później, król Stanisław August rzucił wyznanie dotyczące tej sprawy: „Dans le fond il faut convenir que nous n'agissions pas en bon citoyens".

W październiku 1763 r. umiera August III. Władza przechodzi do rąk „interreksa", czyli prymasa, którym jest wówczas Łubieński, dotychczas zwolennik Potockich, ale pod wpływem wymowy wypadków coraz bardziej skłaniający się do „Familii" i orientacji rosyjskiej. Ks. Karol rozpoczyna z miejsca gwałtowną walkę z „Familią" i jej orientacją i pierwszym barwnym epizodem tej walki jest najście na biskupa wileńskiego Massalskiego, zdecydowanego stronnika Czartoryskich.

Radziwiłł, który w tych miesiącach góruje na Litwie, wkracza na czele uzbrojonej kompanii nocą do sypialni biskupa Massalskiego. Biskup jest wystraszony i blady.

— Szukam moich nieprzyjaciół — powiada Radziwiłł.

— Tu ich nie masz — odpowiada biskup.

— Rozsiekamy tego popa — wołają rozbawieni towarzysze „Panie Kochanku".

Radziwiłł jednak mówi:

— Nie. Dobranoc. Proszę o wybaczenie mojej śmiałości.

— To ja przepraszam, żem okazał zdziwienie i zalęknienie — odpowiada biskup.

— Do zobaczenia.

— Bywaj, książę, zdrów.

Cały incydent jest bardzo w stylu „Panie Kochanku". Posunięcie polityczne w humorystycznej sprawie. Podobne posunięcia znajdę później w niektórych inscenizacjach... marszałka Piłsudskiego. Trzeba tu jeszcze dodać, że reputacja biskupa Massalskiego była bardzo zła za jego życia, a po jego śmierci nie znalazł się nikt, kto by chciał tę reputację naprawić i rozpustnego biskupa rehabilitować. Ale zaraz zaczęły się sprawy o wiele ważniejsze. Zebrał się w Warszawie Sejm Konwokacyjny, to znaczy Sejm, który miał przygotować elekcję nowego króla, stronnictwo Czartoryskich zgodziło sie niestety na przywołanie wojsk rosyjskich. Tutaj znów musimy zrobić pewien obrachunek moralno-polityczny. Stronnictwo „Familii" zdobyło sobie większość przy obiorze tego Sejmu i patriotycznie, uczciwie i szlachetnie użyło tej większości dla ograniczenia obłędnej metody jednomyślności, przeprowadziło na Sejmie zasadę, że uchwały w sprawach wojskowych i podatkowych zapadają większością głosów. Było to już dużo, było to bardzo wiele. Ale niestety Warszawa została otoczona kordonem wojsk rosyjskich. Jeśli chorobą Polski było liberum veto, to lekarstwo na tę chorobę użyte przez Czartoryskich, mianowicie przywołanie wojsk potężniejszego od Polski państwa, było trucizną niemalże równie szkodliwą, jak i samo liberum veto.

Nic nie ma dziwnego w tym, że stronnictwo przeciwne „Familii" oburzało się, i zaszczyt przynosi ks. Karolowi, że organizował swe wojska, że chciał sprowadzić 40 tysięcy swego żołnierza pod Warszawę, aby Rosjan wypędzić.

Stronnictwo Potockich chciało Sejm Konwokacyjny zerwać. Tutaj jednak Czartoryskim należy przyznać rację, iż uchwycili się precedensu, iż Sejm Konwokacyjny nie może być zerwany, że zasada liberum veto w stosunku do konwokacji nie działa.

Natomiast Czartoryscy zastosowali prowokację, która sugerowała stronnictwu republikańskiemu, aby Warszawę i Sejm opuściło. Toteż przeciwnicy Czartoryskich w czerwcu 1764 r. wyjechali z Warszawy na czele swych wojsk. Rosjanie mogliby zniszczyć wojskowe siły opozycji, to jest wojsko Potockiego, Branickiego i Karola Radziwiłła, ale nie chcieli tego czynić przez rachuby polityczno-strategiczne. Istotnie z tych wszystkich wojsk tylko jeden „Panie Kochanku" stoczył z Rosjanami bitwę pod Słonimem. Obydwie siostry ks. Karola: Teofila i Weronika brały udział w tej bitwie w charakterze żołnierzy. Wojska radziwiłłowskie zostały przez Rosjan pobite i sam ks. Karol z dworem i niedobitkami wojska ratował się ucieczką do Jass. Było to oparte na przypuszczeniu, że Turcja oraz Austria i Francja będą pomagać Polsce, celem usunięcia króla narzuconego przez Rosję. Polacy zawsze są przekonani, że wszyscy będą im pomagać. Naturalnie, nadzieje te się nie ziściły i „Panie Kochanku" bezskutecznie na pomoc oczekiwał wpierw w Jassach, potem w Pradze Czeskiej, potem wreszcie w Dreznie, czyli ożywiając swe serce wpierw orientacją na Turcję, później na cesarza i Austrię, wreszcie na dwór saski. Z tego wszystkiego nic nie wyszło, prócz tego, że wszędzie był bardzo kurtuazyjnie przyjmowany i ucztowany.

Wreszcie w kwietniu 1767 r. zjawił się w Dreznie młody człowiek, bardzo inteligentny, synowiec króla Stanisława Augusta, ks. Stanisław Poniatowski, i zaproponował ugodę. Ks. Karol bardzo rozsądnie, a moim zdaniem także bardzo patriotycznie, z tej propozycji skorzystał i uznał za króla Stanisława Augusta, którego przecież jeszcze za życia króla poprzedniego tak zawzięcie zwalczał. Wrócił do kraju omijając Warszawę i w początkach czerwca 1767 r. odbył uroczysty wjazd do Wilna. Dopiero był w Ponarach, to jest górzystej miejscowości, skąd jest piękny widok na Wilno, kiedy rozpoczęły się salwy armatnie na jego cześć. Oddano 300 takich salw. Potem w mieście witano go uroczyście: wszystkie cechy miejskie, wszystkie zakony wileńskie, deputacja Żydów itd. witały go z zapałem, pomimo iż biskup Massalski zgrzytał zębami.

Mówiliśmy o dwóch stronnictwach: Potockich i „Familii", aktualnych jeszcze w chwili elekcji Stanisława Augusta na króla. Stronnictwa te ulegały dekompozycji, zmieniały kierowników i nazwy, ale istniały jako dwie orientacje. Stronnictwo Potockich jako orientacja na Francję i Austrię, względnie na Turcję, stronnictwo „Familii" — jako orientacja na Rosję i Prusy. Fryderyk II przysłał Poniatowskiemu order jeszcze przed elekcją na znak, że go popiera. Stronnictwo Potockich urodziło konfederację radomską, a potem barską; stronnictwo „Familii" uległo dekompozycji, ponieważ król pokłócił się ze swoimi wujami. Za czasów skandalicznego procesu Dogrumowej w r. 1785 król i Czartoryscy to dwa skłócone obozy.

Jakże działa prawo epoki, prawo serii! Jakże bliźniaczo są podobne do siebie polska sprawa Dogrumowej i francuska „l'affaire du collier" Marii Antoniny!

Ale wróćmy do roku 1767.

Te dwa stronnictwa, o których powyżej mówiliśmy, były obydwa wykorzystywane przez politykę rosyjską, przez arcyzdolnych dyplomatów rosyjskich w Warszawie — wpierw hr. Kayserlinga, a potem ks. Repnina. Trzeba tu zauważyć, że i w polityce rosyjskiej wobec Polski były dwa kursy. Jeden, reprezentowany przez Panina, dążył do uczynienia z Polski państwa satelickiego, jak byśmy dziś powiedzieli, to znaczy chciał pozostawić Polakom ich granice oparte o Dźwinę i Dniepr i uczynić z nich wieczystego sojusznika. Drugi nurt, inspirowany w Petersburgu przez Berlin, dążył do rozbiorów Polski pomiędzy Rosję a Prusy. Każde z tych państw, a nawet oba razem, reprezentowało mniejsze bogactwa, niż posiadała Polska. Był to więc program podziału między sobą bardzo drogiego sukna.

Ks. Repnin odchylał się od linii Panina i był natarczywie nastrojony wobec Stanisława Augusta. Żądał od niego, aby się wycofał z wszelkich reform ustroju: liberum veto miało nadal paraliżować Polskę, odpowiadało to widokom polityki rosyjskiej. Poza tym ks. Repnin żądał pewnych uprawnień dla schizmatyków i protestantów.

Stanisław August już był pod wpływem haseł tolerancji religijnej. W ogóle był to król epoki filozofów francuskich, król o ideologii francuskiego XVIII wieku, tej samej, której promienie zrodzą konstytucję nowo powstającego państwa amerykańskiego. Żądania jednak Repnina są dla niego niemożliwe ze względu na stan opinii w kraju.

Repnin wobec króla polskiego chce zastosować swoją tresurę. Nie chcesz słuchać mego dyktanda, odwołam się do twoich przeciwników.

Powstaje w czerwcu 1767 r. konfederacja radomska z przeciwników króla, czyli tych, którzy protestowali przeciw elekcji w obecności wojsk rosyjskich... organizowana przez Rosję, przez ks. Repnina.

Niestety, ks. Karol Radziwiłł, który właśnie odbył uroczysty wjazd do Wilna, zostaje powołany na marszałka tej konfederacji, bo nie było wówczas bardziej popularnego w Polsce człowieka i — znowu niestety — wybór ten przyjmuje.

Wynika z tego, że tak jak inni przeciwnicy króla, chciał teraz przeciw królowi grać kartą rosyjską. Wyraźnie nawet w tych czasach powie to królowi, kiedy witając się z nim w Warszawie, odezwie się do niego tymi słowy:

„Ta sama ręka, która Waszą Królewską Mość na tron wprowadziła, mnie tu przywiodła".

Ale radomianie, którzy przyjęli przejściowo ofertę rosyjską, zaraz się z Rosjanami pokłócili. Głównym impulsem były sprawy wyznań. Minęły te wielkie czasy Rzeczypospolitej, kiedy Czarny i Rudy Radziwiłł, Mikołaj Sierotka i Albrycht kanclerz Radziwiłłowie utrzymywali pewną równowagę pomiędzy wyznaniami. Wielka Rzeczpospolita mogła istnieć tylko jako państwo wielonarodowe i kilkuwyznaniowe. Wyobraźmy sobie, że w Szwajcarii dąży do wyłączności element niemiecki albo francuski, albo Gryzoniowie! — Stanisław August musiał się równouprawnieniu wyznań sprzeciwiać ze względów taktycznych; ludzie z konfederacji radomskiej ze względu na demagogię katolicką, która była ich ideologią. Współczesny kronikarz, ks. Kitowicz, echo autentyczne tamtych czasów, ze złością pisze o konfederacji toruńskiej, reprezentującej protestantów polskich:

„Marszałkiem tej konfederacji był Karczewski, obywatel ziemi wschowskiej... Rzecz osobliwa: powracającego z Torunia i nocującego w karczmie, a nazajutrz rano coś pilnego piszącego i nogi gołe pod stół wyciągnione mającego, gęś pod ławą wysiadująca jajca uszczypnęła w nogę, z którego razu w kilka dni umarł w drodze".

Było to oczywiście pocieszające, ale jedna gęś nie zastąpiła sukursu Francji, Niemiec i chociażby Saksonii, na który liczyło antykrólewskie stronnictwo w Polsce.

Konfederacja radomska z antykrólewskiej i ugodowej wobec Rosji przeistoczyła się w konfederację barską, która rozpoczęła wojnę z Rosją.

Romantyzm polski XIX wieku otoczył tę konfederację wieńcem z miłości i chwały. Ja przeciwnie: w swojej książce o Stanisławie Auguście wypowiadam zdanie, że konfederacja barska była bezpośrednią przyczyną rozbiorów Polski. Dawał jej pomoc Ludwik XV francuski, ale pomoc niedostateczną, Saksonia i dwór saski, którego barszczanie byli zwolennikami, była za słaba, a Austria, na którą barszczanie jak na sojusznika, jako na katolików, liczyli, pierwsza perfidnie wystąpiła z inicjatywą pierwszego rozbioru Polski. Toteż pisałem:

„Na Wielkanoc 1772 roku doszła do konfederatów wiadomość o traktacie rozbiorowym. Biły wtedy dzwony na rezurekcję. Rozumniejsi z konfederatów w jęku tych dzwonów usłyszeli: «Waćpanów to wina»".

Ale nie mogę tu całego procesu przeciw konfederacji barskiej wytaczać w tej książce. Nie mogłem jednak pominąć milczeniem swego stanowiska.

Naszkicuję tylko udział ks. Karola Radziwiłła w konfederacji barskiej. Udział ten był niewątpliwie dyktowany jak najbardziej patriotycznymi względami. W październiku 1767 r. zbiera się w Warszawie Sejm, którego marszałkiem zostaje właśnie ks. Karol. W czasie tego Sejmu dochodzi do ekscesów ze strony rosyjskiej: czterej senatorowie polscy zostają z rozkazu ambasadora Repnina porwani i wywiezieni do Rosji. Ks. Karol Radziwiłł protestuje przeciwko temu jak najenergiczniej. Pomiędzy nim a Repninem dochodzi także do scysji z powodu odczytania przez Radziwiłła pisma nuncjusza papieskiego. W dniu 29 lutego 1768 roku zawiązuje się konfederacja, biorąca swe imię od miasteczka, w którym powstała, to jest od Baru. Radziwiłł jest przewidziany na jej marszałka, ale przyjąć tego nie może, bo jest otoczony stale i pilnowany przez Rosjan. Jednak wspomaga pieniężnie konfederację barską i latem 1769 r. wyjeżdża z kraju, by robić starania w interesie konfederacji za granicą. Starania te nie dają żadnego rezultatu i Francja w 1773 roku oficjalnie wycofuje się z dotychczasowego popierania konfederacji. Radziwiłł przenosi znów nadzieję na Turcję, ale tu znów doznaje zawodu.

Ostatni wyczyn „Panie Kochanku" w charakterze konfederata barskiego dotyczy już tej epoki, kiedy konfederaci barscy albo przyjeżdżają do króla, aby się z nim pojednać, albo tułają się po państwach obcych, wypraszając sobie pensje u rządów obcych. Zwykły los wszystkich emigracji. Radziwiłł najdłużej ze wszystkich się nie poddaje i stara się zaszkodzić Katarzynie przez samozwankę, rzekomą księżniczkę Tarakanow.

Polskę rozbijało się przez szlachcica zrywającego Sejm. Do rozbicia władzy centralnej w Rosji trzeba było użyć instrumentu specjalnego, mianowicie — samozwańca. Radziwiłł idzie śladem Polaków wprowadzających w początkach XVII wieku Łżedymitra na tron moskiewski.

Właśnie wtedy, w sierpniu 1774 r., pojawia się na Zawołżu rzekomy Piotr III, w rzeczywistości Kozak jaicki, Pugaczow. Powstaje pożar wielkich rzek. Wołga objęta jest rewolucją, buntem, huraganem. Wojska cesarzowej przechodzą częściowo na stronę buntowników. Wreszcie jeden z generałów cesarzowej bierze do niewoli Pugaczowa. Czytelniczka Woltera i Diderota zapomina o wzniosłych ideałach humanitarnych, odkładając je do chwili bardziej odpowiedniej, a na razie każe wsadzić Pugaczowa do żelaznej klatki, pokazywać go tłumom na zbiegowiskach i później ćwiartować, a głowę wbić na pal, i bardzo się nawet gniewa na kata, gdy obciął wprzód głowę i nie ćwiartował Pugaczowa żywcem.

W tym czasie konfederat barski ze świty Radziwiłła, Domański herbu Laryssa, zakochuje się w osobie, która ciągle zmienia nazwiska. Zaczyna od demokratycznych Funk, potem się nazywa Tremouille, potem hrabina Pinneberg, potem księżna Włodzimierska, Ali Ameta, sułtanka Eleonora. Początki tej pięknej i uroczej pani są bardzo dyskretne. Zrazu mieszka w obskurnym hoteliku paryskim, a spędza noce w innych hotelach. Ale ciągle wkręca się wyżej i wyżej, wreszcie zostaje kochanką księcia Limburgu. Po różnych powikłaniach poznaje Domańskiego, który kocha się w niej na zabój, i wyznaje mu, że jest córką Elżbiety, cesarzowej rosyjskiej, księżniczką Tarakanow.

Prawdziwa księżniczka Tarakanow była istotnie córką Elżbiety i jej morganatycznego męża, Aleksego Razumowskiego. Urodziła się w 1774 r. Elżbieta dla uniknięcia komplikacji państwowych zamknęła ją w klasztorze, a Katarzyna znęcała się nad nią, każąc nawet nabożeństwo odprawiać w jej celi, aby nie miała styczności ze światem. Umarła dopiero w r. 1810.

Teraz Radziwiłł ogłasza, że u niego mieszka Jej Cesarska Mość Elżbieta II, i konfederaci piszą manifesty w jej imieniu do Rosjan. Radziwiłł stara się ją wkręcić Turkom, ale Turcy zawierają pokój z Katarzyną w Kuczuk Kajnardżi. Katarzyna jednak bierze sprawę samozwanki bardzo na serio. Z jej polecenia własny jej kochanek, Orłow Czesmeński, udaje się do Włoch, gdzie rzekoma księżniczka Tarakanow mieszka to z Radziwiłłem, to bez niego, rozkochuje ją w sobie, zaprasza na zwiedzenie swego okrętu w Livorno. Kiedy samozwanka wchodzi na schody okrętowe, muzyka gra hymn cesarski, załoga krzyczy: „urraa". Gdy jednak wstąpiła na pokład, została wtrącona do kajuty-aresztu i popłynęła do więzienia w fortecy św. Piotra i Pawła w Petersburgu.

Kobiecy demon został oczarowany przez fałszywą miłość.

Katarzyna chce za wszelką cenę dowiedzieć się, kim jest ta „nachałka". Podsyła jej popa-spowiednika, który oczywiście jest na usługach policji. Samozwanka modli się szczerze i wyznaje grzechy, ale na pytanie, kim jest, odmawia odpowiedzi. Księciu Golicynowi, który ją bada, powiada, że jest księżniczką perską. Golicyn pyta się jej, czy może napisać coś po persku. „Ależ oczywiście!" Kreśli na papierze jakieś zygzaki — oto to jest po persku, a to po arabsku. Nazajutrz Golicyn wraca. „Moi rzeczoznawcy stwierdzili, że te litery nie są ani perskie, ani arabskie, są to litery nie istniejące. Co to ma znaczyć?" „To znaczy, że pańscy rzeczoznawcy są durnie" — odpowiada uwięziona. W XIX wieku znany był obraz Flawickiego: powódź Newy zalewa księżniczkę Tarakanow. Ona sama stoi na łóżku więziennym, a na to łóżko wskakują olbrzymie szczury, które także chcą się ratować przed wodą. Obraz bardzo sugestywny, ale wylew Newy był w roku 1777, a rzekoma księżniczka Tarakanow zmarła w r. 1775, i nie zalana powodzią, lecz na suchoty. Dotychczas nie wiemy, jak się nazywała.

Lansowanie samozwanki było ostatnią akcją polityczną „Panie Kochanku" na emigracji. Sejmiki obierające posłów na Sejm w 1776 r. w Polsce wszystkie — podobno bez wyjątku — w instrukcjach, które dyktowały swym posłom, żądały, aby ks. Karol Radziwiłł mógł swobodnie wrócić do kraju. Tak olbrzymią wówczas była popularność „Panie Kochanku".

XXI

Pojednanie z królem

Obu tym ludziom historia wyrządziła krzywdy. Księciu Karolowi Radziwiłłowi, przekazując go jedynie i wyłącznie jako hulakę, rozrzucającego swe bogactwa na festyny i uroczystości, w najlepszym razie jako opowiadacza anegdot; królowi Stanisławowi Augustowi wyrządza się krzywdy o wiele większe, przedstawia się go jako złego polityka, złego patriotę, złego Polaka, przyznaje mu się zasługi wyłącznie w dziedzinie sztuki i literatury, robi się z niego bawidamka. O jednym się stale pisze „Panie Kochanku", podkreślając jego rubaszność, o królu pisze się stale „król Staś", pomniejszając go, filigranując, robiąc z niego jakiś bibelot historyczny, a nie polityka, którym był.

Stanisław August miał poważne przygotowanie dyplomatyczne. Uczył się dyplomacji w Paryżu, Londynie, Petersburgu. Szkoła ta pozbawiła go iluzji, że Polskę ratować będą państwa katolickie, jak to myśleli politycy mniej wyrobieni, jak między innymi także Karol Radziwiłł. Nie znaczy to, aby nie miał sympatii do tych państw. Zaraz po objęciu tronu myślał o arcyksiężniczce austriackiej jako żonie, co wskazywało, że nie uchylał się od orientacji austriackiej, a w czasie konfederacji barskiej sam myślał o ucieczce do Francji. Były nawet przygotowane konie i powóz, którymi miał uciekać. Jeśli nie miał takich nadziei, jakie mieli konfederaci barscy, to dlatego, że lepiej od nich znał się na polityce.

Król ten umiał rachować siły polityczne. Stał na czele państwa bogatego, lecz w którym panował nierząd i nie było wojska. Uważał, że do starcia zwycięskiego z Rosją może dojść dopiero wtedy, kiedy Polska będzie miała instrumenty zwycięstwa, to jest rząd i wojsko. Rozpoczynanie wojny z Rosją bez wojska uważał słusznie za drogę do całkowitej klęski, do rozbioru Polski przez Rosję i Prusy, którego możliwość wcześnie przewidywał. Dopóki więc Polska nie miała wojska, Stanisław August chciał grać politycznie na politykę Panina, która zamierzała zostawić nienaruszalność granic Polski w zamian za sojuszniczy do Rosji stosunek. Była to polityka jedynie możliwa, a więc jedynie słuszna.

Tak to wygląda w schemacie, a jeśli chodzi o różne powikłania wynikające z osobistego stosunku króla do Katarzyny II, której był przez pewien czas kochankiem i długo wierzył w to, że u niej nie zagasł sentyment do niego, to odsyłam ciekawych do mojej książki o Stanisławie Auguście. Prawdą jest także, że Stanisław August działał w sytuacji bardzo trudnej, stwarzającej dla niego osobiste poniżenie. W czasie konfederacji barskiej miał naród zbuntowany przeciwko sobie, ambasadorów rosyjskich lekceważących jego osobę i żądających utrzymania w Polsce systemu liberum veto oraz dobro Polski, którą szczerze chciał ratować. W tej chwili wyrwały mu się słowa, które tu powtórzę z szacunkiem i współczuciem:

„J'ai été dans le cas singulier, mais bien horrible de sacrifier l'honneur au devoir".

W czasie dla siebie najgorszym, kiedy miał przeciwko sobie i Rosjan, i konfederację barską, a koło siebie i swoich istotnych intencji oparcia się żądaniom rosyjskim przedłużenia ustroju liberum veto tak dobrze jak nikogo, król się raz załamał i wykrzyknął w Sejmie:

„Przyjdzie, przyjdzie ten czas, gdzie pozostały już ze mnie tylko popiół martwy znajdzie obrońców. Co ten król zrobił, co uczynił? Ale niech sądzą tę sprawę ci, którzy na ten czas żyć będą. Mnie o tym mówić zbyt gorzko. Wolny naród, co chciał, to uczynił, tego już zapomnieć nikomu niepodobna..."

Żaden z Polaków nie był tak oblewany paszkwilami, plotkami, oszczerstwami jak Stanisław August. Nie pozostawiano na nim literalnie suchej nitki. A przecież dbał o dobro państwa w sposób możliwie rozumny i trafny. Toteż nie tylko jako pisarz czy dziennikarz, ale jako w przeszłości polityk rozumiem całą gorycz, która wyrwała się temu człowiekowi, gdy załamany zawołał:

„Przyjdzie, przyjdzie ten czas, kiedy znajdę obrońców, ale to będzie już po mojej śmierci".

Ci, którzy zarzucali Stanisławowi Augustowi ustępliwość wobec Rosji, to znaczy towarzystwo z konfederacji radomskiej, sami wysłali do Katarzyny zgodę na ustępstwa w tych sprawach, co do których Stanisław August się opierał.

Ale znowu powstrzymuję się od wytaczania na tym miejscu procesu historycznego.

Cieszę się, że nie tak dawno uczony francuski, prof. Fabre, w swoim przepięknym dziele: „Stanisław Auguste Poniatowski et l'Europe des Lumières" podjął się obrony Stanisława Augusta przed jego własnymi rodakami. Francuz podkreśla powiązania króla polskiego z francuską osiemnastowieczną szkołą myślenia, z epoką światła.

Poniatowski tkwił w kulturze francuskiej, cudzoziemskiej. „Panie Kochanku" reprezentował sarmackość, tradycję polską. Niepopularność Stanisława Augusta mogła się równać tylko popularności „Panie Kochanku".

W r. 1777 ks. Karol Radziwiłł wrócił do kraju, a dnia 23 czerwca 1778 r. do Nieświeża. Powitanie, które zgotowano mu w kraju, było entuzjastycznie i powszechne. Z powrotem jego łączono ogromne nadzieje. Wszystko to wskazuje, że nie mógł on być tylko awanturnikiem i tylko opowiadaczem anegdot, jakim go nam malują wielcy pisarze polscy: Rzewuski i Chodźko.

W Nieświeżu ks. Karol zajął się organizowaniem wojska, szkoły kadetów, teatru, rozbudowywaniem i przyozdabianiem samego miasta, dźwiganiem gospodarki w swoich dobrach, tak dewastowanych podczas zawieruch lat uprzednich.

W roku 1784 przyjmował ks. Karol w Nieświeżu króla Stanisława Augusta. Znany powieściopisarz polski J.I. Kraszewski opisał to wydarzenie w książce: „Król w Nieświeżu". Wizyta ta obfitowała w niesłychaną ilość festynów, polowań, fajerwerków, przedstawień teatralnych, mówionych i śpiewanych, nie mówiąc już o ucztach i wspaniałych prezentach na rzecz króla. Chyba nic w Europie nie mogło się wtedy równać co do wspaniałości tego przyjęcia. Toteż Kraszewski i inni pisarze polscy zajmują się tą wizytą od tej dekoracyjnej strony. Spróbujmy spojrzeć na nią głębiej. Król we fraku, pełen umiłowań do francuszczyzny — Radziwiłł w kontuszu, zakochany w tradycji, nazwijmy ją nawet tradycją zaściankową lub o zaściankowych tendencjach, w każdym razie reprezentant sarmackiego konserwatyzmu. Ale to już rok 1785, a wiemy, że trzy lata później, już w pierwszym roku Sejmu nazwanego Wielkim, nastąpiło pojednanie francuskich idei i kultury światła z polskim sarmatyzmem, pojednanie ludzi we frakach z ludźmi w kontuszach. Sejm Wielki i Konstytucja 3 Maja, oto są rzeczy wspaniałe i chwalebne, które Polska słusznie może przeciwstawić oskarżeniom o anarchię i niepatriotyczną zawziętość w walce stronnictw. Sejm Wielki obrany w 1788 r. pogodził wszystkie polskie stronnictwa, pogodził sarmatów z wolnomyślicielami. Zrzucono fraki, ubrano się w kontusze, pięknemu księciu Sapieże inna piękna księżna obcięła loki i on podgolił łeb i przybrał kontusz według staroświeckiej mody. Ale za to Konstytucja uchwalona 3 maja 1791 r., w dniu słusznie potem uważanym za polskie święto narodowe, zniosła staropolskie obłędne instytucje, jak liberum veto, jednomyślność w obradowaniu, prawo zrywania trybunałów i sejmików, zniosła nawet elekcję monarchy, czyli usunęła instytucję, która męczyła i osłabiała państwo od lat trzystu. To były ustępstwa na rzecz ludzi światła. Przywołanie z powrotem na tron dynastii saskiej było niewątpliwie ustępstwem na rzecz sarmatyzmu.

Głównym inicjatorem Konstytucji 3 Maja był Stanisław August. Konstytucja 3 Maja była najsłuszniejszą reformą prawną w Polsce. Ale politycznie była źle przygotowana, bo oto w następnym, 1792 roku wojska rosyjskie wkraczają do Polski, rozbijają nie przygotowaną jeszcze do takiego starcia, budowaną przez Sejm Wielki armię polską i niweczą Konstytucję 3 Maja.

Sejm Wielki mógł rozpocząć swe dzieło reform z powodu chwilowego osłabienia Rosji z powodu, iż Katarzyna miała gdzie indziej ręce zajęte, że prowadziła wojnę z Turcją i Szwecją i że nie stać ją było na jednoczesną wojnę z Polską. Sejm Wielki zabezpieczył się układem o wzajemnej pomocy z Prusami w marcu 1790 r. Był to ze strony Prus fragment większego planu politycznego, ale Stanisław August jest słusznie temu paktowi z Prusami przeciwny. Boi się, że podziała on na Rosję w sposób prowokacyjny, a Prusy nas zdradzą i podzielą się z Rosją państwem polskim, tak jak dawno o tym zamyślały. Stanisław August miał niewątpliwie większy zmysł rzeczywistości politycznej od entuzjastycznych twórców Konstytucji 3 Maja — istotnie w wojnie 1792 r. Prusy nas cynicznie zdradziły i nastąpił drugi rozbiór Polski. Na traktacie z Prusami z 1790 r. Polska wyszła zupełnie w taki sam sposób jak na gwarancjach angielskich z marca 1939 r. — w obu wypadkach spowodowało to klęskę i śmierć państwa.

W 1794 r. wybuchło w Polsce powstanie kościuszkowskie. Było ono zwrócone przeciwko Rosji i Prusom jednocześnie. Ta wojna na dwa fronty nie mogła oczywiście nic innego spowodować prócz klęski. Toteż w 1795 r. Polska została podzielona pomiędzy schizmatycką Rosję, protestanckie Prusy i... katolicką Austrię.

Ks. Karol Radziwiłł „Panie Kochanku" umarł w Białej w swoim zamku w roku 1790. Przed śmiercią postradał wzrok, ale bardzo się cieszył z narodowego pojednania na Sejmie Wielkim. Nie tak długo przed śmiercią chował uroczyście swego brata, z wielką pompą, jak to było w jego obyczajach, i po tym pogrzebie odezwał się smutno: „Ja to po chrześcijańsku grzebię brata, a mnie, Panie Kochanku, kto wie, jak ludzie zakopią". I nie mylił się w tym zdaniu. Jego pogrzeb w grobach rodzinnych w Nieświeżu nastąpił dopiero w r. 1840, pięćdziesiąt lat po śmierci.

XXII

Wstęp do XIX wieku

Jesteśmy już w pobliżu i zaraz wstępujemy do XIX wieku. Po zmarłym w 1790 r. ks. Karolu Radziwille „Panie Kochanku", wojewodzie wileńskim, olbrzymią fortunę dziedziczy syn jego przyrodniego brata, Hieronima. Jest to ks. Dominik, którego matką była księżniczka niemiecka Thurn und Taxis, co pobudzało „Panie Kochanku" do stękania, że jego następca jest synem „taksicy". Ks. Dominik miał wtedy cztery lata, a kiedy podrósł, wzorował się na trybie życia ubóstwianego wtedy przez Polaków księcia Pepi, to jest Józefa Poniatowskiego, synowca ostatniego króla polskiego, który w swoim pałacu, w Jabłonnie pod Warszawą, prowadził życie pełne hulanek, kobiet i kart. Aby ustatkować ks. Dominika, ożeniono go z hr. Mniszkówną, ale oto w początkach 1807 r. ma miejsce ślub niejakiego hr. Starzeńskiego z panną Morawską, córką ciotki ks. Dominika, tej właśnie, która jako panna i siostra „Panie Kochanku" walczyła z Rosjanami pod Słonimiem u boku podrzędnego oficera radziwiłłowskiego, Morawskiego, a potem musiała gwałtownie wyjść za niego za mąż, ku zdumieniu i zgorszeniu wielu osób. Ks. Dominik przyjeżdża na ślub tej swojej siostry ciotecznej, która po matce ma na imię Teofila, prowadzi ją do ołtarza czy też do weselnego stołu, siada przy niej i w czasie jedzenia i picia toastów na rzecz młodej pary, nowo zaślubionych państwa Starzeńskich, dochodzi z nią do porozumienia. W pewnej chwili wstaje od stołu, dyskretnie schodzi do swej karety, po chwili wstaje także ona, wymyka się do tejże karety i w czasie, kiedy tam są dopijane ślubne toasty, uciekają daleko. Wyjeżdżają natychmiast do Austrii. Tam, w Grazu, wśród pięknego górskiego krajobrazu, rodzi się im synek w dniu 29 lutego 1808 r., akurat w dziewięć miesięcy po ślubie matki ze Starzeńskim. Ks. Dominik od razu zgłasza uznanie małego Aleksandra-Dominika za swego syna, ale — ileż przeszkód prawa kanonicznego i cywilnego. Ona jest jego bliską kuzynką, należało mieć dyspensę na taki związek. To zresztą najmniejsza, ale oto on ma żonę, z którą nie ma ani rozwodu, ani separacji, i ona ma męża, z którym również nie ma ani separacji, ani rozwodu. Toteż młody Aleksander- -Dominik dopiero w 1822 roku, po długich staraniach, jakimś cudem był uznany za Radziwiłła w Austrii, natomiast nigdy mu tego nazwiska i tytułu książęcego nie przyznały bardziej rygorystyczne sądy cesarstwa rosyjskiego. Próbowano to tłumaczyć względami politycznymi, tym, że ks. Dominik był oficerem napoleońskim i gorącym patriotą polskim, ale wybitni prawnicy, którzy tę sprawę mieli okazję badać szczegółowo (pp. Maksymilian Maliński i Marian Strumiłło, adwokaci cywilni), opowiedzieli mi szczegółowo cały przebieg postępowania sądowego twierdząc, że chodziło tu li tylko o względy prawne. Przecież córkę tegoż ks. Dominika, księżniczkę Stefanię, urodzoną już po uzyskaniu rozwodów i odpowiednich dyspens, te same sądy uznały za dziedziczkę dóbr aloidalnych radziwiłłowskich, a były to dobra olbrzymie. Ks. Stefania wyszła potem za niemieckiego księcia Wittgensteina, a jej córka znowu za księcia Hohenlohe, stąd Werki pod Wilnem, miejsce powstania rodziny Radziwiłłów, stały się majętnością Hohenlohe. Natomiast ordynacje przeszły na ks. Antoniego Radziwiłła, dalekiego kuzyna ks. Dominika. Obydwaj mieli wspólnego przodka dopiero w osobie Aleksandra Ludwika, który umarł w roku 1654, a był synem ks. Sierotki, założyciela Nieświeża.

Trzeci rozbiór Polski ma miejsce w 1795 r. i z początkiem XIX wieku zaczynają się usiłowania patriotów polskich o uzyskanie polepszenia losu Ojczyzny, usiłowania mające rozmaity charakter. Jak wiadomo, gwiazda Napoleona ściąga ludzi z Polski, powstają Legiony Polskie, Polacy biją się w nich, marząc, że w ten sposób odzyskają Ojczyznę, że Napoleon po załatwieniu różnych swoich spraw, przez wdzięczność dla Polaków, wywojuje im z powrotem wolną Ojczyznę. Wyrażała to pieśń legionistów, która po dziś dzień jest hymnem narodowym polskim. „Nauczył nas Bonaparte, jak wojować mamy" — brzmi jedna zwrotka w tym hymnie. Podobne uczucia mieli ci żołnierze polscy, którzy pod dowództwem generała Andersa bili się i umierali pod Monte Cassino. Inni jednak Polacy, jak na przykład ks. Adam Czartoryski, liczyli na Rosję, na cesarza Aleksandra, wierzyli, że Polskę z powrotem zjednoczy. Nikt w Polsce na ks. Adama Czartoryskiego kamieniem u nas nie rzuca ze względu na tego rodzaju politykę. Ale Polaków zawiódł Bonaparte, zawiódł też cesarz Aleksander I.

Rzecz szczególna. Czartoryscy w XVIII wieku orientowali się przez dłuższy czas na Rosję i teraz Czartoryski uprawia orientację rosyjską dla odzyskania Polski, tak jak starsi jego krewni uprawiali ją dla zachowania Polski. Natomiast Radziwiłłowie byli zawsze antyrosyjscy, od kiedy ta rodzina powstała, i teraz Dominik Radziwiłł w 1811 r., mając zaledwie lat 26, porzuca żonę, nieprawego syna i prawą córeczkę, za swoje pieniądze wystawia pułk ułanów i idzie za Napoleonem, wierząc, że zwróci mu Polskę. Jego bohaterstwo na polu bitwy jest wspaniałe. Sam Napoleon mówi o nim z pochwałami, a księżniczka Ludwika Pruska w swoich pamiętnikach pisze, że karta służbowa ks. Dominika zawierała następujące określenie: „Najbardziej waleczny i najbardziej odważny ze wszystkich Polaków".

Kiedy gaśnie gwiazda Napoleona, ks. Dominik nie opuszcza go. Również ks. Józefa Poniatowskiego namawia ks. Adam Czartoryski, aby przyjął orientację rosyjską ze względu na to, iż Polska nie może już liczyć na Napoleona. Ks. Józef jednak odmówił, poszedł dalej za Napoleonem i zginął w bitwie pod Lipskiem. Ks. Dominik, gdy mu doradzano powrót do Nieświeża, powiedział: „Moje miejsce jest na czele mego pułku, a nie w Nieświeżu". Poległ bohatersko w bitwie pod Hanau w 1813 r.

Ks. Antoni, który teraz dziedziczy ordynację nieświeską i ołycką, jest synem Michała, ostatniego wojewody wileńskiego, starszym bratem Michała, przyszłego wodza naczelnego powstania polskiego przeciwko Rosji, tak zwanego powstania listopadowego, które wybuchło w listopadzie 1830 r., w dniu 17 marca 1796 roku wziął ślub z księżniczką Ludwiką Pruską, córką Ferdynanda, najmłodszego z braci króla Fryderyka II, zwanego Wielkim, tego, który w historii Prus odegrał tę samą rolę, którą w historii Rosji odegrał Piotr Wielki. Zwróćmy uwagę na datę tego ślubu, przecież to są czasy trzeciego rozbioru Polski, największej naszej narodowej tragedii. Co prawda łatwo sobie wyobrazić chęć księżniczki Ludwiki wyjścia za mąż za ks. Antoniego, bo sądząc z jego portretu był to wyjątkowo przystojny chłopak, ale małżeństwa wśród rodzin panujących miały wówczas zawsze jakiś podtekst polityczny.

Wyjaśniając polityczną genezę tego małżeństwa, z zawarcia którego cieszy się bardzo zarówno ówczesny król Fryderyk Wilhelm II, jak i rodzice panny młodej, musimy zwrócić uwagę na osobę księcia Henryka Pruskiego, jej stryja.

Był on bratem Fryderyka Wielkiego i za jego czasów jeździł do Petersburga i tam sugerował rozbiory Polski. Powtórzmy raz jeszcze, że Rosja Katarzyny II miała dwie koncepcje w sprawie polskiej: albo Polska nienaruszalna w swoich granicach, lecz „satelitka" polityczna państwa rosyjskiego, albo rozbiory Polski. Stanisław August robił, co mógł, aby jak najdłużej utrzymać Rosję przy pierwszej koncepcji, bo w ten sposób chciał wygrać na czasie i zapewnić Polsce rząd i wojsko. Stanisław August jak najbardziej się obawiał, aby pomysły ks. Henryka nie wzięły góry nad Newą.

Innymi słowy ks. Henryk w polskich oczach był najgorszym naszym wrogiem. Teraz jednak, kiedy Polski już nie ma, ale najbardziej stare jej prowincje, bo cała Wielkopolska i Mazowsze, przypadły w udziale Prusom, książę Henryk przemyśliwa o tym, że jednak Prusy tak dużego terytorium nie potrafią przy sobie utrzymać wbrew Polakom. Książę Henryk był przecież bratem rodzonym Fryderyka II, więc nie dziwi to nas, że to był człowiek inteligentny, który rozumiał, że historii nie da się zamrozić w jednym punkcie, że nie da się z narodu o wielkiej mocarstwowej tradycji uczynić z miejsca przykładnych, posłusznych i bezkrytycznych poddanych. Toteż w głowie ks. Henryka pulsują różne teorie na polskie tematy. Jedną z nich jest niewątpliwie odtworzenie niepodległego państwa polskiego z nim, księciem Henrykiem, jako królem. Być może, że czasami przechodziły mu przez głowę myśli, że tym polskim królem mógłby być także ów ks. Antoni Radziwiłł, który stał się członkiem pruskiej rodziny królewskiej.

W każdym razie inicjatywa małżeństwa ks. Antoniego Radziwiłła z księżniczką wyszła od ks. Henryka. Czy ks. Henryk był osobą poważną i o ile poważną? — nie wiem. Rysunek ks. Antoniego przedstawiający go budzi w nas pewne wątpliwości, czy istotnie zawsze był brany poważnie przez najbliższych.

W pierwszych latach małżeństwa ks. Antoniego i wynikłej stąd jego bliskości z królewską rodziną pruską ks. Henryk wyraźnie chce wyzyskać młodziutkiego ks. Antoniego dla jakiejś swej gry w sprawie polskiej. W każdym razie w r. 1798, w drugim roku pożycia małżeńskiego ks. Antoniego, korespondencja jego zostaje przyaresztowana i w jego domu odbywa się rewizja. Oburza to niesłychanie rodziców księżny Ludwiki, a jeszcze bardziej rozwścieczony jest właśnie ks. Henryk, bo to w porozumieniu z nim ks. Antoni pisał pewne listy do generała Woyczyńskiego, które to gdzieś zostały przyłapane i były powodem do rewizji. Oburzenie zwraca się przeciwko nowemu królowi pruskiemu Fryderykowi Wilhelmowi III, który też osobiście przeprasza wpierw rodziców Ludwiki, a potem samego księcia Antoniego, któremu ściska rękę ze słowami: „No, niechże wszystko będzie zapomniane".

Ten nowy król, panujący od listopada 1797 r., był o tyle rygorystyczny i sztywny, o ile jego poprzednik, Fryderyk Wilhelm II, był lekkomyślny w sprawach erotyczno-osobistych. Właśnie pamiętniki ks. Ludwiki Pruskiej Radziwiłłowej są doskonałym dokumentem ilustrującym te czasy, a zwłaszcza stosunki na dworze pruskim. W ogóle są to pamiętniki nadzwyczajne. Jaka szkoda, że rozpoczęte opowiadaniem o r. 1770, kończą się już w 1815, podczas kiedy autorka żyła jeszcze do roku 1836. Zawierają one mnóstwo inteligentnych obserwacji i musi się z nimi liczyć każdy poważny historyk Prus i Polski. Pierwsza ich cecha polega na tym, że są pisane po francusku. Używanie pewnego języka oznacza jednocześnie asymilację kultury tego języka, otóż kultura francuska w XVIII wieku jest kulturą Fryderyka II i wszystkich światłych ludzi w Europie w tamtych czasach. To światłe, trzeźwe, realistyczne spojrzenie na świat, które w swych pamiętnikach ujawnia ks. Ludwika, wypływa z kultury francuskiej. W pierwszych latach swego pamiętnika, który z czasem doszedł do nas w postaci dziennika, a więc materiału historycznego jeszcze bardziej cennego niż pamiętnik, zajmuje się ona może zbyt dużo różnymi plotkami na temat kochanek Fryderyka Wilhelma II i różnych skandalików, potem, za czasów ucieczki króla Fryderyka Wilhelma III do Kłajpedy, traktatu tylżyckiego i jeszcze późniejszych wojen napoleońskich, księżna Ludwika ujawnia uczucia bardzo głębokie. Nie wypowiada żadnej ideologii, poprzestaje na obserwacjach, lecz są one bardzo ciekawe. Aleksander I składał jej wizyty. Czytając jej wspomnienia nie możemy się oprzeć wrażeniu, że musiała być bardzo wpływowym członkiem rodziny, z którego zdaniem cała rodzina królewska się liczyła. Pisuje na przykład bezpośrednio listy do Napoleona. Widać, że wszyscy chcą ją mieć po swej stronie w ówczesnych rozgrywkach politycznych, w których przecież chodziło o to, jak wyglądać będzie oblicze Europy.

Przyjemnie jest czytać zwierzenia osoby, która osobiście rozmawiała z Napoleonem, Aleksandrem I i była najbliższą kuzynką króla pruskiego. Z tych trzech Napoleon ma oczywiście najwięcej siły woli, Aleksander najwięcej hamletyzmu, Fryderyk Wilhelm III jest upokorzony, że on, drugi następca na tronie Prus po Fryderyku Wielkim, tak mało znaczy w tej Europie i tak musi się stosować do cudzej woli. Księżna Ludwika pozostała Prusaczką, a jeszcze bardziej pozostała członkiem królewskiej rodziny pruskiej. Po tej stronie są jej sentymenty i ambicje. A jednak wobec Polski i Polaków stara się być jak najbardziej lojalna, a rodzinę swego męża stara się polubić i zrozumieć. Pierwsze przychodzi jej z łatwością, drugie cokolwiek trudniej. Zachwyca się nawet Czartoryskimi, kiedy prześliczna Aniela, siostra jej męża, wychodzi za mąż za ks. Konstantego Czartoryskiego. Ma sympatie dla powstania kościuszkowskiego. Pisze, że udział wojsk pruskich w tej wojnie wydał jej się być mało chwalebny. Kiedy odwiedza Polskę pisze te zdania, które cechują człowieka chcącego ugody z Polakami:

„Kiedy powstała kwestia administracji tego kraju, postanowiono wszystkie urzędy obsadzić Niemcami. Ministrowie skorzystali z tej okazji, aby się pozbyć urzędników najgorszych w swoich resortach. Było to wielkim błędem.

Zamiast zaszczepić Polakom jakiekolwiek przywiązanie do nowych rządów, zrobiono ich nieczułymi nawet dla rzeczy dobrych, a to przez zachowanie się obrzydliwe tych, którym król zlecił administrację kraju. Byłoby może łatwo zjednać sobie Polaków i nie można zrozumieć, jakie zaślepienie powodowało, że odrzucało się środki skuteczne.

Zdaje się, że winę tu ponosi ostatecznie król. Wytłumaczono królowi, że trzeba «denacjonalizować» Polaków, przynajmniej to określenie słyszało się często. Absurd ten oburzał wszystkich ludzi rozsądnych".

Widzimy więc, że księżna Ludwika odgrywa w tych słowach rolę opozycyjnie nastrojonego członka dynastii. Takie objawy istniały zawsze we wszystkich rodzinach monarszych. Jakże zawzięcie był krytykowany cesarz Mikołaj II przez wielkich książąt.

Pomimo że księżna Ludwika była Prusaczką, jej dzieci stały się już Polakami. Ślub jej z Radziwiłłem pobłogosławiony został przez ks. Malczewskiego, kanonika poznańskiego — wszystkie dzieci, zarówno synowie, jak i córki, zostały katolikami. Pomimo lojalności księżnej Ludwiki widać, że były pomiędzy nią a rodziną Radziwiłłów pewne tarcia polityczne.

Z dziennika księżnej Ludwiki wynika także, że pruska rodzina królewska była o wiele bardziej oszczędna aniżeli Radziwiłłowie czy też po prostu miała mniej pieniędzy. Brat księżnej Ludwiki otrzymuje jako zaopatrzenie 600 dukatów rocznie — ks. Dominik, jej mąż, otrzymuje od ojca rocznie 30 tysięcy dukatów. Różnica niemała! Tak się złożyło, że prezydia Rady Ministrów w Warszawie i w Berlinie mieszczą się w dawnych pałacach Radziwiłłowskich. Prezydium Rady Ministrów w Warszawie na Krakowskim Przedmieściu to dawny pałac Radziwiłłowski, jeszcze z XVIII wieku. Urząd kanclerski w Berlinie to dawny pałac Radziwiłłowski, na froncie którego widniał nawet napis po francusku: „Hotel Radziwill". Pałacem kanclerskiego urzędu został dopiero w 1875 r., za czasów Bismarcka. Michał, wojewoda wileński, kupił go dla syna, żeniącego się z Ludwiką Pruską, jako prezent ślubny od hrabiny Denhoff, o której sporo wiadomości czytamy we wspomnieniach tejże księżnej Ludwiki. Była ona kochanką króla Fryderyka Wilhelma, który miał w ogóle bardzo dużo kochanek, ale ponieważ żona króla, Fryderyka-Ludwika, zrobiła jej scenę, więc wymogła na królu, aby się z nią ożenił. Król to uczynił, bez rozwodu z pierwszą żoną. Świadkami tego dwużeństwa byli szambelanowie królowej: von Doernberg i de Verdy, co oburza autorkę pamiętników, trzeba przyznać, że słusznie. Potem hrabina Denhoff zażądała od króla, aby zmienił swą politykę w stosunku do Francuzów i Austriaków, a gdy odmówił, porzuciła go i wyjechała z Berlina. Potem się jednak rozmyśliła i chcąc zrobić królowi niespodziankę, wróciła cichaczem do Berlina i nagle się u niego pojawiła, zastając go w towarzystwie dwóch innych jego kochanek. Ponieważ dla nadania scenie pojednania więcej czułości zabrała z sobą dzieci, więc teraz oburzona rzuciła je w stronę króla, a sama znów wyjechała. Król oddał te swoje i pani Denhoff dzieci na wychowanie jeszcze innej swej kochance.

Ks. Antoni Radziwiłł był przyjacielem Goethego. Skomponował nawet muzykę do „Fausta". Goethe w liście do Knoebla, pisanym w r. 1814, nazywa ks. Antoniego „pierwszym i jedynym trubadurem, którego znałem". To świadectwo największego z poetów niemieckich jest niewątpliwie interesujące i nie można nad nim przejść do porządku dziennego. W r. 1815, w dniu 22 kwietnia, ks. Antoni Radziwiłł zostaje mianowany namiestnikiem Wielkiego Księstwa Poznańskiego. Jest to gest uczyniony przez króla i rząd pruski, celem przypodobania się Polakom. Pomimo jednak że żoną jego była księżniczka pruska, ks. Antoni dostał dymisję w roku 1828, jako człowiek nie budzący dostatecznego zaufania na tym stanowisku. Dwa lata później brat jego, Michał, zostanie wodzem naczelnym w wojnie Polaków przeciw Rosjanom. Namiestnictwo ks. Antoniego było także wyrazem antyrosyjskiej polityki radziwiłłowskiej, o tyle tajnym, że olbrzymie ich dobra były wtedy w granicach cesarstwa rosyjskiego i że konfiskata tych dóbr byłaby stratą nie tylko majątkową i nie tylko rodzinną, lecz wielką stratą dla polskości w ogóle.

XXIII

Honor Polaków

Kwitnie w początkach XIX wieku wszelkiego rodzaju piśmiennictwo pamiętników, dzienników podróży poświęconych plotkom osobistym, sprawom erotycznym pomieszanym z politycznymi i innego rodzaju zachwytem. Arkadia koło Nieborowa wzbudza zachwyty bodajże największe. Najrozmaitsze znakomitości, między innymi cesarzowa rosyjska, matka Aleksandra I, specjalnie przyjeżdżają do Nieborowa, aby to cudo obejrzeć. Nieborów należy do rodziców ks. Antoniego, męża Ludwiki Pruskiej, o której przed chwilą pisaliśmy, a przed drugą wojną światową należał do ks. Janusza Radziwiłła, o którym pisać będziemy. Twórczynią Arkadii była matka ks. Antoniego, Helena z Przeździeckich. Był to zbiór wszelkich rzeczy wspaniałych: obrazów, rzeźb, posągów przywiezionych z Grecji, wzniosłych sentencji, drogich tkanin. Klucz do wejścia do tej świątyni był złoty, cały w brylantach, i księżna Helena nosiła go zawsze z sobą. Czy ta Arkadia była istotnie tak piękna? — Jak powiadam, wszyscy ludzie ówcześni pieją zachwyty na jej cześć. Co do mnie, to nie bardzo wierzę w piękno zbierane z różnych epok. Każda sztuka jest dla mnie wtedy piękną, jeśli wyrasta ze swej epoki i reprezentuje swoją epokę w sposób możliwie prosty i wyrazisty. Natomiast w epoce, o której mówię, rozpowszechnia się w Europie naśladowanie epok minionych. To się nigdy nie udaje. Pod wpływem romantyzmu w pierwszej połowie XIX wieku umieli lordowie angielscy przebudować swe średniowieczne zamki, aby jeszcze bardziej średniowiecznie, jeszcze bardziej gotycko wyglądały. Dziś te wszystkie usiłowania już się nam nie podobają. Może by tak samo było z Arkadią, gdyby nie to, że została zburzona doszczętnie po powstaniu listopadowym.

Widzimy jednak, że matka ks. Antoniego Radziwiłła była osobą o zamiłowaniach artystycznych, które on po niej odziedziczył. W r.

1819 dwór królewski pruski robi mu przyjemną niespodziankę. Oto w Montbijou pod Berlinem wystawia kilka odsłon z jego opery „Faust". Syn wielkiego Goethego, August, został na to przedstawienie zaproszony, aby zdać relację ojcu. Ten „Faust" budzi taki podziw, że w następnym roku wystawiony został już w Berlinie. Jest to właśnie dzień urodzin księżnej Ludwiki Pruskiej Radziwiłłowej, śpiewają najlepsi aktorzy, całe eleganckie towarzystwo berlińskie rozchwytuje oczywiście bilety, przyjaciel Goethego Zelter pisze entuzjastyczne sprawozdanie do mędrca w Weimarze. Powszechne ożywienie przerywa tylko wypadek. Oto urządzone są górki śnieżne dla zjeżdżania z nich sankami. Sanki jednego z Radziwiłłów wywracają sanki króla, ten mdleje, odwożą go do łóżka i przez dni lekarze są niepewni jego życia.

Ks. Antoni nie tylko zna wszystkich wielkich muzyków w Europie, ale interesuje się młodymi talentami. Fryderyk Chopin ma wtedy lat dziewiętnaście, ks. Antoni zaprasza go do swego Antonina. Jest to pałac wybudowany wśród lasów w hrabstwie Przygodzickim w Poznańskiem, śliczna rezydencja wypoczynkowa. Jest późna jesień 1829 r. Ks. Antoni od roku przestał być namiestnikiem Wielkiego Księstwa Poznańskiego z powodu, jak wiemy, swej polityki wobec Polaków, która nie budziła zaufania rządu pruskiego, stosunki między nim a rodziną królewską w Berlinie nieco ochłodły, a to z następującego powodu. Księstwo Antoniostwo mieli trzy córki. O losie najstarszej, Lulu, opowiada ks. Ludwika w swoich pamiętnikach historię żałosną. Dziecko to uległo oparzeniu, ponieważ wywrócił się na nią samowar, czyli przedmiot dziś używany tylko w Rosji, ozdoba eleganckich sal jadalnych. W kilka miesięcy po tym wypadku, dnia 2 kwietnia 1808 r., dziewczynka zapytała matki, czy widzi anioła na dużym zegarze. Wyjaśniła także, że anioł jest na godzinie drugiej minut trzydzieści. Nazajutrz Lulu umarła właśnie o pół do trzeciej. Księżna Ludwika, osoba daleka od mistycyzmu, bardzo rzewnie to zapisuje, ten nadzwyczajny zbieg okoliczności.

Następną córką księstwa Antoniostwa była Eliza i ona była przyczyną chłodu w rodzinie. Zakochał się w niej Wilhelm, ten sam, którego Bismarck później w zwierciadlanej sali pałacu wersalskiego ogłosi cesarzem zjednoczonych Niemiec. Były to jednak już czasy, kiedy król i rząd pruski wyrzekł się wszelkiej rywalizacji z Rosją o sympatię Polaków. Przeciwnie, obawiano się w czymkolwiek narazić dworowi nad Newą. Rząd pruski nie podzielał więc radości Fryderyka Wilhelma II z powodu małżeństwa ks. Ludwiki z ks. Antonim Radziwiłłem i zgłosił swoje weto. Małżeństwo nie doszło do skutku.

Swoją drogą dziwnymi drogami chadza miłość. Wilhelm I pozostanie w historii jako reakcjonista, który nienawidził liberalizmu, który popierał Bismarcka właśnie jako konserwatystę. Znamy go raczej jako oficera pełnego poczucia obowiązku. Tymczasem księżniczka Eliza była osobą kochającą muzykę, wiersze, deklamującą Mickiewicza, bardzo ładnie rysującą, jednym słowem dziewczyną, która po babce i po ojcu odziedziczyła zamiłowania artystyczne, zapatrywania liberalne. Jakież prawo kontrastu działało na ówczesnego księcia Wilhelma?

Kiedy Chopin przyjeżdża do Antonina, narzeczeństwo się już rozwiało, natomiast Chopin ulega urokowi obu księżniczek: i starszej Elizy, i młodszej Wandy. Stoją przy fortepianie, jak improwizuje, zachwycają się jego muzyką, rozmawiają z nim całymi dniami. Chopin czuje czasami ciepło ich rączek na swojej ręce. Pobyt Chopina w Antoninie uwiecznił światowej sławy malarz Henryk Siemiradzki w swoim typowo dziewiętnastowiecznym malowidle przedstawiającym Chopina koncertującego wobec rodziny Radziwiłłów.

Księżniczka Wanda będzie później żoną Adama Czartoryskiego, byłego ministra spraw zagranicznych Aleksandra I, a później prezesa rządu powstańczego w 1830 r. Czartoryscy reprezentowali orientację na Rosję, Radziwiłłowie dotychczas zawsze antyrosyjską. W r. 1830, kiedy Czartoryski jest prezesem rządu powstańczego, ks. Michał Radziwiłł, rodzony brat ks. Antoniego, będzie wodzem naczelnym tego powstania. Orientacje się wyrównały, klęska Polski była straszna.

Chopin wyjedzie z kraju w listopadzie 1830 r. i zaraz po jego wyjeździe wybuchło powstanie. Stłumienie jego pod względem wojskowym nie było dla Rosji rzeczą łatwą, była to raczej trudna i ciężka wojna, ale widoków na zwycięstwo Polaków nie było żadnych.

Autor tej pracy był kiedyś sekretarzem komisji, która ułożyła dla Polski konstytucję 1935 r. Gdybym jeszcze — co zresztą jest niemożliwe — układał jakąś konstytucję, to bym żądał umieszczenia w niej artykułu następującego: „Minister spraw zagranicznych dopuszczający do wojny zakończonej klęską ulega karze śmierci; wódz naczelny podejmujący się dowodzenia wojskami w wojnie zakończonej klęską ulega karze śmierci".

Doświadczenia historyczne Polaków wskazują, że taki artykuł w konstytucji jest konieczny.

Nie będę więc bronił rozpoczęcia powstania w 1830 r., chcę tylko wyjaśnić jego genezę, jego przyczynę.

Był nią: honor.

Powstanie wywołał jeden człowiek, który naród polski upokarzał i lżył.

Aby ten dramat historyczny jeszcze bardziej uczynić niesamowitym, dodajmy do powyższego jeszcze jedno stwierdzenie:

Człowiek, który obrażał honor Polaków w tak dotkliwy sposób, że aż spowodował wojnę polsko-rosyjską, kochał Polaków.

I jeszcze jedno stwierdzenie koszmarne:

Polacy wiedzieli, że on ich kocha.

Mowa tu jest o wielkim księciu Konstantym, który nie będąc oficjalnie namiestnikiem Królestwa Polskiego, de facto zastępował cesarza w Warszawie i ze swej władzy korzystał na sposób rosyjski, to jest nie licząc się z żadnym prawem.

Jak wiadomo w r. 1815 na Kongresie Wiedeńskim podzielono znów Polskę, przy tym pewna część dawnego zaboru pruskiego i pewna część zaboru austriackiego oddana została Aleksandrowi I, który proklamował na tych terytoriach Królestwo Polskie, ogłosił bardzo rozsądną i bardzo liberalną konstytucję i budził nadzieje Polaków, że przyłączy do tego Królestwa także ziemie dawnego Wielkiego Księstwa Litewskiego, z których się składał zabór rosyjski.

Pisarz, poeta, publicysta i polityk polski, Julian Ursyn Niemcewicz, zostawił po sobie pamiętniki, z których zacytujemy pewne ustępy charakteryzujące postępowanie wielkiego księcia Konstantego.

Zanim je przytoczymy, zróbmy małą dygresję o tym, jak to nie można kobietom wierzyć. Przecież cesarzowa Katarzyna II w swych pamiętnikach, spisywanych tajnie, lecz których autentyczność została przez historyków uznana, przyznaje się, że jej syn Paweł I nie był synem jej męża Piotra III. A przecież Piotr III, Paweł I i wreszcie syn Pawła, wielki książę Konstanty, o którym teraz mówimy, reprezentują identyczny typ ludzki. Wszyscy są jakimiś obłąkańcami, awanturnikami, pasjonatami; jeśli się czyta scenę z życia jednego, to na pewno pasuje ona do życia drugiego. To podobieństwo jest tak duże, że naprawdę przychodzimy do przekonania, że Katarzyna albo skłamała, albo też sama się myliła co do ojcostwa Pawła I. Musiał on jednak być synem Piotra III, a Konstanty był równie oczywiście wnukiem Piotra i synem Pawła.

W ogóle historia jest bezsilna, kiedy chodzi o tajemnice kobiet. W tej dziedzinie prawdy nigdy ustalić się nie da, a pozory, nawet najoczywistsze, często zawodzą.

„Cały świat uważa nas za parę kochanków i tylko my dwoje wiemy, że tak nie jest, ale do historii przejdę jako Twoja kochanka" — oto jest sytuacja, z którą często należy się liczyć.

Świadectwo Niemcewicza o wielkim księciu pokrywa się ze świadectwem wszystkich ludzi tej epoki.

Niemcewicz pisze:

„Jakoż nie tai nienawiści swojej ku obywatelstwu: «Je hais le civil, le clergé et les gens de lettres» — oto są jego słowa. W dzień gali nie gada z cywilami, a gdy namiestnik ofiarował mu obiad w dzień jego urodzin — «dobrze, powiedział, lecz nie chcę, by tam który z cywilnych miał się znajdować...» W jednym do komitetu wojskowego liście te właśnie słowa wyraził: «Nie znam ja innego honoru, innej cnoty, jak ślepe posłuszeństwo»".

W powyższym zdaniu wielkiego księcia mieści się różnica poglądów polskich i rosyjskich. Była to różnica ogromna. Polacy byli niegdyś wielbicielami ideałów rzymskich, potem wyznawcami równości szlacheckiej, tego prekursora równości ludzkiej, wreszcie ci oficerowie polscy, z którymi miał Konstanty do czynienia, przeszli szkołę wojenną Napoleona. W tej szkole nie pędzono żołnierza pałką, jak w wojsku Fryderyka II, lecz odwoływano się do honoru. Na sztandarach wywieszono hasło: „Honor i Ojczyzna", a więc honor jeszcze przed Ojczyzną. Jedna rodzina polska uznała za swą dewizę herbową: „Vitam patriae honorem nomini". W Rosji było w tych czasach zupełnie inaczej. Służalczość zjadała przychodzące z Zachodu poczucie honoru. Dopiero od Aleksandra II cała Rosja zaczęła się liberalizować i wysoko cenić godność ludzką. Ale za czasów Stalina znów upadlanie człowieka cofnęło się do epoki Iwana Groźnego albo jeszcze gorzej.

Zresztą najgłówniejszą, najistotniejszą i najsilniejszą cechą charakteru Konstantego stanowiło to, że był on przede wszystkim pasjonatem, że wpadał co chwila w despotyczne pasje, których nie był w stanie opanować, choć później tego żałował.

Niemcewicz opowiada, jak ubliżał głośno oficerom, jak kazał bić pałkami żołnierzy, jak napotkanych ludzi kazał okładać kijami za to, że mieli jakiś guzik nie dopięty, lub za to, że go nie poznali i nie oddali ukłonu. Spotkało to na przykład jakichś dwóch szlachciców, którzy z głowami otulonymi w chusty przed mrozem jechali do Warszawy i do głowy im nie przychodziło, że ich sanie mijają sanie wielkiego księcia. A Konstanty kazał ich zatrzymać, bić i aresztować.

Jedna z pierwszych rozmów wielkiego księcia, zacytowana przez Niemcewicza, z prezydentem Warszawy pokazuje nam dokładnie despotyzm rosyjski wielkiego księcia i polskie reakcje.

Wielki książę oskarża prezydenta, że nic nie uczynił, aby krawcy warszawscy wykonali jego, wielkiego księcia, rozkaz:

„— Gdzie są krawcy?

— W mieście.

— Czemu nie robią?

— Bo zapłata mała.

— Czemu ich nie przymusisz?

— Bo mają swoje prawa.

— Jesteś chłystek.

— Nie jestem, Mości Książę, nie jesteśmy tutaj w Azji ani w Syberii.

— Idź precz, pójdziesz pod straż".

Mnożyły się samobójstwa wywołane tym, że wielki książę publicznie znieważał i lżył oficerów i żołnierzy.

Niejaki Wilczek, który mając lat siedemnaście był takim bohaterem na polu bitwy, że Napoleon własny order Legii Honorowej z piersi sobie odpiął i jemu oddał, popełnił samobójstwo i zostawił list, który oddano wielkiemu księciu. W tym liście pisał:

„...obelgi zadawane nam przez Wielkiego Księcia są takie, że je krew tylko zmazać może; przyjść może chwila, gdzie uniesienia mego nie będę mógł być panem, wolę więc się zgładzić, niż na nieszczęśliwy, lecz nie skażony dotąd mój naród rzucić plamę zabójstwa..."

Jak tu widzimy, że są to wiosenne czasy romantyzmu.

Samobójstwa oficerów były — powtarzam — bardzo częste i robiły na wielkim księciu Konstantym wrażenie ogromne. Tak samo jak w pasji gniewu kazał bić kijami, znieważał i lżył wszystkich, tak samo nie miał umiaru w przepraszaniu i kajaniu się.

Jeden porucznik powiesił się, ale go odratowano. Zawiadomiono o tym wielkiego księcia, który był w łóżku. Odstępujemy tu narrację Niemcewiczowi:

„Wystawić sobie można, jakie było porucznika zdziwienie, gdy spo-

180

strzega przed sobą Wielkiego Kniazia, z przerażeniem mówiącego do niego:

— Nie jak Wielki Książę, lecz jako człowiek przychodzę do ciebie, abyś mi darował urazę. Jeśli nie darujesz, to kiedyż chcesz bić się ze mną?

— Nie chcę ja bić się z bratem króla mego — odpowiedział oficer — o to go tylko proszę, by honor wojska polskiego więcej ochraniał.

— No, to pocałujże mnie — przydał Wielki Książę".

Konstanty wiele razy podwładnym ofiarowywał pojedynki z sobą.

Kiedyś przed oficerami rosyjskimi wypowiadał tę propozycję i jeden z oficerów, Łunin, wyskoczył z szeregu i zawołał:

„Trop d'honneur, Votre Altesse Impériale, pour refuser".

Do pojedynku jednak nie doszło i Łunin odpokutował swój wybryk.

Wśród głosów polskich częste protesty przeciw wielkiemu księciu są połączone z wyrazami lojalności wobec cesarza Aleksandra I, o którym powszechnie myślano, że zwróci Polsce granice Dźwiny i Dniepru. Generał Chłopicki, dawny oficer napoleoński, oświadczył: „Służyć będę królowi memu, ile zechce, ale pod jednym warunkiem, że nigdy nie będę pod komendą Wielkiego Księcia".

Jak wielki książę Konstanty jedzie do Petersburga, to tam z kolei lży Rosjan i stawia im Polaków za wzór; pułkowi gwardii powiedział, że nie jest wart liniowego pułku wojska polskiego.

Autor pracy niniejszej całe życie studiował powstanie listopadowe i miał zmienny stosunek do niego. Powstanie to osłoniło Francję Ludwika Filipa przed planowaną przez Mikołaja I interwencją, podobnie jak powstanie kościuszkowskie bodajże uratowało rewolucję francuską. Taki altruizm nie jest oczywiście dobrą polityką narodową. Poza tym, jeżeli koniecznie należało robić powstanie, to trzeba było z nim wystąpić albo w r. 1825, albo poczekać do 1855, czyli do czasów, kiedy Rosja wojowała z Turkami. Ostatnio interesuje mnie głównie problem następujący: oto powstanie wywołała młodzież, wierząca w zwycięstwo, i ta młodzież na kolanach upraszała ludzi starszych, nie wierzących w powstanie, aby objęli nad nim kierownictwo. Dało to fatalne skutki. Generał Prądzyński, uznany przez niemieckich naukowców wojskowych za talent wojskowy klasy pierwszej, twierdził, że powstanie z miejsca prowadzone energicznie mogło mieć szanse zwycięstwa. Publicysta polski, do którego mam najwięcej szacunku, pisząc o powstaniu listopadowym powołał się na słowa Puszkina:

„A szczęście było tak bliskie, tak możliwe..."

Nie wierzę w to co prawda, ale dość tych uwag ogólnych. Objęcie naczelnego dowództwa przez ks. Michała Radziwiłła odbyło się wśród okoliczności następujących.

Powstanie wybuchło w nocy z 17 na 18 listopada 1830 r. Działał tu spisek podchorążych, który zaatakował Belweder, pałac, w którym mieszkał wielki książę. Uratowała Konstantego jego żona, Polka, z domu Joanna Grudzińska, która go schowała między swoje damy dworu, odmawiające wspólnie litanię do Matki Boskiej. Podchorążowie, którzy napadli Belweder z okrzykiem: „śmierć tyranowi", cofnęli się przed widokiem tych pań. Na skutek inicjatywy tychże spiskowców dyktatorem powstania został generał Chłopicki, który w powodzenie powstania nie wierzył, zupełnie podobnie, jak w zwycięstwo nad Hitlerem bez pomocy amerykańskiej nie wierzyli francuscy generałowie w 1939 r., tacy jak Pétain, Weygand i inni. A pomocy wojskowej Polska mieć nie mogła, aczkolwiek swoim zwyczajem marzyła o pomocy ze strony Francji. Tam jednak wszyscy, począwszy od Ludwika Filipa, na taką myśl wzruszali tylko ramionami. Od Prus czy Austrii ta pomoc przyjść nie mogła, bardzo wyraźnie przed tego rodzaju iluzjami przestrzegał ks. Michał Radziwiłł, który jednak był zwolennikiem powstania. Sam Chłopicki był egotykiem bez granic. Wysłał posłów do cesarza Mikołaja I, aby się z nim jakoś ułożyć i wojnie zapobiec, ale cesarz uznał, że chodzi tu o bunt, który trzeba stłumić siłą, o ile się jest cesarzem Rosji. Ze względu na despotyczny charakter Chłopickiego doszło między nim a czynnikami rządowymi i sejmowymi do nieporozumień, skutkiem czego Chłopicki w sposób impetyczny ustąpił. Na posiedzeniu Sejmu w dniu 17 stycznia 1831 r. obrano na wodza naczelnego ks. Michała Radziwiłła. Dostał on 107 głosów, podczas gdy inni kandydaci znacznie mniej. Najwięcej z tych innych dostał Krukowiecki, bo 18 głosów.

Radziwiłł grzeszył przesadną skromnością. Jakkolwiek bił się pod rozkazami Napoleona, nie uważał jednak swoich kwalifikacji wojskowych za wystarczające. Objął wysokie stanowisko wbrew własnemu zdaniu. Był ustępliwy przesadnie wobec innych generałów. Był to człowiek szlachetny, prawy, gorący patriota, lecz przesadnie skromny.

Przydałaby mu się pewność siebie Karola „Panie Kochanku", którego pod każdym względem był przeciwieństwem.

W dniu 25 lutego rozegrała się bitwa pod Grochowem pod Warszawą. Z ramienia Radziwiłła dowodził nią Chłopicki, który przez swój obrzydliwy egotyzm ubrany był w cywilny surdut, niby że działa jako amator wyrządzający kolegom przysługę. Dowodził jednak świetnie. Rosjanie mieli 72 tysiące bagnetów i szabel, Polacy tylko 44 tysiące. Niestety w pewnej chwili granat ciężko zranił Chłopickiego i ten przekazał dowództwo generałowi Skrzyneckiemu, który cofnął się do Warszawy. Nie umiał wykrzesać z siebie dosyć energii w decydującej chwili. O ile Chłopicki był to egotyk o dużych zdolnościach wojskowych i odważny żołnierz, o tyle Skrzynecki był nie tylko egotyk, lecz egoista bez większego talentu, a tylko z ambicjami bez granic. Na radzie wojennej, która się odbyła po bitwie grochowskiej, kiedy Radziwiłł zabrał głos, przerwał mu Skrzynecki i po francusku, bo w takim języku stale mówiono w sztabie powstania, powiedział:

„To są wszystko drobnostki, kwestią istotną jest naczelne dowództwo. Mości Książę, nie jesteś w stanie dowodzić".

Radziwiłł odpowiedział, że się nie ubiegał o buławę i że może dowodzić będzie Skrzynecki, wysunięty przez Chłopickiego na polu bitwy.

Skrzynecki natychmiast propozycję przyjął, wypowiedziawszy kilka frazesów kabotyńskich.

Nastąpił teraz okres zwycięstw polskiego oręża nad wojskiem rosyjskim, zwycięstw, które zawdzięczamy Prądzyńskiemu. Ale Skrzynecki wszystko popsuł i jesienią 1831 r. powstanie upadło. Przywódcy jego z ks. Adamem Czartoryskim na czele poszli na emigrację, na której wszyscy pomarli.

XXIV

Eliza i Wilhelm

W ostatnich latach przed drugą wojną światową miał być w Niemczech kręcony film o miłości Elizy Radziwiłłówny i Wilhelma pruskiego, późniejszego króla i cesarza. Rolę tytułową miała objąć pierwszorzędna gwiazda filmowa. Film już kręcono, ale... z malejącym ciągle rozgłosem reklamy. Wreszcie prace nad realizacją tego filmu przerwano i już do niego później nie wrócono. W międzyczasie bowiem stosunki pomiędzy hitlerowskim rządem niemieckim a rządem polskim uległy radykalnej zmianie. Polityka ofert składanych Polsce przez Göringa zamieniła się w politykę gróźb wypowiadanych przez Ribbentropa.

Historia tego filmu była dokładnym, absolutnie dokładnym, powtórzeniem historii tej miłości, którą film miał przedstawiać. Miłość rozpoczęta wśród tkliwych i współczujących akordów została zerwana ze względów politycznych. Miłość i film uległy jednakowemu losowi z jednakowych względów.

W Niemczech historia miłości Wilhelma do Elizy wywołała dużo opracowań historycznych i literackich. Żaden z historyków niemieckich XIX wieku nie przeszedł koło tego incydentu bez zwrócenia na niego uwagi. Ale w tych pracach, które zdołałem poznać, nie ma wyraźnego podkreślenia tego niewątpliwego faktu, że przecież o stosunku dworu pruskiego do zamiarów małżeńskich księcia Wilhelma zadecydowała jedynie i wyłącznie polityka wobec Rosji.

Sam Henryk von Treitschke, reprezentacyjny historyk niemiecki, przyznaje, że dzieje tych dwóch „królewskich dzieci", które „do siebie przyjść nie mogły", wzruszają go głęboko.

Wspomniałem już o Elizie i Wilhelmie w rozdziale poprzednim, teraz powiem o nich jeszcze słów kilka. Zaznaczam, że sprawa tej miłości jest o wiele mniej znana w Polsce niż w Niemczech. W Polsce nikt o tej sprawie nie napisał książki, w Niemczech napisano o niej dziesiątki. Ta różnica wywołuje długie komentarze, których wypowiadania oszczędzę sobie i swoim czytelnikom. Wilhelm i Eliza byli bliskimi kuzynami, znali się więc od dzieciństwa. Miłość, zanim przyszła jako miłość, powstawała pomalutku wśród zabaw dziecinnego pokoju, na lekcjach tańców, wśród pierwszych brań się za rączki według wskazówek guwernantek. To tak jakby ktoś pokochał kogoś już w kołysce dziecinnej. Takie miłości bywają często bardzo głębokie, tragiczne, pełne zazdrości i rzadko się zamieniają w małżeństwa szczęśliwe. Natomiast wtedy, w okresie pomiędzy 1810 a 1820 r., sympatie wzajemne tych dwóch miłych dzieci, Wilhelma i Elizy, budziły radość w oczach wszystkich cioć i kuzynek. Było to powstawanie szczęścia w kole rodzinnym.

Oto dumam sobie nad dziesiątkami tomów pisarzy niemieckich o małej Elizie, młodocianym Wilhelmie i ich wzajemnej miłości i myśli me zataczają dalekie koła, którego centrum stanowi ten temat. Widać, że wszyscy ci uczeni Niemcy sympatyzują z tą miłością i sympatię tę wypowiadają w licznych słowach. Im się dłużej mówi, tym jest się dalej od atmosfery właściwej, od uczuciowego klimatu. Aby wczuć się w nastrój panujący między tym dwojgiem dzieci, trzeba sięgnąć po książkę zupełnie innego pisarza, mianowicie po „Wojnę i pokój" Lwa Tołstoja. Aby zrozumieć muśliny uczuć dziewczynki Elizy i wyrostka Wilhelma, trzeba przeczytać o pierwiosnkach miłości Koli Rostowa do kuzynki Soni. Miłość ta podobnie się kończy. Kola z niej rezygnuje dla względów rodzinnych, chociaż nie jest ani oportunistą, ani egoistą, ani człowiekiem, który by Soni nie kochał. Jest po prostu człowiekiem swej epoki albo raczej oficerem swej epoki.

Dlaczego nie jakąś niemiecką albo jakąś polską, lecz właśnie tę powieść rosyjskiego mistrza polecam jako podręcznik dla zrozumienia uczuć Radziwiłłówny i Hohenzollerna? Przecież Tołstoj opisuje swoją rodzinę. Owi Bołkońscy to Wołkońscy, rodzina jego matki; pod nazwiskiem „Rostow" opisana jest rodzina Tołstojów. Akcja powieści toczy się w Moskwie, Petersburgu lub w guberni tulskiej, a wiec nie w Berlinie, Poznaniu czy w Antonińskim pałacu, gdzie się spotykała Eliza z Wilhelmem. Wychodzę oczywiście z założenia, że każdy z moich czytelników zna dobrze „Wojnę i pokój" Tołstoja, a jeśli jej nie zna, to uzupełni ten brak w swojej kulturze jak najprędzej. Otóż powieść ta odbywa się w tej samej epoce, w której kwitła młodociana miłość „tych dwojga królewskich" dzieci, jeśli powtórzymy tu słowa uczonego historyka, i jest jej duchowo bardzo bliska. Powieści dzielimy na historyczne i obyczajowe. Można powiedzieć, że tylko powieści obyczajowe mają wartość dokumentu ilustrując epokę, natomiast powieści historyczne są produktem pisarskiej fantazji i stąd waloru historycznego nie posiadają. Innymi słowami można powiedzieć, że wszystkie powieści są historyczne, prócz... powieści historycznych. Otóż „Wojna i pokój" Tołstoja jest powieścią obyczajową. Co prawda autor nie żył za czasów Napoleona, za których się odbywa jego powieść, ale przecież opisuje swego ojca, swoją matkę, swoje ciotki, a oczywiście przede wszystkim własne uczucia zrodzone w tych samych pokojach, domach, ogrodach i lasach, co uczucia jego krewnych. Nie ma w literaturze światowej powieści psychicznie bliższej uczuciom Elizy i Wilhelma niż to arcydzieło Tołstoja, bo nie ma innej powieści, która by równie delikatnie i finezyjnie, a jednocześnie tak realistycznie i prawdziwie, opisywała w tej epoce uczucia dwojga dzieci do siebie.

Ktoś mi powie: Ależ ci książęta Wołkońscy i hrabiowie Tołstoje to jednak atmosfera zupełnie inna niż Radziwiłłowie i Hohenzollernowie! Przecież to Rosjanie, a poza tym ta arystokracja rosyjska w ówczesnych pojęciach towarzyskiej hierarchii była jednak czymś gorszym od osób, o które nam chodzi. Otóż będę tu polemizował z tego rodzaju poglądem. Epoka wyciska daleko silniejsze na wszystkim piętno niż narodowość. Fryderyk Wilhelm III był kimś niewątpliwie bliższym psychicznie cesarza Aleksandra I niż Hitlera, a car Aleksander był bliższym Fryderyka Wilhelma III niż Lenina czy Stalina. Można powiedzieć, że sztuka, teatr, literatura — to, co tak mocno łączy z sobą ludzi pewnej epoki — nie tak silnie oddziaływało na Elizę i Wilhelma, Sonię i Kolę, bo byli zbyt młodzi, aby się urokom tych międzynarodowych czarodziejek poddawać. Ale z naciskiem zwrócę uwagę na element inny — na guwernerów i na guwernantki. W „Wojnie i pokoju" mamy genialnie wyrysowaną sylwetkę takiej guwernantki: „mademoiselle Bourienne". W tych czasach uczuciowość dzieci kształciła się, wzorowała, nie na uczuciowości matek czy ojców, lecz właśnie przede wszystkim oddziaływała na nich psychika guwernantek. Właśnie w dziedzinie takich pierwszych miłości wpływ guwernantki dawał się specjalnie odczuć. Były to przeważnie stare panny o wyidealizowanych romantycznych i melancholijnych poglądach na miłość. Epoka wczesnego romantyzmu w całej Europie nastawiała je wszystkie jeszcze bardziej na ten ton. A te „mademoiselle Bourienne", które wychowywały Elizę i Wilhelma, i te, które kształciły Sonię i Kolę, były to osoby identyczne co do pochodzenia, nastrojów, poglądów i zasad. Była to francuska międzynarodówka guwernantek dzieci z arystokracji we wszystkich krajach Europy, prócz oczywiście Anglii, która nigdy i w niczym do Europy nie należała.

Zwykle dzieci bardziej obcują z krewnymi matki niż ojca. Tak było przeważnie i rodzeństwo Elizy nie stanowiło pod tym względem wyjątku. Często przebywając w Berlinie, obcowano bardziej z kuzynami i kuzynkami domu królewskiego pruskiego niż z Radziwiłłami. Młodociane uczucia Wilhelma i Elizy wzbudziły sympatie rodzinne. Wszyscy z początku chcieli tego małżeństwa. Ale w miarę, jak dzieci dorastały i stawało się to możliwe i bliskie, powstała ta sprawa „Ebenbuertigkeit", która w końcu złamała życie obojgu i która piszącym o tej miłości pięknej i czystej wydaje się być jakimś złym losem przez wszechmocne rzuconym bóstwa. O co tu jednak chodziło? Dlaczego nie piszecie, że od początku do końca chodziło tu o Rosję i tylko o Rosję?

W r. 1681 córka Bogusława Radziwiłła, księżniczka Ludwika, zaślubiła brata elektora brandenburskiego, czyli że tworzyło to doskonały precedens umożliwiający obecnie Elizie Radziwiłłównie małżeństwo z drugim synem króla, czyli przyszłym bratem króla. Skąd się więc to dzieje, że ogólne nastroje całej rodziny królewskiej pruskiej, z początku tak przychylne temu małżeństwu, potykają się coraz bardziej o sprawę „Ebenbuertigkeit".

Zasada „Ebenbuertigkeit" związana była ze stosunkami prusko-rosyjskimi w podwójnej postaci. Pierwsza z nich była dyskretna, druga zupełnie wyraźna.

Stosowanie zasady „Ebenbuertigkeit" praktycznie zmuszało cesarską rodzinę rosyjską do szukania żon wyłącznie pomiędzy księżniczkami niemieckimi. W wieku XIX tylko Aleksander III rosyjski ożenił się z królewną duńską, a w XX wieku tylko syn jednego z wielkich książąt z księżniczką serbską. A przecież w samej Rosji było dużo kniaziowskich rodzin pochodzących od Ruryka czy od Giedymina. Dziewczyny z tych rodzin były miłe i wdzięczne i aż się prosiło uznać je za równouprawnione ze zmediatyzowanymi książęcymi rodzinami niemieckimi, a jeszcze łatwiej za równouprawnione z Radziwiłłami. Stąd uznanie na mocy dawnych precedensów rodziny Radziwiłłów za

„Ebenbuertig" zagrażało monopolowi niemieckiemu w dostarczaniu małżonek cesarskiej rodzinie rosyjskiej. A pamiętajmy ciągle, że w tych czasach małżeństwa wśród monarchów uważano powszechnie za potężny instrument w polityce międzynarodowej. To była ta dyskretna strona zagadnienia. Może nawet nie bano się tak bardzo możliwości uznania Rurykowiczów za równych zmediatyzowanym książętom niemieckim, może to nawet nikomu do głowy nie przychodziło... Przecież dom panujący w Rosji sam pochodził z książąt niemieckich, jego świeża założycielka Katarzyna II była drobną księżniczką Anhalt-Zerbst, jej nieszczęsny małżonek był znów Holstein Gotorp, te niemieckie latorośle przeobraziły się w dęby w wielkiej Rosji. Ale przejdźmy teraz do sprawy aż nadto wyraźnej. Pamiętajmy, że małżeństwo matki Elizy, ks. Ludwiki Pruskiej, z Radziwiłłem doszło do skutku z politycznej inicjatywy ks. Henryka Pruskiego i tak czy inaczej stanowiło posunięcie polityczne aktywizujące sprawę polską. Było to posunięcie rywalizujące z rosyjską aktywnością na terenie polskim. Państwo polskie było wciąż tym duchem, który straszy w domu, którego dawniej był właścicielem. Otóż teraz Prusy nie chcą żadnej aktywizacji sprawy polskiej. Zależy im bardzo na wpływach na politykę rosyjską. Wydały właśnie królewnę Szarlottę za wielkiego księcia Mikołaja, który w 1825 r., z pominięciem starszego brata Konstantego ożenionego z Polką, obejmie tron cesarski. Związek małżeński Wilhelma, mogącego być w przyszłości królem pruskim, z Radziwiłłówną, której nazwisko wskrzesza tradycje polsko-litewskie jakże daleko idące! Ależ to jest to, czego w danej chwili Prusy jak najbardziej nie chcą i boją się.

Toteż na tle miłości „dwojga królewskich dzieci" widzimy dwie tendencje. Jedną, sentymentalną, polegającą na przymilnych „ochach i achach", którym tak łatwo ulegają literaci piszący o całej tej historii, reprezentują ciocie z domu królewskiego, między innymi ciocia Szarlotta, cesarzowa, która bardzo kocha swego braciszka Wilhelma i życzy mu szczęścia. Inną tendencję polityczni doradcy króla — ci są nastrojeni jak najbardziej wrogo do pomysłu małżeństwa. Z zetknięcia się tych dwóch tendencji, z kompromisu między „tak" jednych a „nie" drugich rodzi się pomysł ekstradziwaczny: niech Aleksander I, cesarz rosyjski, adoptuje Radziwiłłównę jako córkę.

Cóż ten pomysł znaczy? — Przecież to jest zupełnie wyraźne. Wilhelm może dostać Radziwiłłównę za żonę, ale tylko za zezwoleniem i błogosławieństwem cesarza Wszechrosji, dostanie ją tylko wtedy, kiedy sam cesarz rosyjski uzna, że cała sprawa ma charakter tylko sentymentalno-rodzinny i sam przyczyni się do usunięcia z niej żądła o charakterze filopolskim, a więc aktywnie antyrosyjskim. Owa adoptacja odwracałaby polityczny sens małżeństwa — byłoby tak, jak gdyby Wilhelm brał za żonę nie Polkę, lecz Rosjankę z błogosławieństwem samego cesarza rosyjskiego.

Nie możemy w tym miejscu powstrzymać się od uwagi, że pomiędzy śmiercią Elżbiety Piotrowny a Leninem rządzili Rosją jak najbardziej rasowi Niemcy zarówno po mieczu, jak i po kądzieli. Aż dziwne, że ci cesarze rosyjscy tak dużo ujawniali cech rosyjskich w swoich charakterach.

Otóż dziwaczny pomysł z adoptacją przez cesarza rosyjskiego się nie udaje, a zapewne był dlatego wymyślony, aby wskazać na wszystkie niebezpieczeństwa wynikające z małżeństwa z Radziwiłłówną; potem przejściowo rozważany jest pomysł adoptacji przez ks. Augusta, brata matki Elizy, aż wreszcie sprawa się kończy listem króla-ojca do księcia Wilhelma, w którym on oświadcza, że małżeństwo z Radziwiłłówną nie może mieć miejsca. Ton listu jest oficjalny i rozkazodawczy.

List ten wywołuje jęk serca księcia Wilhelma, który kochał Elizę szczerze i głęboko. Ale rozkaz jest rozkazem, Wilhelm jest przede wszystkim oficerem.

Pod tym względem mamy wspaniałe świadectwo Bismarcka, który opowiada, jak raz spotkał w pociągu króla Wilhelma jadącego do Berlina, przejętego wiadomościami o zaburzeniach w Berlinie, który mu powiedział:

— Wie pan, czym się to wszystko skończy? Najpierw panu utną głowę, a potem mnie.

— No i cóż z tego?

— Jak to co z tego?

— Czyż nie lepiej umrzeć w poczuciu, że się broniło swego obowiązku, niż ustępować przed tą republikańską kanalią?

Król Wilhelm — opowiada Bismarck — uspokoił się od razu. Wyczułem, że w tej chwili jego poczucie obowiązku wydało mu rozkaz co do dalszego postępowania.

Spełniając więc bolesny rozkaz swego króla i ojca, żeniąc się z kim innym, Wilhelm nie zapomniał jednak o Elizie, chociaż przeżył ją o lat przeszło pięćdziesiąt pięć. W r. 1833 umarł ojciec Elizy, Antoni Radziwiłł, a dnia 27 września 1834 r. umarła sama Eliza z suchot, które wtedy były straszną chorobą, nieuleczalną. Ale Wilhelm wciąż o niej pamiętał. Jej rodzonego brata zrobił swoim adiutantem najbliższym, opiekował się jak mógł swoimi radziwiłłowskimi kuzynami. Niedługo przed zgonem zaczął rozmawiać o Elizie, po czym powiedział do swoich rozmówców:

— Opuśćcie mnie, panowie, jestem zbyt wzruszony tą rozmową.

Był już wtedy starym, bliskim śmierci, cesarzem.

XXV

Odnowicielka Nieświeża

Zapowiadałem, że chcę pokazać Radziwiłłów na tle najrozmaitszych epok. Nie wiem, czy potrafiłem dobrze się wywiązać z tych swoich intencji, i dlatego chcę się obejrzeć wstecz na to, co dotychczas napisałem.

Pogaństwo na Litwie. Kraj oryginalny, żyjący życiem własnym, podczas kiedy w całej Europie panuje feudalizm związany z uniwersalizmem Kościoła katolickiego. W tych czasach Radziwiłłów, których jeszcze nie ma, reprezentuje legendarny ich przodek Lizdejko, znaleziony wśród leśnych gałęzi przez litewskiego wielkiego księcia.

Minie lat sto. Epoka wczesnego renesansu reprezentowana w Polsce przez kronikarza Długosza, przez przepiękną królową Jadwigę. Wtedy pojawia się potomek Lizdejki Wojszund, „cum filie sue Radziville" przyjmujący katolicyzm, podpisujący unię Litwy z Polską wraz z Jagiełłą, swoim wielkim księciem.

Znów minie lat półtorasta. Epoka późnego renesansu: król Zygmunt żeniący się z Barbarą Radziwiłłówną, strutą później według pogłosek, w które wierzy sam Zygmunt August, przez królową Bonę, Włoszkę, księżniczkę mediolańską.

Czasy reformacji: Mikołajowie — Czarny i Rudy — Radziwiłłowie, główni opiekunowie reformacji na Litwie.

Czasy kontrreformacji. Jej początki reprezentuje Mikołaj Sierotka Radziwiłł, późniejsze walki z kontrreformacją uosabiają: ks. Janusz Radziwiłł, hetman, i jego brat stryjeczny Bogusław, który staje po stronie protestanckiego Wazy, króla Szwecji Karola Gustawa, przeciwko katolickiemu Wazie, królowi polskiemu Janowi Kazimierzowi. U nas winą Bogusława obciąża się cały dom Radziwiłłów, nawet jego linię katolicką. Zapomina się, że moralnością jednych czasów nie da się mierzyć moralności innych czasów, że to jest wiek XVII, w czasie którego Wielki Kondeusz, czyli członek dynastii francuskiej, przez cztery lata walczy po stronie Hiszpanii przeciw królowi Francji. Polska nie jest stolicą Europy, tylko jej prowincją. Mody paryskie prowincja francuska przyjmuje zawsze z pewnym opóźnieniem. Toteż podział na epoki w Polsce należy stosować także z pewnym opóźnieniem. Karol Radziwiłł „Panie Kochanku" to pogrobowiec kontrreformacji, jeśli chodzi o treść, a pogrobowiec baroku, jeśli chodzi o formę, wtedy, kiedy w Paryżu, a poniekąd i w Warszawie, panowało już oświecenie i kończył się styl rokoko.

Czyżby ks. Dominik walczący pod gwiazdą Napoleona, nie opuszczający tego Napoleona, kiedy go wszyscy jego więksi sojusznicy już byli opuścili, i ginący w bitwie z wyrazem „honor" na ustach miał, zgodnie z chronologią, reprezentować styl neoklasyczny, proste i logiczne linie stylu empire? — Nie, tak nie jest. Z poszumu sztandarów napoleońskich urodził się romantyzm. Wielcy romantycy są wielbicielami Wielkiego Napoleona. Ks. Dominik to prekursor epoki romantycznej w swojej rodzinie.

Ks. Antoni Radziwiłł, kochający się w muzyce i zachwycający się Szopenem, oraz brat jego Michał, wódz naczelny powstania listopadowego, to oczywiście romantycy.

Teraz przystąpimy do epoki pozytywizmu. Jako pierwszą jej przedstawicielkę wymienimy księżnę Marię Radziwiłłową, odnowicielkę Nieświeża. Ale zanim do tego tematu przystąpimy, opowiem jeszcze anegdotę makabryczną.

Od jednego z profesorów katolickiego uniwersytetu w Lublinie dowiedziałem się czegoś, o czym nie wiedziałem, kiedy pisałem w tej pracy rozdział o księciu Sierotce. Z lekceważeniem ustosunkowałem się do przekazu, że książę Sierotka nawrócił się pod wpływem kapłona podanego na stół, który na stole tym ożył, ponieważ był to piątek. Otóż dowiaduję się, że jeszcze w XIX wieku był przez grubiańskich kucharzy stosowany obrzydliwy figiel. Spajano mianowicie kapłona wódką czy spirytusem, tak iż ptak zachowywał się jak nieżywy, potem go obskubywano z pierza, potem polewano sosem i podawano na stół. Z chwilą gdy tego kapłona ktoś tknął nożem lub widelcem, ptak ożywał i zaczynał się ruszać. Proceder najobrzydliwszy, jaki można sobie wyobrazić, lecz kto wie, czy nie był znany na przełomie XVI i XVII wieków.

Powróćmy jednak do historii XIX wieku. Ta, którą nazwałem odnowicielką Nieświeża, była żoną Antoniego Radziwiłła, wnuka tego Antoniego, który był namiestnikiem Poznańskiego i był żonaty z Ludwiką Pruską. Z pochodzenia była Francuzką, nazywała się Castellane, dziadek jej był marszałkiem Francji, a babką słynna księżna Dino, żona bratanka wielkiego Talleyranda, która umilała ostatnie lata mistrza intrygi dyplomatycznej. Księżna Maria Antonina Castellane Radziwiłłowa pozostawiła po sobie pamiętniki, które się ukazały z przedmową Juliusza Cambona, słynnego ambasadora francuskiego sprzed pierwszej wojny światowej, poza tym cztery tomy listów do generała Robilanta.

Teść księżnej Radziwiłłowej, Castellane, był oderwany od spraw polskich. Syn jej najmłodszy, ks. Stanisław, poległ bohatersko w r. 1920 jako adiutant Naczelnika odrodzonego i niepodległego państwa polskiego, Józefa Piłsudskiego.

Sytuacja jej towarzyska w Berlinie, Paryżu, a nawet w Petersburgu jest wyjątkowa, zwłaszcza gdy jest już starszą panią. Cesarz Wilhelm II ustawicznie ją odwiedza, a na przyjęciach sadza po swojej prawej ręce; ambasadorowie akredytowani w Berlinie sami pierwsi składają jej wizyty, a kiedy jedzie do Petersburga, to cesarzowa rosyjska prowadzi ją do swoich pokojów prywatnych, aby pokazać wiszący tam portret Elizy Radziwiłłówny.

Sytuacja Radziwiłłów za czasów pozytywizmu i późniejszej secesji, jeśli utrzymamy nasz podział dziejów na szkoły literackie, jest szczególna. Na pewno przestali tworzyć historię, jak ją tworzyli w XVI i XVII wiekach. Natomiast zyskali sobie wspaniały punkt obserwacyjny. Tego, co wie o kulisach wydarzeń politycznych księżna Maria Radziwiłłowa, nie wiedzą najlepsi wówczas dziennikarze, jak korespondenci „Timesa".

Pamiętniki księżnej Radziwiłłowej zaczynają się od opowieści z dzieciństwa, kiedy na małą margrabiankę w Rzymie, w bazylice Św. Piotra, spada kawałek szyby okiennej i rani ją w czoło. Odniesiono ją zemdloną do zakrystii, a papież Pius IX sam interesuje się skaleczeniem dziewczynki i przypomni to księżnej Radziwiłłowej po wielu latach.

Wypowiadałem poprzednio zdziwienie, że Wilhelm pruski, późniejszy król i cesarz, przekonaniowy konserwatysta i wstecznik, kochał się w Elizie Radziwiłłównie, panience o poglądach liberalnych. Widać jednak był to stały gust Wilhelma, gdyż jego żona, Augusta, również żywi poglądy liberalne. Wcześnie zaczyna się to, co zasługuje na opracowanie w specjalnej dysertacji naukowej, która by była pożyteczna dla młodych historyków łaknących tematu, a mianowicie „Bismarcka kłopoty Radziwiłłowskie". Ks. Wilhelm Radziwiłł jest bardzo blisko związany z królem Fryderykiem Wilhelmem IV i tak samo z późniejszym regentem, królem i cesarzem Wilhelmem I, ale bierze stronę jego żony Augusty. Później ks. Antoni, mąż Castellane, jest adiutantem Wilhelma. Jeden z moich przyjaciół, publicysta pierwszego kalibru i były dyplomata drugiego kalibru, mówił zawsze: sekretarz osobisty ministra to coś pośredniego pomiędzy stenotypistką a podsekretarzem stanu. Sądzę, że sytuacja adiutanta przy cesarzu była podobna, a raczej przypuszczam, że ks. Antoni, będąc adiutantem cesarza i jego kuzynem, mógł mu wiele rzeczy sugerować, wiele przypominać, a znowu o innych zapominać przypominać, co jest rzeczą ludzką. Dodajmy do tego częste wizyty samej księżnej Radziwiłłowej u cesarzowej Augusty i jej synowej, późniejszej cesarzowej Fryderykowej. Obie te monarchinie nienawidziły, nie znosiły Bismarcka, a księżna Radziwiłłowa również była jego przeciwniczką ze względu na „Kulturkampf" w stosunku do Polaków i z mnóstwa innych powodów. W tym miejscu zanotuję plotkę, że matka księżnej Radziwiłłowej, księżniczka Talleyrand-Périgord z domu, uchodziła za córkę wielkiego Talleyranda, który w danym wypadku wyręczył — jeśli się można tak wyrazić — swego synowca. Skoro się miało największego dyplomatę za dziadka, to można stawać do gry nawet z Bismarckiem.

Rzecz inna, że Bismarck, a nie Talleyrand, przejdzie do historii jako najwybitniejszy polityk i dyplomata XIX wieku. Dyplomacja jego polegała na braku dyplomacji. Nie tylko uważał, że najlepszą metodą ukrywania swoich zamiarów jest ich rozgłaszanie, ale zawsze lubił przeciwstawić swoje zdanie zdaniu wszystkich. Na ogół ludzie uważają, że mądrze, że właściwie, że dystyngowanie jest przystosowywać swoje poglądy do zapatrywania innych. Że w poglądach oraz ideologiach politycznych obowiązują prawa mody. Że trzeba mieć mniej więcej takie same poglądy, jakie w danym roku przeważają, że na tym polega umiar, dobre wychowanie, inteligencja polityczna. Że ludzie skrajnie innych niż wszyscy poglądów są niepoważni i komiczni. I Bismarck, gdy przemawiał na Sejmie pruskim w 1849 r., to budził taką właśnie ocenę. Marszałek tego Sejmu, liberał żydowskiego pochodzenia, p. Simon, powiadał z wysokości prezydium:

„Pan poseł z Brandenburgu szerzy idee oryginalne, które jeśli nie oświecają, to w każdym razie rozweselają naszą Izbę".

Otóż Bismarck nie tylko wypowiadał zdania wbrew wszystkim, ale widać, że robi to mu rzetelną przyjemność, iż jego poglądy wywołują powszechne zgorszenie i potępienie. Znam tylko jednego człowieka, który lubił tak drażnić wszystkich i zaskakiwać poglądami niezgodnymi z poglądami ogółu, a mianowicie Lwa Tołstoja. Ale Tołstoj i w tej epoce, w której był skrajnym reakcjonistą, i w tej drugiej, kiedy słynął jako wzór słodkiego (nie wiem zresztą dlaczego: słodkiego) anarchisty, wspaniałą formę artystyczną swoich wypowiedzi łączył z absurdem ich treści. Natomiast umysł Bismarcka był tak trzeźwy, że wygrywał i wygrał, sam i wbrew wszystkim.

Przecież Bismarck walczył nie tylko z demokratami, z liberałami, ze wszystkimi krajami niemieckimi, z Habsburgami, Duńczykami, Gorczakowem, Francuzami, papieżem i katolicyzmem, ale walczył czasem bardzo zawzięcie z tym królem, w imię którego pracował. Przecież Wilhelm I nie chciał patrzeć w jego stronę w dniu, kiedy dzięki geniuszowi Bismarcka został proklamowany cesarzem. Powiedział wtedy: „Aber es ist es aus mit Preussen".

Bismarck był niewątpliwie wielkim konserwatystą i monarchistą, większym niż sam król, nie mówiąc już o nienawidzących go chorobliwie dwóch cesarzowych. Ależ Bismarck był konserwatystą inteligentnym, był najtrzeźwiejszym z ludzi XIX wieku, o ileż trzeźwiejszym od Napoleona.

Księżna Radziwiłłowa także go nie lubi. Cenimy wysoko inteligencję tej damy, ale gdyby została ona kanclerzem, to wątpimy bardzo, aby rezultaty jej pracy były równe plonowi pracy Bismarcka.

Pisząc o Bismarcku w latach jego ostatnich, jakże złośliwie porównuje go do Tycjana, który w starości stracił kompletnie talent, lecz wydawało mu się, że jest genialniejszy niż kiedykolwiek, biegał po galeriach i „poprawiał" swoje arcydzieła, nie wiedząc, że je psuje całkowicie.

Kiedy umiera książę Wilhelm Radziwiłł, teść księżnej Radziwiłłowej, to król Wilhelm proszony jest, aby zakomunikował wieść żałobną ks. Antoniemu Radziwiłłowi, swemu adiutantowi. Król czyni to w słowach następujących: „Mój drogi, niestety nie masz już innego ojca, prócz mnie".

Księżna Castellane Radziwiłłowa po zamążpójściu od października 1855 r. mieszka w Berlinie. Silnie związana z Francją, teraz wiąże się z dworem berlińskim. Nie bardzo w niej jest miejsce na trzecią narodowość. A jednak...

Oto w 1863 r. zaczynają dochodzić ją wiadomości o powstaniu styczniowym. W swoim dzienniku zupełnie opacznie interpretuje tę wiadomość, widać, że nie miała dobrych informacji, a tylko skrajnie tendencyjne i przeinaczone. W 1865 r. po raz pierwszy jedzie do Nieświeża. Przejeżdża przez Wilno. Działa na nią, jako na człowieka inteligentnego, niezwykły urok tego miasta. Ogląda kościół za kościołem, pałac za pałacem. Wszystko związane jest z Radziwiłłami. Radziwiłłowie na każdym kroku, w każdej niemal cegle. Imponuje jej wielkość rodziny, której nazwisko teraz nosi. Wreszcie zdumienie i entuzjazm sięga szczytu. Przyjeżdża do wspaniałego zamku w Nieświeżu.

Refleksje o powstaniu są teraz zupełnie inne. Pisze, że nie ma tutaj rodziny, która by nie cierpiała, nie poniosła ofiar. Księżna zaczyna się solidaryzować z powagą tego smutku, który otula całą Litwę. Zawsze piszę, że zrozumieć powstanie styczniowe, czyli rok 1863, można tylko oglądając obrazy Grottgera. Nie ma w nich krzyku, jest tylko właśnie powaga smutku wobec tragedii. Powstanie 1863 r. było o wiele bardziej beznadziejne niż powstanie 1830 r., ale wzniecone przez księży katolickich, miało na sobie jakąś aureolę dostojności wielkiego smutku. Oglądajcie zresztą Grottgera — on wam to wytłumaczy.

Nieśwież zastaje księżna Radziwiłłowa w strasznym stanie. Dach przecieka. Niektóre okna są zastawione portretami z zeszłych wieków.

Pani na Nieświeżu zaczyna być pozytywistką, przedstawicielką „pracy organicznej", której hasła głoszono wówczas w gazetach warszawskich. Zabiera się energicznie do ratowania wszystkiego, co się uratować da. Archiwum Radziwiłłowskie miało kiedyś uprawnienia archiwum państwowego, dość że akty unii horodelskiej z 1413 r. i unii lubelskiej z 1569 r. w nim się przechowywały. Księżna Radziwiłłowa wydostaje to archiwum z powrotem do Nieświeża, a poza tym inne bogactwa zamkowe: przeszło 2000 kompletów zbroi rycerskich, resztę portretów, tkaniny, kolekcje pasów słuckich, wreszcie meble.

Nieśwież z powrotem staje się zamkiem mogącym rywalizować z każdą rezydencją monarszą w Europie, jak zresztą inne zamki Radziwiłłowskie, jak Ołyka, pałac w Nieborowie. Kiedy Wilhelm II odwiedza Nieśwież, imponuje mu zwłaszcza ilość portretów. Hohenzollernowie nie mieli ich nigdzie w takiej ilości.

Księżna Radziwiłłowa, Francuzka, przekształca się w Polkę. Wszystkie swe dzieci wydaje za Polaków. W tej polonizacji dawnej pani Castellane odegrały rolę dwa czynniki: współczucie dla narodu po klęsce 1863 r. i majestat zamku w Nieświeżu.

XXVI

Artur Bartels — Radziwiłł nieprawy

Artur Bartels, który żył od r. 1818 do r. 1885, miał wielką ilość talentów. Najoryginalniejszym z nich było wykorzystywanie desek sosnowych. Brał taką deskę, na której było najwięcej sęków i w ogóle jakichś nieregularnych linii, i przeistaczał to w obrazek z wykorzystaniem tych sęków jako fragmentów rysunku. Lubił najbardziej rysować sceny z polowań. Czasami głowy ludzkie oparte na konturach tych sęków były zbyt duże lub zbyt małe, czasami inne części rysunków były nieproporcjonalne, ale w ogóle deski Bartelsa wywoływały zachwyt. Mógłby na nich zarabiać o wiele więcej, niż zarabiał, gdyby miał żyłkę handlową w sobie.

Artur Bartels urodził się w Wilnie, ale mieszkał w Rydze i w Petersburgu, bardzo długo na wsi, przeważnie na Polesiu, w Paryżu i Krakowie. Był rysownikiem i karykaturzystą, poetą i muzykiem. Improwizował przy fortepianie i swoje kompozycje, i poezje.

Dziś w Polsce przeżywamy renesans Artura Bartelsa. Był on poetą „genru". To przekręcał i wyszydzał wyrazy i zdania francuskie, a francuszczyzną władał świetnie, to stwarzał rozmowy ludzi małych, pracujących we dworkach na Litwie, którego to kraju nie opuszczał jego talent nigdy. Dziś w teatrach warszawskich ze specjalnym akcentem przedstawiany jest dialog panny Marianny z panem pisarzem prowentowym:

„Dzień dobry panience... Ach, to pan Wincenty,
Jakiż dzisiaj piękny, mój ty Boże Święty.
A skądże to? — Z browaru — A dokąd? — do Panny —
— A czego? — Tak sobie... być koło Wasanny...
Czy można? — Nie można — Ach, jakaż okrutna!
Dlaczego nie można? — Dzisiaj jestem smutna.
— Smutna? a to czego? — Paskudny sen miałam.

Śniłam... — Co takiego? — Że męża dostałam.
— Doprawdy, patrzajcie, a cóż to tak złego?
— Cóż, kiedy pisarza i prowentowego..."

Bartels miał postawę wielkopańską, osobisty wdzięk ogromny, nikt nie umiał się oprzeć jego urokowi, kiedy zasiadał do fortepianu. Albo takie cacko naiwności:

„Pod pantoflem mój dziadunio,
Pod pantoflem mój tatunio,
Pod pantoflem trzech stryjaszków,
Pod pantoflem dwóch wujaszków,
Pod pantoflem wszyscy, wszędzie,
Mój też pod pantoflem będzie".

Jak mi mówili fachowcy od łowiectwa, Artur Bartels jest najpoważniejszym pisarzem myśliwskim. Poświęcił dużo swego życia na dokładne opracowanie tego tematu... Polesie! Żadne góry czy brzegi morskie nie mają dla mnie tyle uroku, co Polesie ze swoimi wielkimi błotami, porośniętymi lasem, lub rozlewające się wielkie jeziora. Woda jest tutaj cicha, spokojna, melancholijna, bezludzie, jeździ się tylko łódkami, więc nie słyszy się żadnego hałasu. Jakiś łagodny smutek spoczywa na tym kraju.

A więc poezje litewskie, miejscowe, powiedziałbym zaściankowe; a więc przedstawianie polowań w rysunkach, a więc żarty i karykatury, o których nie wspomniałem jeszcze, a więc miłość polowań, a więc wielkopańskość wyglądu...

Chyba łatwo się domyśleć, że Bartels miał krew radziwiłłowską w żyłach. Istotnie ojcem jego naturalnym był książę Leon Radziwiłł. Bartels specjalnie się tym nie afiszował, ale nie wyrzekał. Zresztą Radziwiłłowie mu pomagali materialnie. Jeśli zestawimy jego wiersze, jego miłość Litwy, niechęć do cudzoziemszczyzny, jego przekonania, że polowanie dobre może być tylko na Litwie i dlatego szlachcic litewski jest w ogóle czymś cenniejszym od reszty świata, to wszystko to doskonale pasuje do anegdot i zapatrywań „Panie Kochanku". Gotów jestem przeglądnąć z czytelnikiem, przejść wszystkie utwory Bartelsa i wykazać, że to jakiś duch „Panie Kochanku", obudzony w dziewiętnastym wieku. Ta sama kontrreformacyjność, tylko może rokoko, a nie barok. Takie to finezyjne, filigranowe, rzekomo naiwne, a właściwie chytrze podpatrzone.

W dzieciństwie, kiedy jeszcze nie słyszałem o Bartelsie, deklamowałem jego żartobliwości językowe:

„Connais-tu — moja droga,
Kolonela postać,
Ach, comme je voudrais,
Żoną jego zostać!"

Dodajmy jeszcze, że Bartels, nie lubiący oczywiście i Niemców, i Moskali, wolał jednak z dwojga złego Niemców. Wśród jego wierszy znajdujemy wiersz antyrosyjski, napojony zdecydowaną nienawiścią i pogardą, natomiast w wierszu, że wszystkiemu jest winien Bismarck, żartuje z tego, że ludzie narzekając na to, że ich karnawały rujnują, że są nędzne krowy i owce, że jedna córka plotkuje, a druga tyć zaczyna, a obie za mąż nie wychodzą — to wszystko Bismarcka i „Kulturkampfu" wina.

Istnieje śliczny album karykatur Bartelsa, wyśmiewający się z pretensji, zamiłowań do cudzoziemszczyzny i niedołęstwa jakiegoś hrabiego Skorupy. Album to kończy zdanie, że ten pretensjonalny hrabia Skorupa wydaje pieniądze na kupno książek postępowych, „które czyta i powiada, że rozumie, czego mu z całej duszy zazdroszczę".

To ostatnie zdanie jest już zupełnie w duchu księcia Karola „Panie Kochanku".

XXVII

Prezes Koła Polskiego w Berlinie

Słabości ludzkie, dobrze znane doświadczonym dziennikarzom, polegają na tym, że nad wszystkie wiadomości polityczne i inne poważne ludzie przedkładają informacje o charakterze czysto osobistym, o charakterze prywatnym, intymnym, najlepiej — erotycznym albo skandalicznym. W czterech tomach listów księżnej Castellane Radziwiłłowej mamy pełny obraz, kto z kim romansuje w sferach monarchicznych, która z tych osób zachowuje się bardziej skandalicznie, kto jest winien — mąż, żona czy kochanek. Autorka listów ma na przykład wyrozumienie dla saskiej następczyni tronu, która ucieka z Drezna z kochankiem mając już kilkoro dzieci. Filozof może się zastanowić, dlaczego wydarzenia intymne, zadające czasami wielkie cierpienia tym, którzy je przeżywają, są tak rozmazywane jęzorami i skąd tragedie osobiste ludzkie mają smak hors-d'oeuvre'ów dla tych, którzy o nich rozmawiają.

Tego rodzaju plotki księżna Radziwiłłowa opowiada w sposób możliwie dyskretny, estetyczny i na pewno nie poświęca im miejsca więcej niż jakakolwiek inna kobieta w tych czasach. Księżna Radziwiłłowa nazywana jest przez współczesnych największą damą wśród europejskiej arystokracji i te plotki osobiste, o których opowiada, bynajmniej nie stanowią istoty jej listów. Notuję to, że o nich pisze, nie dla obniżenia jej autorytetu, lecz dla wypowiedzenia myśli, że przecież zabawianie się w opowiadanie plotek osobistych istniało, istnieje i istnieć będzie zawsze i wszędzie.

Arystokratyzm autorki ujawnia się w ogromnym umiarze, z którym ocenia cały świat polityczny i aktorów biorących w nim udział. Za czasów mej młodości przesadny umiar, chłodna krew i brak temperamentu w ocenianiu wydarzeń gniewały mnie, odpychały i gorszyły. Widziałem w tym nieomal degeneracką nieczułość na sprawy, które powinny wzruszać. Dziś po latach doświadczeń, do czego prowadzą temperamentowe konflikty, dziś po przekonaniu się, że Polacy nie umieją robić innej polityki, jak uczuciową, i w rezultacie daje to klęskę za klęską, inaczej ten umiar oceniam. Księżna Castellane Radziwiłłowa jest niewątpliwie monarchistką, do szpiku kości, do paznokci, monarchistką bardzo inteligentną. Ale jakże surowo pisze o występach pretendenta do tronu Francji, ks. Filipa Orleańskiego. Jakże ją razi patos i krzykliwość tych wystąpień. Jest niewątpliwie sympatyczką wszelkiej prawicy, a z obrzydzeniem pisze o nacjonalistycznych wybrykach we Francji za czasów Dreyfusa, chociaż przecież przeciwko Dreyfusowi występowali członkowie kleru i korpus oficerski, a więc raczej jej ludzie, a nie lewica, od której jest jak najbardziej daleka. Więcej, jest katoliczką zdecydowaną, a jednak jest w Rzymie w czasie soboru watykańskiego i nie ma entuzjazmu dla dogmatu o nieomylności. Do wszystkich wielkich wydarzeń ustosunkowuje się bardzo obiektywnie i bez cienia podniecenia i zacietrzewienia.

Kiedy dzisiaj możemy już skontrolować, co w przyszłości dały te wydarzenia, które krytykuje autorka listów, to musimy skonstatować, że zimna, wyniosła dama miała dużo racji w swym krytycyzmie.

Cesarz Wilhelm II odwiedza ją ustawicznie, rozmawia godzinami, stara się z nią utrzymać stosunki przyjacielskie. Jednak księżna Radziwiłłowa nie szczędzi krytyki postępowania cesarza. W złośliwy, choć słuszny sposób komentuje jego wystąpienia, przyznaje rację artykułom i karykaturom, które się o cesarzu w Niemczech ukazują. Nie zaprzecza, że Wilhelm jest szczery w swoich wystąpieniach, lecz uważa je za pozbawione taktu i wypełnione fanfaronadą niemożliwą. Takie jest zdanie zresztą w Niemczech i kół lewicowych, a poza tym także wszystkich poważniejszych ludzi.

Moim zdaniem cesarz Wilhelm II był typowym przedstawicielem secesji. Ten styl ma dużo nazw, ponieważ na przełomie XIX i XX wieku było kilka szkół literackich, a secesją nazywał się tylko jeden z tych kierunków, powstały w Wiedniu. Jeśli komuś się nie podoba, że wyraz „secesja" rozszerzamy zbyt szeroko, to używajmy wyrażenia: „fin de siècle", które się też utarło. Otóż wiele już razy uzasadniałem w licznych swoich pracach, że duszą tej secesji był anachronizm, była wieloepokowość, było pomieszanie epok. Nie odbijała ona własnych tylko czasów, ale swój wyraz artystyczny znajdowała w powoływaniu się na różne epoki mieszane i czyniła z nich cocktail. Jeśli później nie lubiono secesji, to może właśnie z tego względu, że było to pomieszanie najrozmaitszych stylów. Gotyk jest zjawiskiem przepięknym, lecz gotyk wmieszany do twórczości artystycznej ludzi z epoki secesji wydaje się nam brzydki. Otóż gotyku w secesji było więcej, niż się nam zdaje. Przeczytajmy teraz przemówienie Wilhelma II, przysłuchajmy się jego frazeologii. Obok zwrotów dotyczących spraw bieżących, obok wypadów polemicznych dotyczących jego czasów, spotykamy ciągle zwroty w rodzaju: „Stanę w zbroi lśniącej". Jak wiadomo zbroi, a zwłaszcza lśniących, już wtedy nie noszono, jest to zwrot powołujący się na czasy dawno minione. A takich zwrotów jest tak dużo, iż możemy powiedzieć, że myśl Wilhelma II kroczyła także obrazami z rodzaju tych, które tworzyli pisarze secesyjni, jak na przykład wówczas tak czytany, a dziś dość słusznie zapomniany pisarz niemiecko-polski Stanisław Przybyszewski, który tajemnice katedr gotyckich oplątywał opisami knajp berlińskich lub krakowskich.

Taką secesyjną naturą był Wilhelm II. Było dużo poezji w jego postępowaniu, ale poezji złego gatunku. Był monarchą dwudziestego wieku, powinien był się zbliżyć swoim typem postępowania do konstytucyjnych panujących swoich czasów, jak Wiktoria czy Edward VII, Franciszek Józef austriacki czy Wiktor Emanuel włoski. Nie! Marzył się jemu wciąż jakiś cesarz rzymski narodu niemieckiego, na którego skinienie dłoni wyrastały hufce, które mógł prowadzić na kraj świata. W każdym razie takie musiał odnosić wrażenie ten, kto znał go z jego wystąpień retorycznych.

W korespondencji ultraumiarkowanej i do dworu pruskiego jak najlepiej usposobionej monarchistki, ks. Radziwiłłowej, zaczyna coraz wyraźniej występować sprawa polska. Po ustąpieniu Bismarcka w czasie rządów kanclerza Capriviego zaczyna się odprężenie w stosunkach prusko-polskich i Koło Polskie w parlamencie ratuje nawet kanclerza Capriviego w czasie kłopotów nad budżetem. Ale kurs ugodowy wobec Polaków kończy się z ustąpieniem kanclerza Capriviego w r. 1894. Ustępuje też wtedy prezes Koła Polskiego w parlamencie, p. Józef Kościelski, który chciał, aby Polacy w państwie pruskim żyli w zgodzie z rządem, tak jak to było w Austrii, gdzie Polacy popierali i cesarza, i rząd austriacki i sami często wchodzili w skład tego rządu. Ale sytuacja Polaków w Austrii i sytuacja Polaków w Prusach zaczyna się różnić diametralnie. W 1895 r. rządy nad Austrią obejmuje Kazimierz

Badeni, Polak, i w jego gabinecie najważniejsze teki obejmują Polacy: skarb — Biliński, Ministerstwo Spraw Zagranicznych — Gołuchowski, czyli że Niemcy z pewną słusznością mogli rząd Badeniego nazywać „polskim rządem". W Prusach — odwrotnie, w r. 1894 powstaje towarzystwo „Hakaty", tak nazwane od trzech jego założycieli, mające na celu walkę z polskością, a w 1896 r. w Malborku cesarz Wilhelm II wypowiada gwałtowną mowę przeciwko Polakom. Inicjatywa walki z Polakami nie była wtedy prowokowana przez Polaków, lecz wychodziła ze strony pruskiej, jakkolwiek nie miała jednogłośnego poparcia w społeczeństwie pruskim. Jednak inicjatywa antypolska rozwija się coraz energiczniej i przyjmuje czasami formy obrzydliwe. Oto nakazano dzieciom w szkołach uczyć się religii po niemiecku. Dotychczas wykładano w szkołach w Poznańskiem wszystkie przedmioty po niemiecku, lecz religia dla dzieci polskich wykładana była po polsku. Spotkało to się z oporem wśród samych dzieci i nauczyciel w miejscowości Września pobił kilkanaścioro dzieci, dziewczynek i chłopców, trzciną w ten sposób, że graniczyło to z okaleczeniem. To bicie dzieci na lekcjach religii odbiło się ogromnym echem. Jak wiadomo Kościół katolicki zawsze stał na stanowisku, że religii należy uczyć w języku macierzystym. W zaborze austriackim wypowiadają się przeciwko temu obrzydliwemu widowisku Polacy zajmujący wysokie stanowiska urzędowe, głos zabiera Koło Polskie w parlamencie wiedeńskim, Sejm Galicyjski. Jest to rok 1901. Księżna Radziwiłłowa, zawsze nadmiernie umiarkowana, wypowiada zdanie w swej korespondencji, że tak silne angażowanie się Polaków austriackich nie jest wskazane, że zbyt obciąża sytuację Polaków w Austrii.

Ale kurs antypolski jest coraz ostrzejszy, coraz bardziej prowokacyjny. Księżna Radziwiłłowa pisze w swych listach o mało nawet znanym fakcie, że pewien generał pruski sprzedał majątek w Poznańskiem Polakowi. Generał ten został wyrzucony z armii, bez prawa noszenia munduru. To już jest fakt przekraczający wszelkie pojęcia prawne tamtych czasów. Przecież Polacy służyli w armii jako żołnierze, a nawet oficerowie, byli niby równouprawnionymi poddanymi króla pruskiego. Wreszcie przychodzi pomysł wykupu ziemi w Poznańskiem z rąk polskich. Sejm pruski uchwala na to kredyty państwowe. Potem w dniu 30 stycznia 1908 r. za kanclerza Bülowa uchwalona została ustawa wywłaszczeniowa, która zezwalała na wywłaszczenie każdego Polaka w Poznańskiem, celem sprzedania jego ziemi w ręce niemieckie.

W r. 1963, kiedy to piszę, mamy wiele przykładów wywłaszczeń motywowanych względami społecznymi, koniecznością socjalistycznych przebudowań ludzkości itd. itd. Można się z tymi programami zgadzać lub nie zgadzać, lecz nie można w nich upatrywać podobieństwa do pruskiej ustawy wywłaszczeniowej skierowanej przeciwko Polakom w 1908 r. Socjalistyczne wywłaszczenia zgodne są z ogólnym socjalistycznym programem prawnym, stanowią część socjalistycznej budowy państwa opartej na zerwaniu z tak zwanym prawem burżuazyjnym. To jest więc zupełnie co innego. Natomiast ustawa wywłaszczeniowa niemiecka uchwalona była wśród jak najbardziej silnego uznawania prawa własności. Wszystkie ówczesne kodeksy cywilne, a niemieckie oczywiście w tej liczbie, broniły własności jako podstawy stosunków społecznych, a tego, kto nastawał na prawo własności, uważały za złodzieja. I wśród tych warunków uchwala się w parlamencie pruskim, w pruskiej Izbie Panów, a więc w instytucjach, które z antywłasnościowymi poglądami socjalistycznymi nic wspólnego mieć nie mogły, tego rodzaju ustawę łamiącą prawo własności w najbardziej otwarty sposób dla dogodzenia hasłom nacjonalistycznym. Toteż spod pióra ultraumiarkowanej księżnej Castellane Radziwiłłowej wyrywają się słowa:

„To, co się teraz wyrabia z Polakami w Poznańskiem, gorsze jest od wszystkiego, co kiedykolwiek zrobili Rosjanie przeciwko Polakom".

Tak pisze ta dama, której orientacja polityczna jest, a raczej była dotychczas, raczej pruska, a na pewno bezwzględnie antyrosyjska. Tak pisze żona wnuka królewny pruskiej i długoletniego adiutanta króla pruskiego i cesarza niemieckiego.

Dodajmy, że dzieje się to w roku 1908, i podziwiajmy krótkowzroczność i brak wyobraźni, brak przenikliwości politycznej ze strony polityków niemieckich, z płytkim felietonistą literackim, Bülowem, na czele. Przecież idzie do wojny z Rosją. Przecież żywioł polski i liczebnie, i jakościowo odgrywa w tej Rosji ogromną jeszcze rolę aż po Dźwinę, aż po Dniepr. Chodziło więc chyba o to, aby wyręczyć Rosjan w antyniemieckim nastawieniu rosyjskich Polaków. Istotnie, ta właśnie operacja dobrze się wtedy Niemcom udała.

W epoce tych prześladowań Polaków w Poznańskiem wyrasta postać prezesa Koła Polskiego w Berlinie, księcia Ferdynanda Radziwiłła.

Był to także wnuk Antoniego i księżniczki pruskiej, syn Bogusława,

czyli że był bratem stryjecznym męża księżnej Castellane Radziwiłłowej. Brat księcia Ferdynanda był katolickim księdzem, a siostra za-
konnicą. On sam swoją karierę życiową wypełnił nie adiutantowaniem
czy służeniem w wojsku pruskim, lecz działalnością opozycyjną w pruskich ciałach parlamentarnych. Zresztą była to opozycja z musu. Walka Prusaków z Polakami wychodziła ze strony pruskiej, stąd opo-
zycyjność księcia Ferdynanda była mu przez rząd pruski narzucona.
Ks. Ferdynand Radziwiłł był prezesem Koła Polskiego w parlamencie berlińskim i członkiem Izby Panów. W 1890 r. oświadcza mu minister Gessler, że rząd nie ma zamiaru zwalczać narodowości polskiej,
ale już w r. 1901 ks. Ferdynand musi wygłosić wielką i ostrą mowę
w obronie dzieci polskich, bitych za mówienie pacierza po polsku we
Wrześni i gdzie indziej, i cytuje haniebne przykłady tego procederu.

Z roku na rok, stale, ks. Radziwiłł wygłasza mowy protestu w Berlinie, które zresztą nie zmieniają nic w sytuacji. W 1908 r. mowa jego,
piętnująca wywłaszczenie jako przykład „siły przed prawem", miała
jednak duże skutki moralne. Prawo wywłaszczeniowe zostało co prawda uchwalone, lecz cały szereg Niemców, i to ludzi bardzo znanych,
głosowało przeciw niemu, jak otoczony powszechnym szacunkiem
feldmarszałek hr. Haeseler, kardynałowie Fischer i Kopp, a nawet
nadburmistrz niemiecki samego Poznania, dr Wilms.

XXVIII

Renata

Przeglądam prasę krakowską z 1908 i 1909 r. ze względu na to, że ślub arcyksiężniczki Renaty z księciem Hieronimem Radziwiłłem był 16 stycznia 1909 r. Udaję, że przy pomocy tych zżółkłych papierów, pokrytych bibliotecznym pyłem, potrafię wskrzesić atmosferę tych lat. To nieprawda! Odczuwam tę atmosferę tylko dlatego, że sam te czasy pamiętam. Byłem wtedy małym dzieckiem, ale dzieckiem inteligentnym i wrażliwym i widziałem, co się dokoła mnie działo. Mój ojciec pochodził z Litwy, moja matka także, ale jej ojciec uciekając przed prześladowaniem władz rosyjskich schronił się do Krakowa, stąd matka moja była wychowana w Krakowie, a jej brat był nawet generałem kawalerii w armii austriackiej. Stąd mogę pojąć te nastroje, których młodsze pokolenie wyrozumieć nie jest w stanie. Społeczeństwo w Austrii, a więc i w tej części Polski, która do Austrii należała, składało się, poza włościanami i robotnikami, ze stanu urzędniczego; z burżuazji miejskiej, mniej lub więcej zamożnej; z oficerów; z zawodów wolnych, w rodzaju lekarzy, adwokatów; ze sfer naukowych i artystyczno-literackich. Otóż wszyscy ludzie należący do wszystkich tych zawodów byli naprawdę szczęśliwi i zaszczyceni dopiero wtedy, kiedy ich jakiś przedstawiciel arystokracji zaprosił na śniadanie, a szczytem szczęścia byłoby zaproszenie na jakieś książęce polowanie. Nie chcę używać wyrazu „snobizm" — jest to określenie zbyt wyświechtane i nie ma w sobie tej siły, aby oddać całą potęgę znaczenia sytuacji towarzyskiej za ostatnich lat panowania Franciszka Józefa. Bogaty fabrykant, najbogatszy kupiec natychmiast zrzekłby się połowy, jeśli nie całego, swego majątku, aby w jakiś czarowny sposób być przeniesionym ze swego biura czy mieszkania do salonu towarzystwa arystokratycznego. Tenże bogaty fabrykant w targach z losem życiowym zrzekłby się wszystkich swoich pieniędzy i wyrzekł się swego życia, aby się ujrzeć w skórze zbankrutowanego hrabiego. Czy to było zabawne, komiczne, nonsensowne? — Bardzo być może, ale to było prawdziwe, rzeczywiste, istniejące. Każda rzeczywistość może być uznana za komiczną, ale to nic nie zmienia w istocie rzeczy. Za ostatnich lat panowania Franciszka Józefa, a więc przed pierwszą wojną światową, a więc przed załamaniem się istniejących w Niemczech i Austrii stosunków społecznych, arystokracja, szlachta — to wszystko, co zrodziło się w średniowieczu, było już pozbawione praw politycznych, przywilejów gospodarczych — właściwie powinna była przestać mieć jakiekolwiek znaczenie szczególne. Tak się właśnie nie stało. Dopiero pierwsza wojna światowa zgasiła atrakcyjność towarzyską i towarzyski autorytet tego świata.

Można tu użyć porównania tylko do zachodzącego słońca. Po dniu spokojnym i jasnym blaski zachodzącego słońca o tyle nas więcej czarują, o ile bliższe są zniknięcia.

Na kilka lat przed wojną ludzie powszechnie się na nieuzasadniony czar towarzyski arystokracji rodowej zżymali, gniewali, wzruszali ramionami i powszechnie mu ulegali.

Toteż należy zrozumieć wrażenie wywołane przez wiadomość drukowaną przez całą prasę austriacką i prasę polską, zarówno wychodzącą w Galicji, czyli w zaborze austriackim, jak w zaborze rosyjskim i niemieckim, zarówno w Krakowie i Lwowie, jak Warszawie, Wilnie, Kijowie i Poznaniu, która brzmiała:

„Jutro na historycznym zamku w Żywcu odbędzie się ślub arcyksiężniczki Renaty, córki arcyksięcia Karola Stefana, z księciem Hieronimem Radziwiłłem, łączący cesarski dom Habsburgów ze znakomitym domem polskim".

Trzeba tu zacząć od arcyksięcia Karola Stefana, właściciela Żywca. Dynastia Habsburgów miała jednego arcyksięcia zakochanego w Węgrach i jednego w Polakach. Byli to arcyksiążę Józef na Węgrzech i Karol Stefan w Galicji. Nie było wśród Habsburgów analogicznych miłośników Czechów, Słowaków, Chorwatów, Słoweńców czy Rumunów, to jest narodowości, które na równi z Węgrami i Polakami wchodziły w skład monarchii austro-węgierskiej. Wynikało z tego, że rodzina Habsburgów miała upodobanie tylko w narodach starych, o tradycjach historycznych pełnych chwały.

Niegdyś cesarz Franciszek Józef zwiedzał Wawel, zamek królów polskich w Krakowie. Stał na dziedzińcu w liniach najpiękniejszego florenckiego renesansu z XVI wieku, miał przed sobą szlachtę ubraną w staropolskie kontusze, w futra i jedwabie. Popatrzył na linie królewskiej architektury i powiedział jak gdyby szeptem, jak gdyby w charakterze tajnego wyznania: „Rozumiemy się, panowie".

Arcyksiążę Stefan zrobił wszystko, co mógł, aby podkreślić polskość zamku, który zamieszkiwał. Była to kiedyś siedziba Komorowskich herbu Korczak i Wielopolskich herbu Starykoń, herby te lśniły odnowione na ścianach i sufitach. Arcyksiążę ufundował także tablicę na pamiątkę odwiedzenia zamku przez polskiego króla Jana Kazimierza w XVII wieku. Wszyscy współcześni malarze polscy, jak Pochwalski, Fałat, Ruszczyc, Chełmoński, Włodzimierz Tetmajer, Wojciech Kossak, byli obficie na salach zamku rozwieszeni.

Malarze ci pochodzili z różnych dzielnic Polski i reprezentowali różne ówczesne kierunki w malarstwie. Ale mieszkali przeważnie w Krakowie, który wtedy był stolicą kulturalną Polski. Łącznikiem pomiedzy krakowskimi malarzami a dostojnym zamkiem w Żywcu był profesor Jerzy hr. Mycielski, historyk sztuki, człowiek o sercu rozdwojonym pomiędzy arystokrację a artystyczną bohemę. Trzeba tu zaznaczyć, że wielu z wymienionych powyżej malarzy wyszło z monachijskiej szkoły malarskiej, odgrywającej tak dużą rolę w końcu wieku XIX.

Wspomniałem profesora Mycielskiego. Nie mogę sobie odmówić zacytowania Żeleńskiego-Boya, moim zdaniem najwybitniejszego polskiego pisarza pierwszych dziesiątków XX wieku, a już niewątpliwie najlepszego na świecie tłumacza literatury francuskiej. Opisuje on ucieszanie, jak po pierwszej wojnie, kiedy już dawnej Austrii nie było, Mycielski w rozmowie z przyjacielem wspominał: „Wyobraź sobie, że tak jak tu siedzimy, nagle telefon: Hallo, hier Konopischt (rezydencja arcyksięcia Ferdynanda). Sama arcyksiężna mówi. (Tu Mycielski zgiął się w pokłonie). Kommen Sie doch nach Konopisch, Herr Graf? — Jawohl Kaiserliche Hoheit, wenn ich dieser Gnade würdig bin... (Nowy, rozanielony ukłon do fikcyjnego telefonu). A dziś (waląc z komiczną wściekłością pięścią w stół). A dziś co?"

Arcyksiążę Karol Stefan miał jednak większe zasługi wobec Polaków niż odnawianie zamku i skupywanie płócien polskich malarzy. W czasie najostrzejszego prześladowania Polaków w Poznańskiem przyjeżdżał do Poznania, zatrzymywał się w polskim hotelu „Bazar" i ostentacyjnie mówił tylko po polsku. Było to połączone z zadrażnieniem stosunków austriacko-niemieckich.

Karol Stefan umarł przed drugą wojną światową. Jego syn, Olbracht, również uważał się za Polaka, służył jako oficer w armii polskiej. W czasie drugiej wojny światowej zjawili się u niego wysłannicy Gestapo, którym oświadczył: „Moje pochodzenie jest niemieckie, moim językiem macierzystym jest język niemiecki, ale jestem obywatelem polskim i uważam się za Polaka". Hitler, nienawidzący Habsburgów, kazał go zamknąć w obozie koncentracyjnym. Arcyksiążę Olbracht był z tego obozu wydobyty przez rząd Szwecji. Po drugiej wojnie światowej wrócił do Polski i tam umarł.

Na ślub arcyksiężniczki Renaty zjechało dużo arcyksiążąt i wielu przedstawicieli Radziwiłłów. Był to jednak ślub o wiele bardziej polski niż austriacki. Pan młody był ubrany w narodowy strój polski: srebrny żupan, amarantowy kontusz i białą delię ubraną futrem z bobrów. Arcyksiężniczka była w białej ślubnej sukni, z radziwiłłowskimi białymi koronkami. Cesarza Franciszka Józefa reprezentował arcyksiążę Salwator, który w imieniu cesarza pierwszy głos zabrał w czasie uczty weselnej, ale mówił po francusku, widać ze względu na zaostrzone wówczas stosunki niemiecko-polskie w Poznańskiem unikano języka niemieckiego; potem oczywiście po polsku przemawiał imieniem rodziny Radziwiłłów książę Ferdynand Radziwiłł, prezes Koła Polskiego w parlamencie berlińskim, wyraźny opozycjonista wobec rządu niemieckiego, wreszcie ojciec, arcyksiążę Karol Stefan, wzniósł toast na rzecz rodziny Radziwiłłów. Jak zawsze każda rzecz polska, to i ten ślub przeistoczył się w polską demonstrację.

Francuskie przemówienie arcyksięcia Leopolda Salwatora, który w imieniu cesarza składał życzenia młodej parze, zakończone zostało wypowiedzianym po polsku pozdrowieniem: „Szczęść Boże, młodzi państwo niech żyją!"

Książę Ferdynand Radziwiłł wzniósł toast za zdrowie cesarza Franciszka Józefa, w którym oczywiście wynosił jego dobry stosunek do narodu polskiego. Była to oczywiście utajona polemika pod adresem cesarza Niemiec.

Wreszcie arcyksiążę Karol Stefan pił zdrowie wszystkich Radziwiłłów. Mowę swoją wygłosił częściowo po francusku, częściowo po polsku.

Od cesarza niemieckiego żadnej depeszy nie było, podobnie jak od cesarza Rosji. Natomiast inne dwory wystąpiły nie tylko z depeszami, ale i podarunkami, jak królowa Krystyna hiszpańska, która przysłała ogromną kokardę ze wspaniałych brylantów, jak dwór królewski wirtemberski, grecki, jak liczni Koburgowie. Prezenty ślubne przyszły z całej Europy, prócz prezentów od arystokracji polskiej, przeważnie spokrewnionej z Radziwiłłami, przyszły także podarunki od arystokracji francuskiej i hiszpańskiej, ze względu na związki krwi i pana młodego, i panny młodej. Prezentów tych było tak dużo, że nie sposób ich wyliczyć. Przeważnie była to drogocenna biżuteria: brylanty, perły, rubiny, brosze, pierścionki, łańcuchy. Potem jednak ogromna ilość obrazów wyłącznie mistrzów polskich. Malarze krakowscy musieli dobrze zarobić na tym ślubie. Było także sporo prezentów oryginalnych, jak na przykład wachlarz, który, gdy się rozkładał, pokazywał sceny balowe na Zamku Nieświeskim. Pan młody ofiarował swej żonie futro z samych soboli, a ks. Stanisław Radziwiłł, późniejszy adiutant Piłsudskiego, sanie kryte futrem niedźwiedzim. Wśród prezentów nie brakło też koni, wierzchowych lub powozowych.

Z okazji tych zaślubin prasa wiedeńska wymieniała spokrewnienia Radziwiłłów z domami panującymi. W XVI wieku Anna Radziwiłłówna jest regentką Mazowsza, Jan Radziwiłł ma za żonę córkę Ferdynanda I Gonzagi; w XVII wieku Janusz Radziwiłł żeni się z elektorówną brandenburską, a później córka Bogusława wychodzi za mąż za brata elektora; w XVIII wieku księżniczka Pruska wychodzi za mąż za Antoniego Radziwiłła, wreszcie w XIX wieku planowane jest małżeństwo Elizy z Wilhelmem. Ponadto w XVI wieku Barbara Radziwiłłówna została królową Polski.

Z małżeństwa Hieronima Radziwiłła z arcyksiężniczką Renatą urodziło się trzech synów. Najstarszy, Dominik, był żonaty z księżniczką grecką, potem byli synowie Karol i Leon.

Druga córka arcyksięcia Karola Stefana wyszła za mąż za ks. Olgierda Czartoryskiego. Obie więc jego córki poślubiły Polaków.

Jak czasy się prędko zmieniają i jakże ograniczona jest pamięć ludzka. Księżna Olgierdowa Czartoryska za czasów hitlerowskich przejeżdżała przez Niemcy. W jej polskim paszporcie nie były uwidocznione jej tytuły istniejące prawie od tysiąca lat. Urzędnik policyjny wziął paszport, spojrzał w rubrykę nazwiska panieńskiego i powiedział: „Habsburg? Es klingt jüdisch".

Ale znowuż w Londynie mieszka znakomity felietonista polski, pochodzący z Krakowa, który na sam dźwięk wyrazu „hrabia" wpada w trans i wypisuje felieton wywodzący czarno na białym, że wszyscy ludzie są równi. Ile razy mu przekładałem, że aczkolwiek ta jego myśl jest słuszna, to jednak nie jest nowa i że we współczesnej Polsce Bieruta i Gomułki hrabiowie już przestali uciskać resztę ludności, a sami często mieszkają w piwnicach przeznaczonych na węgle. Ale nic to nie pomaga. Felietonista ten pochodzi z Krakowa, a Kraków zanadto był zahrabiony i stare hrabiny łaziły po jego brukach w zaniedbanym ubraniu, bo jak to stwierdza znów kochany Tadeusz Żeleński: „I tak wszyscy wiedzą, kto ja jestem". I wspomnienie tych hrabin nawiedza i napastuje starego emigracyjnego felietonistę, uprawiającego „vendettę" po wielu, wielu latach.

Znam bardzo wielu Radziwiłłów i wszystkich, których znam, uważam za ludzi uroczych. Ostatnio, już w czasie pisania tej książki, odwiedziłem księżnę Dolores, wdowę po dwóch Radziwiłłach, Stanisławie i Leonie, obecnie panią Twede. Podziwiałem amfiladę jej salonów w Paryżu, w których tyle przechowuje się pamiątek i tyle artystycznych rzeczy. Poznałem u niej także Leona Radziwiłła, syna arcyksiężniczki Renaty. Myślałem, kogo mi przypomina z urody, ze swoich ciemnych włosów i oczu i z żywej inteligencji. Wreszcie przyszło mi do głowy, że pretendenta do tronu austriackiego i węgierskiego, Ottona Habsburga. W r. 1939 za pośrednictwem ks. Czartoryskiej uzyskałem u niego wywiad. Mówił tak ciekawie i inteligentnie, że napisałem o nim, że jest wzorem doskonałego dziennikarza. Mój współpracownik błagał mnie, abym skreślił to zdanie, że jest nietaktowne, chamskie, że arcyksiążę się obrazi. Tymczasem Otton, kiedy mu to przeczytałem, powiedział:

— Bardzo jestem wzruszony tym komplementem.

Myśl się ślizga we wspomnieniach. Zacząłem od ślubu w Żywcu, przeszedłem do wspomnień o synu ówczesnej panny młodej, o austriackim pretendencie, teraz wspominam pretendenta do tronu rosyjskiego, obecnie nieżyjącego, którego poznałem w St. Briac w Bretanii w r. 1931, po mojej podróży do Rosji i po napisaniu przeze mnie proroczej książki: „Myśl w obcęgach".

Znowuż jedna pani prosiła mnie, abym odwiedził wielkiego księcia i opowiedział mu, co widziałem w Rosji. Jestem miłośnikiem pamiętników. Znam wszystkie pamiętniki o wojnie rosyjsko-japońskiej. Wiem, jak to było, kiedy admirał Makarow, bohater zachwycający wszystkich, przyjechał z Petersburga do Port Arthur i objął dowództwo nad eskadrą. W dniu 31 marca 1904 r. pancernik „Pietropawłowsk",na którym admirał się znajdował, był wysadzony w powietrze i admirał zatonął wraz z przeszło tysiącem marynarzy. Ocalało tylko 50, wśród nich ten właśnie wielki książę Cyryl Włodzimierzowicz, który teraz siedzi przede mną. Przyjechałem do St. Briac w czasie jego nieobecności, poznałem tylko jego żonę, siostrę królowej rumuńskiej, oraz jej córkę, Kirę, o ślicznych szarych oczach, która później wyszła za mąż za Hohenzollerna. Następnego dnia przyjechał wielki książę Cyryl z synem Włodzimierzem. Wysoki, bardzo wysoki, zupełnie łysy, lekko kołyszący się w ruchach i o spojrzeniu bardziej uprzejmym i miłym niż inteligentnym, jakże mi przypominał tych oficerów lejbgwardii cesarsko-rosyjskiej, których pamiętałem z wczesnego dzieciństwa. Znany mi był epizod, jak kiedyś tonął na „Pietropawłowsku" wraz z admirałem Makarowem. O godz. 5 rano był jeszcze w „kabarecie", czyli w restauracji nocnej w Port Arthur, na kolanach trzymał jedną z artystek, podczas gdy kto inny grał na fortepianie, a inni liczni oficerowie koledzy i miłe artystki piły szampana. Dwie godziny później był już na pokładzie „Pietropawłowska", a równo o godzinie 9 min. 43 wylatywał wraz z tym pancernikiem w powietrze. Podobno do jego uratowania przyczyniło się to, że nie zdjął płaszcza. W chwili wybuchu widziano, jak admirał Makarow zrzucał z siebie płaszcz, wszyscy zrzucali płaszcze, aby mieć więcej swobody w pływaniu. Wielki książę widać ten wybuch obserwował z tym samym miłym uśmiechem, z jakim teraz patrzy na mnie. Nie przychodziło mu do głowy zrzucać płaszcz, aby pływać, awanturować się, walczyć gwałtownie o życie. To go widać uratowało, bo wszyscy wyciągnięci z wody przez pomoc z innych okrętów byli także w płaszczach.

Wróciłem z Rosji pełen wrażeń i teraz wykładam je z energią swemu słuchaczowi. Wielki książę słucha mnie nader uprzejmie, nie przerywając. W pewnej chwili spojrzałem na zegar zawieszony obok ogromnego portretu Mikołaja I, tak wzrostem przypominającego mego gospodarza, i stwierdzam, że gadam już bez ustanku od godziny i trzech kwadransów. Stropiło mnie to nieco i urwałem nagle spoglądając na wielkiego księcia. Ten spojrzał na mnie, a ponieważ ostatni kwadrans mówiłem o narodzie rosyjskim, wielki książę powiedział:

— Biedny naród, zawsze był brudny.

Myśli moje rozłażą się jak muchy po stole. A więc jeszcze jedna anegdota z epoki, która się kończyła właśnie wtedy, kiedy odbywał się ślub na zamku w Żywcu.

Pewien urzędnik austriacki, starosta, ma jedynego syna i cieszy się bardzo z tego, że syn ten jest oficerem w eleganckim pułku dragonów. Aż przychodzi wieść hiobowa. Synalek przegrał w karty olbrzymią kwotę dwustu tysięcy koron.

Honor domu wtedy był ceniony bardzo wysoko. Biedny starosta wyciąga z kas oszczędnościowych wszystkie pieniądze własne i swojej żony, zadłuża się i spłaca ten synowski dług karciany.

Po pewnym czasie otrzymuje telegram od syna: przegrał znów, i to aż trzydzieści tysięcy koron.

Ojciec w desperacji prosi samego cesarza o audiencję, która nie jest mu odmówiona. Cesarz przyjmie go w Schönbrunnie o szóstej rano, bo Franciszek Józef pracował jak wół, od rana do północy.

Starosta jest zdenerwowany do niemożliwości. W hotelu w Schönbrunnie błaga, aby mu zamówiono dwóch dorożkarzy na rano, jak jeden się spóźni, aby był drugi. — Ależ, panie, tu co dzień mamy ludzi oczekujących na audiencję, nigdy się nie zdarzyło, by fiakier się spóźnił. — Starosta jednak przez całą noc nie mruży oka, spogląda wciąż na zegarek.

Wreszcie ranek: dorożkarza naturalnie nie ma, kilka minut rozpaczy; potem dorożkarz zajeżdża; kiedy przystaje w drodze przed jakąś przeszkodą, starosta wpada w rozpacz. Fiakier go uspokaja: — Nigdy nie spóźniłem się z panami, których wożę na audiencję do Najjaśniejszego Pana.

Pięć minut przed szóstą. Starosta wchodzi do sekretariatu cesarza. Jakiś generał poprawia mu ordery. — Tu się panu przekrzywiło, cesarz tego nie lubi. — Kto inny zdmuchuje mu pył z kołnierza.

Wreszcie bije szósta. Starosta jest wprowadzony do gabinetu cesarza.

Cesarz siedzi przy biurku i uśmiecha się. Mówi:

— Pan Bóg taki ładny świat stworzył. Za ładny. Ptaszki tak ślicznie śpiewają, przeszkadzają mi pracować. No, co pana sprowadza?

Starosta zbiera się z siłami, aby wyjąkać swe nieszczęście, ale cesarz znów mówi:

— Ale ja ojca pańskiego znałem; był także starostą, tylko w Grazu. Ależ, panie, ja dziadka pana także pamiętam. Był sekretarzem Sądu

Najwyższego już wtedy, kiedy wstąpiłem na tron. O cóż panu chodzi? Starosta wyjaśnia mniej więcej przytomnie.

Cesarz się zamyśla.

— Trzydzieści tysięcy koron. Ależ to ogromna kwota. Gdyby mu potrącać od miesięcznej pensji, toby się rozłożyło na sześćdziesiąt lat. Tak mało płacimy wojsku. Gdyby awansował, został porucznikiem, toby spłacił swój dług w ciągu tylu i tylu lat...

Cesarz dalej oblicza, ile by czasu trwało spłacanie długu karcianego syna starosty, gdyby został rotmistrzem, majorem, podpułkownikiem, pułkownikiem, generałem majorem...

Wreszcie patrzy na starostę i powiada:

— No, ale to już czwarte pokolenie, które mi służy. Zobaczę, co się da zrobić. Niech pan wraca do swego powiatu.

Starosta wraca do domu i wieczorem otrzymuje depeszę od syna: *

---

* W tym miejscu tekst urywa się.

XXIX

Książę Janusz Radziwiłł

Po księciu Antonim ordynacja nieświeska i klecka przeszła na jego syna Jerzego, żonatego z Branicką, a potem na jego wnuka, Albrechta, o którym będę pisał w rozdziale następnym. Po ks. Ferdynandzie dobra poznańskie odziedziczy syn jego najstarszy, Michał, natomiast ordynację ołycką przekazał ks. Ferdynand swemu synowi, Januszowi, urodzonemu w r. 1880. Był to niewątpliwie dowód uznania ojca, wielkiego patrioty, dla syna, o którym powiem, że odżyła w nim wielkość prawdziwych mężów stanu, Radziwiłłów kanclerzy i hetmanów.

Ks. Janusz Radziwiłł ma ekstraordynaryjną karierę w historii, bo oto był ministrem spraw zagranicznych państwa polskiego w XX wieku z ramienia monarchii polskiej. Dlatego, aby się przekonać, że tak było w istocie, należy poznać bliżej historię pierwszej wojny światowej.

Państwo polskie odrodziło się w wieku XX na skutek dwóch czynników: wybuchu wojny pomiędzy dawnymi zaborcami Polski, to jest Austrią, Niemcami a Rosją, oraz rewolucji rosyjskiej. W r. 1918 zachodni zaborcy Polski byli rozbici na skutek wojny, a wschodni zajęci byli wojną domową, która na razie paraliżowała siły państwa. Bez zbiegu tych dwóch okoliczności, o których trudno jest mniemać, aby się w historii jeszcze powtórzyły, nie byłoby możliwe odzyskanie niepodległości przez Polskę.

W Rosji od dawna, bo może już od panowania Aleksandra II, zabitego przez rewolucjonistów w r. 1881, były trzy siły polityczne: biurokracja, wykorzystująca instytucję cesarstwa, liberalna inteligencja i rewolucjoniści — potępieńcy, opętani, les possedés, jak ich nazywał Dostojewski. Otóż biurokracja od początku XX wieku chciała nie tylko współdziałać, ale wprost bezboleśnie przekazać władzę liberalnej inteligencji. Przeczytajcie pamiętniki Milukowa, leadera typowo inteligencko-liberalnej partii kadetów, człowieka równie uczciwego, jak politycznie nierozgarniętego, w których opowiada, jak w początkach XX wieku, wtedy, kiedy siedział w więzieniu, reakcyjny minister Plehwe proponował mu za wiedzą samego cesarza stanowisko ministra oświaty. Milukow odmówił wyrażając aluzję, że gotów byłby przyjąć Ministerstwo Spraw Wewnętrznych, co oczywiście było równoznaczne z przejęciem całej policji, całej władzy wewnętrznej przez młodego człowieka, który poza swoimi liberalnymi zasadami nie mógł się powołać na co innego. Cesarz i biurokracja ponoszą klęskę na Dalekim Wschodzie, na wodach Oceanu Spokojnego i polach Mandżurii. Klęska ta wywołuje rewolucję w Rosji, tak zwaną pierwszą rewolucję rosyjską. Cesarz podpisuje w październiku 1905 r. konstytucję, zbiera się parlament rosyjski, Duma Państwowa, która nic właściwie nie robi, tylko wrzeszczy, a cały wysiłek liberalnie inteligenckich kół politycznych w niej reprezentowanych polega na tym, aby nie dać się przekrzyczeć lewicy. Latem następnego 1906 roku cesarz pod wpływem komendanta swej straży pałacowej, generała Trepowa, proponuje kadetom przekazanie rządu prawie w całości. Oddaje im premierostwo, Ministerstwo Spraw Zagranicznych, sprawiedliwości, wszystkie teki gospodarcze, za wyjątkiem tylko trzech resortów: wojny, spraw wewnętrznych i Ministerstwa Dworu, które cesarz pozostawiał do swojej dyspozycji. Kadeci tę propozycję odtrącają, żądając oddania im rządu w całości, do czego nie mają w ogóle prawa, bo przecież nawet nie posiadają większości w Dumie. Cesarz mianuje premierem Piotra Arkadiuszowicza Stołypina i ten daje sobie radę z rewolucją, czym pomniejsza znaczenie kadetów. Stołypin opiera się zresztą na demagogii antysemickiej i poniekąd antypolskiej. Kadeci zmieniają ton, ale Stołypin uważa, że da sobie bez nich radę. Jakoż biurokracja zwycięża, parlament rosyjski nie obejmuje rządów i nie wpływa na kształtowanie gabinetu, ale przychodzi wojna światowa, cesarstwo ponosi klęskę na polu bitew, rewolucja zwycięża, stwarza na razie krwawy chaos. Po abdykacji cesarza tenże Milukow stara się uratować monarchię i dynastię, ale to mu się oczywiście nie udaje. Za późno!

W r. 1927 rozmawiałem z emigrantem Milukowem w Paryżu. Był najlepszej myśli. Uważał, że bolszewicy rychło utracą władzę w Rosji.

Ale bardziej charakterystyczną rozmowę miałem z prof. Knorringiem. Był on autorem książki o generale Skobelewie, którym ja także się interesowałem. W 1939 r., po nieszczęsnej wojnie Polski z Hitlerem, znalazłem się w Paryżu jako członek ówczesnej Rady Narodowej. Poszedłem do emigracyjnej biblioteki rosyjskiej, dostałem adres prof. Knorringa, o którym wiedziałem, że był profesorem historii prawa państwowego rosyjskiego na uniwersytecie, właśnie w 1906 r. był członkiem prezydium czy członkiem zarządu stronnictwa kadetów. Wdrapałem się na czwarte czy szóste piętro bez windy, po jakichś brudnych i odrapanych schodach, i usłyszałem przez drzwi dźwięki skrzypiec. Zapukałem i znalazłem się w izdebce malutkiej, w połowie zajętej przez łóżko, i starszy pan o bardzo sympatycznej powierzchowności grał na skrzypcach. Po dłuższej rozmowie na temat Skobelewa zaprosiłem go na kawę. Uprzedził mnie, że nie może za nią zapłacić, bo jego dochody wynoszą 600 franków miesięcznie, które otrzymuje od jakiejś francuskiej instytucji naukowej, nie darmo oczywiście, lecz za jakieś prace. W kawiarni rozmowa się cofnęła aż do roku 1906. Zadałem mu wtedy pytanie, które tu przytaczam dosłownie:

— Niech mi pan, panie profesorze, powie, czy teraz, po tylu doświadczeniach politycznych, uważa za słuszne, żeście w 1906 roku odmówili przyjęcia tek ministerialnych?

— Ależ oczywiście, jak najbardziej za słuszne.

— Dlaczego?

— Ależ, na miłość Boską (pomiłujtie), Gosudar (to znaczy po rosyjsku: Najjaśniejszy Pan) chciał zatrzymać w swej dyspozycji Ministerstwo Wojny i Spraw Wewnętrznych. (Chotieł ostawit' za soboj ministerstwa wojennoje i wnutriennich dieł).

Zamilkłem. Nic nie powiedziałem, chociaż chciałem krzyknąć: „I miał rację Gosudar. Wy byście dopiero tam narobili bałaganu!"

Skoro cesarstwo z biurokracją poniosło klęskę na polu bitew, inteligencja była do przejęcia rządów niezdolna, musiała objąć władzę rewolucja.

Najmądrzejszy rosyjski mąż stanu, Sergiusz Witte, nazywał wojnę z Niemcami w 1914 r. „una stupide aventure". Rzeczywiście ryzykowanie tej wojny ze strony biurokracji rosyjskiej było wyjątkowo obłędnym objawem głupoty.

Ale głupota była także po stronie niemieckiej ryzykującej wojnę na dwa fronty. Bismarck zawsze się cofał przed wojną na dwa fronty.

Niestety zawiódł także pracowity i obowiązkowy Franciszek Józef, który w chwili decydującej nie zdobył się na energię powstrzymania swych arcygłupich ministrów, wywołujących wojnę. W tych czasach

Lenin pisał, że nie wierzy w wybuch wojny, bo czyżby monarchowie byli tak głupi, aby pracować na benefis rewolucji!

To samo mogli myśleć Polacy. Wybuch wojny w 1914 r. leżał tylko w interesie rewolucjonistów i Polaków.

Zabór austriacki wydał wielu polityków umiejących rządzić na terenie Wiednia, ale nie wydał nikogo w rodzaju ks. Adama Czartoryskiego, który swego czasu będąc ministrem rosyjskim starał się politykę rosyjską pchnąć w nurt, który by odpowiadał interesom Polski. Mieliśmy długo na krawędzi XIX i XX wieku Polaka, hr. Gołuchowskiego, na stanowisku austro-węgierskiego ministra spraw zagranicznych, ale przecież temu dystyngowanemu dyplomacie nawet przez głowę nie przeszło, aby polityką państwa austro-węgierskiego tak kierować, aby mogło to stworzyć okazję dla niepodległości Polski.

Trzeba było dwóch ludzi ze wschodu Polski, przybyłych do Krakowa z Syberii, gdzie obaj byli na zesłaniu za sprawy polityczne, aby myśl o połączeniu interesów austriackich z polskimi stworzyć i propagować. Jeden z tych ludzi nazywał sie Józef Piłsudski, drugi — Władysław Studnicki. Jeden urodzony był pod Wilnem, drugi w Dyneburgu na Inflantach polskich. Obaj przewidywali wojnę i obaj chcieli, aby w chwili wybuchu tej wojny wybuchło w Polsce antyrosyjskie powstanie. Z tych dwóch Piłsudski był wspaniałym politykiem, umiejącym grać na sentymentach ludzkich, miał duszę wodza, umiał wzbudzać entuzjazm dla swojej osoby. Studnicki, przeciwnie, nie miał za grosz taktu w postępowaniu z ludźmi, wszystkich zrażał, na leadera politycznego się nie nadawał, ale był autorem koncepcji genialnych i był chyba najbardziej bezinteresownym z ludzi w swoim okresie dziejów, w którym nie brakło przecież ludzi ideowych i ofiarnych.

Nie będę powtarzał dat historycznych, dość że Studnicki potrafił swoimi argumentami trafić do liberalniejszych polityków niemieckich, jak wódz centrum Erzberger, jak generał-gubernator niemiecki w Warszawie, gen. Beseler, jak wielu innych. Ten liberalny kurs wobec Polaków potrafił pozyskać Wilhelma II i stąd dnia 5 listopada 1916 r. ogłoszono imieniem cesarza niemieckiego i austriackiego niepodległość Polski. Wywołało to wielkie oburzenie wśród chyba większości polityków niemieckich, uważających, że tym aktem zamykają sobie drogę do separacyjnego pokoju z Rosją.

Ale przyszła rewolucja rosyjska, abdykacja Mikołaja II i Rosja jako przeciwnik wojskowy z każdym miesiącem stawała się mniej niebezpieczna. We wrześniu 1917 r. została utworzona w Warszawie Rada Regencyjna, mająca być zastępcą przyszłego króla polskiego. Oczywiście Niemcy z Austriakami żadnej konsekwentnej polityki wobec Polaków utrzymać nie potrafili i znowu zrazili sobie cały naród polski przez podpisanie w Brześciu Litewskim z jakimś rządem ukraińskim, posiadającym dość złudną władzę w swoim kraju, pokoju, którym oddawali tym Ukraińcom nawet ziemię chełmską, która nawet przez Rosjan uważana była zawsze za część Królestwa Polskiego. Był to dzień 9 lutego 1918 roku. Protestował cały naród polski, szambelanowie odsyłają cesarzowi klucze, inni — ordery, najbardziej lojalni politycy zrywają stosunki z rządem austriackim itd. itd. Rząd Rady Regencyjnej, który niewielu rzeczami rządził naprawdę w kraju, ale miał tam jakieś swoje agendy, podał się także do dymisji.

Każda jednak burza ma swój koniec i stąd Rada Regencyjna polska w dniu 5 kwietnia 1918 r. powołuje nowy gabinet. Członkami Rady Regencyjnej byli: ks. Zdzisław Lubomirski, człowiek o niezwykłej popularności dzięki zaletom osobistym, arcybiskup warszawski Kakowski oraz p. Józef Ostrowski. Teraz premierem tego rządu zostaje p. Steczkowski z Galicji, znawca spraw finansowych, które to znawstwo nie było bardzo potrzebne temu państwu de iure, ale nie de facto. Najwybitniejszą indywidualnością w tym rządzie został książę Janusz Radziwiłł, który wtedy nie miał jeszcze ukończonych lat czterdziestu i który pierwsze lata wojny jako ordynat ołycki spędził w Rosji, widział rewolucję i dopiero w początkach 1918 r. przez Szwecję do kraju powrócił. Po drodze był przyjmowany przez króla Szwecji, który się go bardzo o rewolucję rozpytywał, a w przejeździe przez Niemcy spotkała go oferta objęcia... tronu litewskiego w charakterze króla Litwy. Oczywiście odrzucił tę ofertę wiedząc, że nie będzie ona po myśli nacjonalistów litewskich współpracujących z Niemcami i że to jest myśl oryginalna, zdaje się, że Erzbergera, nie mająca żadnej szansy powodzenia. Zresztą, chciał służyć państwu polskiemu.

Należy tu uznać ofiarność tej służby. Ks. Radziwiłł rozumiał dobrze, że jego sytuacja jako ministra spraw zagranicznych, któremu nawet nie wolno było nazywać się ministrem, a tylko dyrektorem Departamentu Stanu, będzie posiadała swe ciernie i żadnych kwiatów. Niemcy, odmawiając kierownikowi polityki zagranicznej Rady Regencyjnej tytułu ministra, który przyznali kierownikom innych resortów, chcieli podkreślić, że polityka powstającej Polski dó nich, a nie do

Polaków, należy. Ta polityka zarezerwowana dla nie-Polaków przedstawiała się jako platforma tarcia różnych tendencji. Tacy ludzie jak Ludendorff pomstowali w ogóle na wymienianie imienia jakiejkolwiek Polski i głoszenie, chociażby w celu oszustwa, jej niepodległości uważali za ciężki grzech wobec niemczyzny. Znowuż sfery austriackie nie wyrzekły się tak zwanego polsko-austriackiego rozwiązania, czyli osadzenia cesarza austriackiego na tronie polskim. Poza tym rozwój wydarzeń wojennych wskazywał, że w sprawach polskich całe to towarzystwo nie będzie miało wiele do gadania. Wreszcie prowadzenie w tych warunkach jakiejkolwiek polityki zagranicznej, firmowanej jako polska, wywoływało wściekłość i zgrzytanie zębami wszystkich Polaków. Ks. Radziwiłł, jako człowiek bardzo inteligentny, wiedział dobrze, że obejmując ten urząd poświęca swoją osobę i obciąża ją możliwie dużą niepopularnością. O ileż byłoby rozsądniej i bardziej egoistycznie zaczekać na koniec wojny i wtedy dopiero objąć jakiś urząd. Zapytajmy cieni któregokolwiek z ministrów spraw zagranicznych III Republiki Francuskiej, jakiegoś Barthou, jakiegoś Brianda, czy przyjęliby urząd ministra w tych warunkach. Oczywiście, że odrzuciliby go obydwiema rękami.

Pierwszą czynnością księcia Radziwiłła na jego stanowisku była sprawa korpusu Dowbora-Muśnickiego. Korpus ten, uformowany na kresach dawnej Polski, na Białorusi, liczył 28 tysięcy bagnetów i szabel z odpowiednią ilością artylerii. Nie było to dużo, ale trzeba pamiętać, że armia rosyjska w początkach 1918 roku była w stanie całkowitej dezorganizacji, a korpus Dowbora-Muśnickiego był zupełnie zdyscyplinowany. Stąd też w prasie europejskiej, od Krakowa począwszy, a na Paryżu skończywszy, były powtarzane słuchy, że Dowbór-Muśnicki ma pół miliona wojska.

Generał Dowbór-Muśnicki wahał się: mógł się przebijać do Murmańska, gdzie byli Anglicy, i połączyć się z wojskami Ententy, zawieźć swój korpus do Francji i połączyć z formującą się tam armią Hallera. Drugie wyjście polegało na pomaszerowaniu do Warszawy i oddaniu się pod rozkazy Rady Regencyjnej. Jest to chrzest bojowy dyplomacji ks. Radziwiłła. Może on wtedy rozumować tylko i wyłącznie w sposób następujący. Niezależnie od tego, jak się wojna skończy, trzeba, aby w Warszawie była jakaś władza polska, która by polskości kraju była w stanie bronić. Prowadzi więc z Dowborem rokowania o powrót do Warszawy. Niemcy się na to zgadzają, potem zgody nie dotrzymują,

221

otaczają korpus Dowbora i zmuszają go do złożenia broni w dniu 22 maja 1918 r.

Książę Radziwiłł spowodował przyjazd do Polski monsignore Rattiego w charakterze wizytatora apostolskiego formalnie, a nuncjusza papieskiego faktycznie. Monsignore Ratti był później nuncjuszem w Polsce, a później... papieżem Piusem XI. Ks. Radziwiłł wydał na jego powitanie wielkie przyjęcie w swoim pałacu na Bielańskiej (obecnie pałac ten jest zajęty pod muzeum Lenina), na którym przedstawił mu cały warszawski świat polityczny, kulturalny i naukowy.

Ale najważniejsze i najodpowiedzialniejsze były rokowania z samym cesarzem Wilhelmem II. Ks. Radziwiłł przyjechał do Spa, wówczas kwatery głównej cesarza, i tutaj Wilhelm II wysunął kandydaturę arcyksięcia Karola Stefana na tron polski. Było to z jego strony posunięcie kompromisowe. W sprawie polskiej istniały wówczas dwie orientacje. Jedna, niemiecka, chciała rzekomo całkowicie niepodległej Polski, ale złączonej z dawnym zaborem austriackim. Druga, austriacka, polegała na przyłączeniu Królestwa Polskiego do Galicji i uznaniu cesarza austriackiego za króla polskiego. Kombinacja z Karolem Stefanem, arcyksięciem austriackim, była więc koncepcją kompromisową. Arcyksiążę ten uważał się za Polaka, córki swe powydawał za Polaków — Hieronima Radziwiłła i Olgierda Czartoryskiego, w domu mówił po polsku i, co ważniejsze, za czasów największych prześladowań Polaków w Poznańskiem, przyjeżdżając do tego miasta, także mówi po polsku, co robi duże wrażenie. Toteż dla ks. Radziwiłła kandydatura ta jest sympatyczna, a jednak sprawę odwleka. Dlaczego? — Bo to jest czerwiec 1918 r. Nie ma jeszcze załamania oręża niemieckiego, który jak wiadomo załamał się dopiero w Bułgarii, ale można już wątpić o zwycięstwie Niemców. Ks. Radziwiłł uważa więc, że przesądzenie ustroju Polski w sposób decydujący winno nastąpić po końcu wojny, a nie za czasów niemieckiej i austriackiej okupacji w Polsce. Zręcznie więc wykorzystując skrzyżowanie się programów austriackiego i niemieckiego w sprawie polskiej, sprawę odwleka. Było to zupełnie słuszne.

Cień państwa wymagał od swego ministra większej inteligencji niż państwo prawdziwe. Sądzę, że zdaniem każdego historyka ks. Janusz Radziwiłł wywiązał się ze swej roli zarówno z dużym talentem, jak z wielką ofiarnością.

Przychodzi dzień 11 listopada 1918 r. Piłsudski z więzienia niemieckiego przyjeżdża do Warszawy. Polska zaczyna żyć jako państwo niepodległe. Rada Regencyjna składa w ręce Piłsudskiego władzę i odpowiedzialność dla przekazania Sejmowi Ustawodawczemu. Piłsudski powołuje gabinet złożony z socjalistów i radykalnych ludowców, gabinet rewolucyjny według ówczesnych pojęć. Polska zaczyna się od nowa w walkach wewnętrznych. Wojska polskie idą na wschód, do Lwowa, Wilna, później do Kijowa, zaczyna się nowy okres.

XXX

Piłsudski w Nieświeżu

Najmłodszy syn księżnej Castellane Radziwiłłowej, Stanisław, w 1918 r. zachwycał się Piłsudskim. Wywołało to zdziwienie i sprzeciw wśród towarzystwa arystokratycznego. Piłsudski przed pierwszą wojną światową należał do polskich socjalistów, był ich przywódcą, uprawiał terror, napadał na pociągi przewożące pieniądze rosyjskie i zabierał je na cele rewolucyjne. Teraz, po przekazaniu mu władzy przez Radę Regencyjną, powołał rząd socjalistyczny.

Piłsudski był bezwzględnie zwalczany przez polską prawicę, którą w r. 1918 i w latach następnych prawie wyłącznie reprezentowało Stronnictwo Demokracji Narodowej, na czele której stał utalentowany polityk, Roman Dmowski. Stronnictwo to było antysocjalistyczne, a popularność wśród drobnego mieszczaństwa zyskiwało sobie przez hasła antysemickie, głoszone w sposób demagogiczny, wzorując się na francuskim antysemityzmie z czasów procesu Dreyfusa. Ludność żydowska wynosiła w Polsce 14% ogółu ludności. Polski rzemieślnik, kupiec, a także student uniwersytetu uważał Żydów za niebezpiecznych konkurentów. Istotnie pod względem gospodarczym wykazywali oni więcej obrotności, pod względem zdolności często przewyższali Polaków. Toteż w 1918 r. podział na partie w Polsce wyglądał następująco: o konserwatystach zapomniano, uważano, że konserwatyści składają się wyłącznie z kół arystokratycznych, z niedużym procentem profesorów uniwersytetów i publicystów; uważano, że równe i powszechne prawo wyborcze, które oczywiście zostało proklamowane w Polsce, kładzie kres wpływom konserwatystów we wszystkich trzech zaborach. Na prawicy pozostała więc tylko Demokracja Narodowa, czyli „endecy", którzy mieli swoją organizację tajną i za jej pomocą powoływali do życia grupy do swej ideologii zbliżone i ulegające jej zwierzchniemu kierownictwu w sprawach polityki. Tak powołała endecja chrześcijańską demokrację, przeznaczoną do działania w sferach robotniczych, narodowe zjednoczenie ludowe mające działać wśród duchowieństwa wiejskiego i zamożniejszych włościan, wreszcie nową organizację: chrześcijańsko-rolniczą, która operowała wśród arystokracji i ziemiaństwa, usiłując wysiudać wpływy dawnych konserwatystów, zwłaszcza tych, którzy podczas wojny związani byli z antyrosyjską, a proniemiecką czy proaustriacką orientacją.

Natomiast do lewicy zaliczały się grupy ludowe, zaczynając od grupy „Piasta", czyli włościan bardziej umiarkowanych, do „Wyzwolenia" czy „Odrodzenia", najbardziej radykalnych. Wszystkie jednak kierunki ludowe głosiły hasło wywłaszczenia ziemian i podzielenia majątków pomiędzy chłopów. Poza tym do lewicy należeli jeszcze socjaliści; wpływy komunistyczne na robotników w tym okresie były nieduże, zresztą propaganda komunistyczna była solidarnie utrudniana przez władze i społeczeństwo. Za wodza całej tej lewicy uważany był Józef Piłsudski, najzawzięciej zwalczany przez prawicę.

Na tym tle zachwyty ks. Stanisława Radziwiłła nad Piłsudskim można byłoby uważać za jakieś zerwanie z własnym środowiskiem, z interesami klasy społecznej, do której należał.

Tak właśnie nie było. Ks. Radziwiłł inteligentniej niż przeciętny Polak orientował się w sytuacji. Nie chcemy powiedzieć, aby ks. Stanisław Radziwiłł popierając Piłsudskiego miał wyłącznie i jedynie klasowe względy na uwadze. Chcemy tylko powiedzieć, że w 1918 r. ziemianin czy arystokrata ze wschodu Polski powinien był, o ile był człowiekiem daleko widzącym i orientującym się nie według pozorów, szablonów i partyjnych sloganów, popierać raczej Piłsudskiego niż Romana Dmowskiego.

Dmowski nie tylko był antysemitą, ale anty-Niemcem, marzył o wyrugowaniu Niemców z zachodnich prowincji polskich, które kiedykolwiek w jakimkolwiek okresie dziejów do Polski w takiej czy innej formie należały. Ponieważ i Dmowski, i Piłsudski byli ludźmi inteligentnymi, rozumiejącymi, że Polskę nie stać na jednoczesną wojnę i z Rosją, i z Niemcami, więc u każdego z nich program ekspansji w kierunku z jednym sąsiadem łączył się z programem jakiegoś modus vivendi z innym sąsiadem. Dmowski marzył o Wrocławiu, więc chciał modus vivendi z Rosją; Piłsudski podczas wojny stał na czele Legionów walczących po stronie mocarstw centralnych, a teraz nie tylko chciał Wilna, ale marzył o Kijowie, i stąd był skłonny do polityki ułożenia modus vivendi z Niemcami.

W tych warunkach program zgodny zarówno ze stanem posiadania Radziwiłłów, jak i z całą tradycją ich rodu powinien ich skłaniać raczej w stronę reprezentującego lewicę Piłsudskiego niż prawicowego Romana Dmowskiego.

Ks. Stanisław Radziwiłł wyciągnął z tego wszystkie konsekwencje. Wstąpił do armii, został adiutantem Piłsudskiego, podobnie jak jego ojciec był adiutantem cesarza Wilhelma, i poległ bohatersko w bitwie pod Malinem w wojnie z bolszewikami, podczas nieudanej wyprawy Piłsudskiego na Kijów. Jego przodkowie także zdobywali Kijów dla Polski.

W dniu 18 marca 1921 r. został w Rydze podpisany pokój pomiędzy Polską a państwem radzieckim. Pokój ten pozostawiał ogromne obszary dóbr radziwiłłowskich po stronie sowieckiej. Ale główne zamki rodziny Radziwiłłów: Nieśwież i Ołyka, znalazły się jednak po stronie polskiej.

Teraz zaczyna się rozgrywka Piłsudskiego ze stronnictwami prawicy, która trwa aż do zamachu stanu w maju 1926 r., po czym Piłsudski przystępuje do rozgrywki ze wszystkimi w ogóle partiami. Nie jest rzeczą nową ani oryginalną spostrzeżenie, że polityka wewnętrzna Piłsudskiego przypomina postępowanie de Gaulle'a. Tylko że de Gaulle za młodu był monarchistą, ulegał wpływom Karola Maurrasa, a Piłsudski był socjalistą, czyli powinien był w tych czasach wyznawać Marksa, ale osobiście bardzo wątpię, czy kiedykolwiek czytał Marksa.

W dalszym ciągu dziejów Polski ks. Janusz Radziwiłł ogromnie się przyczynił do poparcia Piłsudskiego, tak w okresie zaraz po zamachu stanu, jak wtedy, kiedy Piłsudski był już faktycznym dyktatorem w Polsce, a Radziwiłł prezesem ugrupowania zachowawczego w Sejmie i Senacie Rzeczypospolitej. Ale do tych dziejów przejdę poprzez wspomnienia osobiste.

Przede wszystkim — Nieśwież. Jak pamiętamy, ordynacja nieświeska należała do ks. Antoniego, później do jego syna ks. Jerzego, wreszcie wnuka, Albrechta. Ordynacja ołycka do Ferdynanda, potem do ks. Janusza.

Nieśwież poznałem w 1924 r. Był wtedy obrabowany z mebli, ponieważ świeżo przeszedł przez zawieruchę wojenną, ale to może jeszcze powiększało jego urok. Olbrzymie zamczysko składało się z sal ozdobionych setkami portretów radziwiłłowskich, setkami zbroi i rozwieszonymi pasami słuckimi, to jest pasami noszonymi przez dawnych Polaków, robionymi z jedwabiu o oryginalnych deseniach, wreszcie setkami rogów jelenich i łosich. Kompletów zbroi było w Nieświeżu przeszło dwa tysiące. Ogromne piwnice zamku były zasłane częściami zbroi jeszcze nie doprowadzonymi do porządku. W samym zamku jedynym oświetleniem były świece. Światła tych świec, niespokojne i nastrojowe, kładły się na kolorach odwiecznych portretów, odbijały się blaskami w zbrojach. Robiło to wszystko wrażenie niepospolite. Jestem z zamiłowania turystą, zwiedzałem wiele krajów w Europie, ale Nieśwież i Polesie to moje wrażenie największe i najgłębsze.

O tych zbrojach mam do opowiedzenia incydent zabawny. Oto znalazł się jakiś specjalista, który doskonale składał zbroje w Nieświeżu, co nie było łatwe, bo blachy, z których zbroja się składa, leżały po przejściach wojennych w wielkim nieporządku. Złożył w ten sposób kilkaset zbroi i książę Aba, tak popularnie nazywano księcia Albrechta, kazał się go zapytać, kiedy każe sobie wypłacić honorarium za tak ciężką pracę. Specjalista oświadczył, że pracuje z zachwytem, że go to bardzo interesuje, że się zna na zbrojach i kocha je. Dopiero gdy nań nalegano, że przecież musi przyjąć jakieś pieniądze, bo przecież nie można, aby się zamęczał tak okropnie, specjalista od niechcenia zaproponował, że może jako miłośnik wybierze sobie jakąś jedną zbroję na pamiątkę. ,,Ale chociażby dziesięć!'' — ,,Nie, wystarczy mi jedna''. — ,,Prosimy bardzo''. Specjalista wybrał zbroję, którą potem sprzedał za granicę za kilka milionów. Wywołało to nawet interwencję władz, ponieważ wywóz starożytności za granicę był zakazany.

Byłem także kiedyś na polowaniu na głuszce w Deniskowiczach. Był wtedy w Warszawie jakiś myśliwski zjazd międzynarodowy i ks. Aba zaprosił jego uczestników na to polowanie. Przy polowaniu na głuszce siada się w lesie wieczorem, zaraz po zapadnięciu nocy poluje się w czasie tokowisk wczesną wiosną, tak że las jest jeszcze w śniegu. Z początku jest tylko czarno i cicho, potem człowiek zaczyna rozróżniać szmery leśne: drzew, ptactwa i zwierząt, i po kilku godzinach zdaje mu się, że jest w jakiejś wspaniałej sali koncertowej, gdzie wszystko śpiewa, gra i żyje. Potem odzywa się tokowanie głuszca, trzeba go podejść cicho, a jak przestaje tokować, to zastygnąć w kroku. Bywa to dopiero nad ranem, po nie przespanej nocy, spędzonej na wsłuchiwaniu się w las.

Nie wszyscy myśliwi przyjechali z Warszawy, pamiętam tylko, że był ks. Murat, potomek króla neapolitańskiego, potem prezes wszystkich myśliwych we Francji, pochodzący z Lens, którego nazwisko uciekło mi z pamięci, i jakieś panie, które z powodu zimna ubrały sie w kożuchy miejscowe, białoruskie, baranie. Pamiętam, jak jedna z nich, elegancka i piękna, stała na jakichś schodkach, a ja pomagałem jej rozpiąć kożuch, czego sama zrobić nie potrafiła. Wpierw ogarnęła mnie przykra i kwaśna woń kożucha, a jak rozchyliłem jego poły, to wydostał się spoza tej przykrej woni delikatny zapach perfum.

Na kolacji w leśniczówce wśród tych olbrzymich lasów honory domu robił nadleśny radziwiłłowski, a ja służyłem za tłumacza. Poinformowałem pana nadleśnego, że obecny tu jest prezes wszystkich myśliwych we Francji.

— Zapytaj się go pan — powiedział nadleśny — czy mają oni dziki we Francji.

Powtórzyłem odpowiedź prezesa francuskich towarzystw łowieckich, że owszem, dziki są, w Wogezach.

— A ileż oni tych dzików rocznie strzelają na polowaniach?

Znowuż powtarzam odpowiedź Francuza, że w zeszłym roku upolowano przeszło trzydzieści.

Twarz nadleśnego nabiera wyrazu obrzydzenia.

— Tak powiedz jemu pan, że u nas tutaj, w Deniskowiczach, miesiąc temu, u Księcia Pana na jednym polowaniu czterdzieści pięć dzików ubito.

Widać było, że pan nadleśny w danej chwili pogardza w ogóle całą Francją. Co to za kraj, w którym przez rok cały tylko trzydzieści dzików zabijają.

Czyż nie psychologia „Panie Kochanku"?

Książę Aba Radziwiłł nie był człowiekiem zdolnym i stąd niektórzy ludzie niewysoko cenili sobie jego inteligencję. Ja go uważam za mędrca. Wiedział o tym, że nie jest zdolny, i w każdej sprawie bardzo dokładnie wysłuchiwał zdania doradców i potem dopiero pobierał decyzję, zresztą, moim zdaniem, zawsze arcysłuszną. Otóż dureń to człowiek, który nie rozumie, że brak mu pewnych wiadomości czy pewnego doświadczenia, i który ma siebie za o wiele mądrzejszego, niż jest, który przecenia in plus swe możliwości umysłowe. To są właśnie typowi durnie. Natomiast człowiek mówiący: na tym się nie znam, to niedostatecznie rozumiem — jest oczywiście mędrcem.

Aba Radziwiłł był człowiekiem ciężko chorym, miał bezwład nóg, a jednak z tą chorobą wstąpił do wojska i jeździł w taborze 10 pułku ułanów, tylko dla zaznaczenia, że osobiście bierze udział w wojnie o obronę Polski. Kiedy umarł, napisałem, że na jego pomniku grobowym powinny być wyryte następujące słowa: „Obywatel prawy i który żadnemu nie uchybił obowiązkowi, człowiek o złotym sercu".

Pamiętam jeszcze jakieś przyjęcie w Nieświeżu. Za fotelem na kółkach księcia Aby stała dziewczynka, całkiem młoda, o czerwonych wargach, bardzo przystojna, ale jakaś sztywna, nic nie mówiąca. Była to jego córka, która mogła mieć wtedy nie więcej niż lat 15 lub 16. Minęło kilkanaście lat i spotkałem w Londynie damę, również bardzo przystojną, ale ożywioną, uprzejmą, dystyngowaną, niesłychanie sympatyczną. Miała maleńkiego synka, który nazywał się także Aba. Była to pani Tomaszewska, primo voto księżna Czartoryska. O swoim ojcu, księciu Abie, mówiła z wielkim rozczuleniem. Wszyscy go bardzo kochali. Jeśli te zdania spotkają ją gdzieś na świecie, to zasyłam jej ucałowania rąk.

Moja rola osobista w doprowadzeniu do porozumienia pomiędzy konserwatystami a marszałkiem Piłsudskim była znaczna, gdyż zawsze dużo znaczy inicjatywa pierwotna. W 1925 r. marszałek Piłsudski przeżywał dni najgorsze dla swojej polityki. Stronnictwa lewicowe go opuszczały, generał Sikorski był premierem i zgłosił projekt organizacji naczelnych władz wojskowych, który Piłsudski gwałtownie krytykował i, moim zdaniem, miał rację. Byłem wtedy redaktorem dziennika „Słowo", wychodzącego w Wilnie, o kierunku konserwatywno-ziemiańskim. Pieniądze na wydawanie tego dziennika, który wówczas był jeszcze deficytowy, wydobyłem od Związku Ziemian i od szeregu arystokratów na Wileńszczyźnie. Zgłosiłem się o wywiad do Piłsudskiego, który wówczas mieszkał w Druskiennikach bardzo ubogo, pamiętam, jak mój artykuł poprawiał przy świecy. Odrzucił emeryturę po urzędzie Naczelnika Państwa i nie pobierał pensji marszałkowskiej, a utrzymywał się z honorariów literackich. Czekałem w pokoju obok jego sypialni, w której wypoczywał, i kiedy wyszedł, popatrzył mi w oczy i zapytał: „Czy pan napiszesz to, co ja powiem, czy to, co pan chcesz, abym powiedział?" Popatrzyłem mu także w oczy i odpowiedziałem, że przecież wywiad będzie autoryzowany. Potem, w grudniu 1925 roku, dwa razy widziałem Piłsudskiego i wreszcie wezwał mnie do siebie w czasie zamachu majowego. Warszawa huczała od strzałów, Piłsudski rezydował w jednym z pokojów na Dworcu Wileńskim na Pradze, był bardzo ożywiony, pomiędzy mną a nim leżała jego szabla. Opisałem bliżej swoje rozmowy, bo trudno to nazwać rokowaniami, z Piłsudskim w pracy pod tytułem „Świece i szable".

W organizacji przyjazdu marszałka Piłsudskiego do Nieświeża odegrałem również dużą rolę. Pobyt ten właśnie oświecały świece na zamku, było istotnie dużo jakiegoś anachronizmu w tym całym przyjęciu, ale anachronizmu bardzo miłego, uprzejmego, o wielkiej prostocie. Piłsudski, który już wtedy był dyktatorem w Polsce, przyjechał do Nieświeża w dniu 26 października 1926 roku, aby dekorować trumnę Stanisława Radziwiłła, swego adiutanta, o którym mówiłem na wstępie tego rozdziału. Ale na powitanie go w Nieświeżu ordynat Aba zaprosił szereg konserwatystów: Janusza Radziwiłła, ks. Eustachego Sapiehę, Aleksandra Meysztowicza, z młodszych — Jana hr. Tyszkiewicza. Piłsudski, ponieważ był długo socjalistą i obracał się w sferach demokratycznych, uchodził za pochodzącego z drobnej szlachty; naprawdę ojciec jego posiadał fortunę kilkunastu tysięcy hektarów i antenatów piastujących wyższe godności w dawnej Rzeczypospolitej, więc tak znowu drobną ta szlachta nie była. Rzecz inna, że ojciec Piłsudskiego stracił swoją fortunę. Pamiętam, jak siedząc w sali zwanej hetmańską, bo w niej wisiały portrety samych Radziwiłłów-hetmanów, Piłsudski swoim charakterystycznym głosem, trochę z podniebienia, mówił do księcia Aby: „Bo w mojej rodzinie — proszę księcia — działy się dziwne rzeczy". Potem, przy obiedzie, wzniósł toast, w którym użył słów: „w tym zamczysku" i „piję za dom Radziwiłłów, który od tak dawna przeszłości naszej służy". Odpowiada mu ordynat w bardzo ładnej formie i książę Janusz w mowie subtelnej, politycznej, przemyślanej, programowej.

Pamiętam jeszcze jeden incydent groteskowy. Oto najzdolniejszy z publicystów endeckich, niewątpliwie graniczący z genialnością, Adolf Nowaczyński, atakując zjazd w Nieświeżu, a mnie w szczególności, napisał, że w Nieświeżu posadzono mnie na ostatnim miejscu. Odpowiedziałem mu, potwierdzając tę wiadomość, ale dodając, że siedziałem za stołem w Nieświeżu akurat na tym samym miejscu, na którym siadali Mackiewiczowie za czasów „Panie Kochanku" i hetmana Rybeńko.

Jeszcze jeden szczegół, który może się wydać zabawny, ale który miał duże znaczenie. Oto omawiałem z Piłsudskim jego przyjazd do Nieświeża i teraz zwracam uwagę na datę jego przyjazdu. Piłsudski udawał przed samym sobą, że jest człowiekiem zabobonnym. Lubił trzynastkę. Wszystko, co mu się udawało, miało miejsce albo trzynastego, albo dzieliło się na trzynaście. Zamach stanu miał miejsce trzynastego maja 1926 roku. Przyjazd do Nieświeża 26 października — data przez samego marszałka Piłsudskiego wybrana — innymi słowy przywiązywał do tego przyjazdu większą wagę polityczną. Tę słabostkę Piłsudskiego co do cyfry 13 znali jego ministrowie i dlatego specjalnie Beck swoje ważniejsze wystąpienia starał się wyczyniać trzynastego albo dwudziestego szóstego.

Szukam dobrego określenia dla metod politycznych Piłsudskiego i znajduję wyrazy anonimowe lub pseudonimowe. Jeśli chciał nawiązać stosunki z jakimś państwem, z którym dotychczas był w niezgodzie, to albo posyłał do szefa tego państwa swego ambasadora z protestem w jakiejś sprawie, łatwej do uzgodnienia, albo, powiedzmy, urządzał rewię kawalerii, obliczając, że będzie ona miała takie lub inne skutki polityczne. Wojsko to było jego hobby, wojskowym był na podstawie studiów literatury wojskowej, ale był politykiem, dyplomatą, będąc nawet wodzem naczelnym, tak jak na przykład wodzem naczelnym był Clemenceau lub Churchill, a nie miał w sobie nic z typu takiego oficera, o którego typie i psychice przesądziła praktyka XIX i XX wieku. Był to cywil, amator literatury wojennej, wygrywający bitwy i wojny po cywilnemu. Bardzo by się na mnie obraził, gdyby przeczytał te słowa. Aby wytłumaczyć, co mam na myśli, nazywając jego metody polityczne anonimowymi względnie pseudonimowymi, przytoczę taki fakt nieduży:

Oto zaraz po zamachu majowym Piłsudski posyła po rotmistrza kawalerii Remigiusza hr. Grocholskiego, który w czasie zamachu majowego walczył po stronie rządowej, a więc przeciwko niemu. Grocholski waha się nawet, czy iść do Piłsudskiego, ale jest oficerem, a Piłsudski jest już ministrem wojny, legalnym i nie kwestionowanym przez nikogo, ponieważ prezydent Wojciechowski zrezygnował z prezydentury na ręce marszałka Sejmu Rataja, a ten powołał gabinet Bartla, w którym Piłsudski objął Ministerstwo Wojny. Grocholski staje więc przed swoim ministrem.

— Czy umiesz pan po francusku? — pyta się Piłsudski.

— Tak jest, Panie Marszałku.

— Czy umiesz pan po angielsku?

— Tak jest, Panie Marszałku.

— Czy umiesz pan po niemiecku?

— Tak jest, Panie Marszałku.

— No, to dobrze, taki człowiek jest mi potrzebny. Mianuję pana adiutantem.

— Rozkaz, Panie Marszałku.

— Jutro rano obejmuje pan służbę.

A oczywiście nie chodziło o posiadanie języków cudzoziemskich, bo oficerów umiejących po francusku itd. było tysiące w armii, lecz o to, że Grocholski był zięciem księcia Seweryna Czetwertyńskiego, jednego z leaderów endecji, i Piłsudski chciał w ten sposób mieć kontakty z prawicą i sferami arystokratycznymi. To nazywam pseudonimową metodą postępowania.

W polityce zagranicznej książę Janusz był niczym profesor medycyny, sposoby działania jego były wytknięte przez naukę, przez praktykę, przez obyczaje, i stąd jako lekarz leczył prawidłowo. Piłsudski natomiast był jak cudotwórczy lekarz tybetański, stosował metody nie znane jego kontrahentom, w olbrzymiej przewadze oparte na własnej jego intuicji.

W roku 1928 wybrany został Sejm i Senat, w którym utworzony został Bezpartyjny Blok Współpracy z Rządem, a w tym Bloku — Koło Gospodarcze, złożone z konserwatystów, którego prezesem został książę Janusz Radziwiłł.

W 1930 roku były nowe wybory, w których ten Bezpartyjny Blok uzyskał większość w obu izbach, a Koło Gospodarcze ks. Radziwiłła liczyło już przeszło 70 posłów i senatorów na 444 członków Sejmu i 111 członków Senatu.

Współpracując z Piłsudskim książę Radziwiłł często się odchylał od stanowiska kierownictwa Bloku, zawsze w kierunku umiaru, spokoju, przeciwko wszelkim awanturom i incydentom. Byłem w tym czasie posłem i znam szereg zajść, które łagodził umiar ks. Radziwiłła, dążącego do poprawności w stosunkach parlamentarnych. Poseł Mieczysław Niedziałkowski, socjalista, lżony przez krewkich członków Bloku, był przez ks. Radziwiłła zapraszany na śniadania jako członek Komisji Spraw Zagranicznych, której książę Janusz był przewodniczącym. Kiedy przed samą śmiercią Piłsudskiego Blok wystąpił z projektem ordynacji wyborczej, opartej na głosowaniu tylko na kandydatów wysuniętych przez samorząd lokalny, książę Radziwiłł zdecydowanie wystąpił przeciwko temu ograniczeniu powszechności prawa wyborczego.

Piłsudski umarł zostawiając swemu następcy w kierowaniu polityką zagraniczną Polski bardzo rozsądne wskazówki:

1) że polityka Polski to stosunek do sąsiadów, to jest do Niemiec i do Rosji, że tylko ten stosunek jest istotny i ważny;

2) że należy wystąpić z Rady Ligi Narodów, bo pozostawanie Polski w zarządzie Ligi gotowe jest wciągnąć Polskę w konflikty, w których nie jesteśmy bynajmniej zainteresowani, i wreszcie najważniejsze

3) że zdążamy do wojny i że trzeba dołożyć wszelkich starań, aby Polska weszła do wojny nie pierwsza, lecz możliwie ostatnia.

Beck nie wykonał ani jednej z tych mądrych wskazówek. Nie tylko nie wystąpił z Rady Ligi, lecz jak najmocniej zaangażował się w kryzys abisyński. Wprowadził Polskę nie ostatnią, lecz pierwszą do wojny. Anglia chciała odwrócić pierwsze uderzenie Hitlera od Zachodu, skierować je na Rosję i stąd zręcznym prowokacyjnym posunięciem pchnęła Hitlera do zaatakowania w pierwszej linii nie Belgii, Holandii czy Francji, lecz właśnie Polski, spodziewając się, że jak Niemcy i Rosjanie staną naprzeciw siebie oko w oko, bagnet w bagnet, to musi z tego wyniknąć wojna między nimi. Beck z łatwością dał się nabrać na tę prowokację. Piłsudski przerwałby rozmowę z ambasadorem brytyjskim, gdyby przyszedł do niego z podobną propozycją. Mam wystarczające dowody, aby tak twierdzić.

Książę Radziwiłł był wielkim przeciwnikiem zachowania się Becka wobec Czech we wrześniu 1938 roku, kiedy to już upłynęło 3 lata od śmierci marszałka Piłsudskiego. Beck prowadził tę sprawę całkowicie po sztubacku, z jakąś niesłychaną dozą fanfaronady i wywołał konflikt Polski z obydwiema stronami jednocześnie. Narażając się bowiem Francji, Anglii, Rosji przez wtargnięcie do Czech, naraził się także, a może jeszcze bardziej, Hitlerowi przez zabór Bogumina, który Hitler przeznaczył Niemcom.

Książę Radziwiłł uchodził wśród ludzi rozsądnie myślących za najlepszego kandydata na ministra spraw zagranicznych. Gdyby prezydent Polski, Mościcki, naznaczył go ministrem jeszcze w marcu 1939 roku, to Polska nie poszłaby pierwsza do wojny w 1939 roku i może Anglia i Ameryka nie miałyby okazji do sprzedania nas za bezcen.

XXXI

Chrzest księżniczki

Książę Janusz Radziwiłł był bardzo pięknym mężczyzną. Postawa, ruchy, spokój w zachowaniu się, wszystko to było obrazem wielkopańskości w najbardziej europejskim stylu. Może mniej miał w sobie bezpośredniości niż Radziwiłłowie nieświescy, zwłaszcza Albrecht i brat jego młodszy Karol.

Ten ostatni z radością ubierał się w mundur wojskowy i w mundurze przyjmował Piłsudskiego w Nieświeżu. Ordynat na Dawidgródku był w całej Europie właścicielem największej ilości łosi. Wspaniałe te zwierzęta stanowią już dzisiaj zupełną egzotykę, ale do pierwszej wojny światowej dochowały się jeszcze w kilku puszczach na wschodzie Polski. W dobrach księcia Karola Radziwiłła było ich przeszło sto. Miał on wiele odznaczeń międzynarodowych w związku z opieką nad łosiami. Obok żubra, który ostał się tylko w Puszczy Białowieskiej, będącej własnością państwa, łoś jest największym i najpiękniejszym zwierzęciem dzikim.

W 1940 roku byliśmy w Angers, mieście, które było wyznaczone na siedzibę emigracyjnego rządu polskiego. Przyszedł czerwiec, wojska niemieckie zajmowały Paryż, rząd polski wyjeżdżał z Angers, ale brakowało wagonów i samochodów. Francuzom nie starczało aeroplanów i broni przeciwlotniczej. Aeroplany nieprzyjaciela swobodnie latały nad miastem i ,,plaś'', ,,plaś'' rzucały bomby. Siedziałem w cukierni na powietrzu, symbolicznie pijąc kawę. Skądś się zjawił ks. Karol Radziwiłł, którego od początku wojny nie widziałem, i powiedział:

— Sytuacja... malina.

Nie będę pisał o losach rodziny Radziwiłłów podczas wojny. Wiem, że gdy wojska radzieckie weszły do Krakowskiego, aresztowały księcia Hieronima Radziwiłła, żonatego z arcyksiężniczką austriacką. Król

Jerzy VI wysłał wtedy depeszę do Edena, bawiącego właśnie na konferencji jałtańskiej, z prośbą o interwencję w sprawie „mego kuzyna", jak się wyraził w depeszy. Kuzynostwo to polegało chyba na tym, że wtedy inny Radziwiłł był żonaty z księżniczką grecką, bliską krewną księżnej Kentu, czy też z powodu innych koligacji pomiędzy Radziwiłłami a angielskim domem królewskim, dość że depesza była zredagowana w ten sposób. Eden pokazał tę depeszę ministrowi Mołotowowi, który wraz ze Stalinem brał udział w tej konferencji. Mołotow odpowiedział, że nie słyszał o aresztowaniu księcia Radziwiłła, po czym władze radzieckie aresztowały wszystkich innych Radziwiłłów, nie wypuszczając oczywiście Hieronima.

Książę Janusz był aresztowany w początkach wojny, gdyż po wejściu na terytorium polskie w dniu 17 września 1939 roku władze sowieckie zastały go w Ołyce. Później był aresztowany pod koniec wojny, potem zwolniony, a nawet w pewnej chwili proponowano mu wejście do rządu, na co się nie zgodził. Majątki, domy, kapitały zostały mu zabrane na podstawie ogólnego socjalizowania własności. Książę Janusz Radziwiłł mieszka w Warszawie w dwóch małych pokoikach, ale uważa sobie za obowiązek pozostać w kraju. Odmówił namowom udania się za granicę na stałe. Kiedyś wyjechał z kraju na pobyt za granicę, a gdy wrócił, to go ktoś spotkał i zapytał: „A, książę wrócił, czy na długo?". Odpowiedział: „Nie wiem, czy na długo, czy na krótko, ale do samej śmierci".

Natomiast z trojga jego dzieci tylko syn najstarszy, Edmund, żonaty z Izabellą Radziwiłłówną, córką Karola, mieszka w Warszawie. Jego córka, hr. Krystyna Potocka, zamieszkuje z mężem w Madrycie, a syn najmłodszy, Stanisław, w Londynie i jest żonaty z Lee Bouvier, siostrą rodzoną Jacqueline Bouvier, żony prezydenta Stanów Zjednoczonych.

Nasza epoka jest epoką wybitnych osobistości na czele państw. Przypomnijmy sobie, że na przykład w 1900 r. na czele państw stały albo osobistości pozbawione większej indywidualności, albo osoby wręcz groteskowe. Dzisiaj: Kennedy, Chruszczow, de Gaulle, Adenauer. Każdy jest tytanem historii. Jakże całkiem niepodobni do siebie! Kennedy z tych czterech jest najmłodszy, stoi na czele najsilniejszego mocarstwa, wreszcie jego kariera polityczna oparta jest na konstytucyjnych prawach jego kraju. Jest on kartą historyczną dopiero rozpoczętą, ale taką, na której widnieje dopiero wstęp rokujący, że treść dalsza może zawierać rzeczy olbrzymie.

W czerwcu 1961 r. Kennedy był na konferencji z Chruszczowem w Wiedniu. Wracając do Ameryki zajechał do Londynu specjalnie po to, aby być ojcem chrzestnym córeczki księstwa Stanisławostwa Radziwiłłów. Rok przedtem jego szwagier, książę Stanisław Radziwiłł, był ojcem chrzestnym jego synka.

W dniu 4 czerwca trzy samochody przyjechały z Dworca Victoria do mieszkania księstwa Radziwiłłów na 4 Buckingham Place w Londynie. W pierwszym jechał prezydent Kennedy z premierem Wielkiej Brytanii Macmillanem, w drugim pani Kennedy z panią Macmillan i wreszcie w trzecim gospodarze uroczystości, księstwo Radziwiłłowie. Podczas kiedy prezydent Kennedy był w Wiedniu, małżonka jego oczekiwała na niego w Londynie, mieszkając u swej siostry, księżnej Radziwiłłowej.

Dnia następnego, 5 czerwca, w katolickiej Westminsterskiej Katedrze odbył się chrzest, przy tym dziewczynka otrzymała na imię Anna, które to imię nosiła Radziwiłłówna, która była regentką Mazowsza w początkach XVI wieku. Matką chrzestną była siostra ojca, Krystyna hr. Potocka, która przyjechała z Madrytu, aby wziąć udział w tej ceremonii. W kościele obecny był znów premier Macmillan z żoną i szereg osób z rządu brytyjskiego i z ambasady amerykańskiej, a także katolicki prymas Anglii, ks. kardynał Godfrey. W czasie ceremonii trochę za dużo wody wylano na główkę niemowlęcia. Prezydent Kennedy pośpiesznie wziął od zakrystiana ręcznik i starł tę wodę. Ksiądz, który chrzcił, prałat Gordon Wheeler, uśmiechnął się i powiedział: — Mój Prezydencie, widać, że z pana jest doświadczony ojciec chrzestny.

Tegoż dnia wieczorem było przyjęcie u księstwa Radziwiłłów, na którym było 50 osób, pomiędzy nimi dużo emigrantów polskich w Londynie, rozbitków z drugiej wojny światowej. Był generał Władysław Anders.

Następnego dnia prezydent z żoną, a także książę Stanisław Radziwiłł z księżną, byli na bankiecie u Jej Królewskiej Mości, Elżbiety II.

Takie było arystokracji polskiej za grobem zwycięstwo.

Bibliografia do dziejów rodu Radziwiłłów (wybór)

Materiały publikowane

Almanach de Gotha. Annuaire diplomatique et statistique pour l'annee 1863, Gotha 1863, s. 187—9; toż samo za r. 1881, s. 308—11, r. 1883, s. 318—22.

Bartoszewicz K., *Radziwiłłowie,* Warszawa—Kraków 1928.

Barwiński E., *Archiwum ks. Radziwiłłów w Nieświeżu,* Archiwum Kom. Hist., t. 11, 1909—11.

Borkowski-Dunin J., *Genealogie żyjących utytułowanych rodów polskich,* Lwów 1914.

Chronique de 1831—1862. Publiée avec des annotations et un index biographique par la princessa Radziwill nee Castelleane, t. 1—3, Paris 1909.

Dworzaczek W., *Genealogia,* Warszawa 1959.

Kojałowicz W., *Herbarz rycerstwa W. X. Litewskiego,* Kraków 1897.

Korespondencja... woj. wileńskiego ,,Panie Kochanku" (1762—1790), wyd. K. Waliszewski, Kraków 1888.

Kosiński A.A., *Przewodnik Heraldyczny. Monografie kilkudziesięciu znakomitszych rodzin...,* Kraków 1877.

Kotłubaj E., *Galeria nieświeżska portretów Radziwiłłowskich,* Wilno 1857.

Książę Wilhelm Radziwiłł. (Wspomnienie pośmiertne), Lwów 1883.

Malczewska M., *Latyfundium Radziwiłłów w XV do połowy XVI w.,* Warszawa 1985.

Materiały do biografii, genealogii i heraldyki polskiej, t. 1—5, Buenos Aires—Paryż 1963—71.

Nowakowski T., *Die Radziwillis. Die Geschichte einer grossenn europaischen Familie,* München 1975.

Ostrowski J., *Księga herbowa rodów polskich,* Warszawa 1897—1905.

Pamiętnik kardynała Jerzego księcia Radziwiłła z lat 1556—1575, wyd. T. Wierzbowski, Warszawa 1899.

Pamiętnik o księciu Karolu Radziwille, Lwów 1864.

Polski Słownik Biograficzny, t. XXX, z. 124—6, Ossolineum 1987.

Puzynina G., *W Wilnie i w dworach litewskich. Pamiętnik z lat 1815—1843,* Wilno 1928.

Radziwiłł Albrecht St., *Pamiętnik o dziejach w Polsce,* oprac. A. Przyboś i R. Żelewski, t. 1—3, Warszawa 1980.

Radziwiłł Aleksander Fryderyk, *Losy najstarszej linii Xiążąt Radziwiłłów*, Wilno 1926.

Radziwiłł Bogusław, *Autobiografia*, oprac. T. Wasilewski, Warszawa 1979.

Radziwiłł Maria, *Briefe vom deutschen Kaiserhof 1889—1915*, Berlin (1936).

Radziwiłł Mikołaj Krzysztof, *Pielgrzymka do Ziemi Świętej*, Wrocław 1947.

Radziwiłł M. *Ostatnia wojewodzina wileńska (Helena z Przezdzieckich Radziwiłłowa)*, Lwów 1892.

Sapiehowie. *Materiały historyczno-genealogiczne i majątkowe*, t. 1—3, Petersburg 1890—94.

Semkowicz W., *Tradycja o kniaziowskim pochodzeniu Radziwiłłów w świetle krytyki historycznej*, „Kwartalnik Historyczny", t. 34, 1920, s. 88—108.

Święcicki T., *Historyczne pamiątki znamienitych rodzin i osób dawnej Polski*, t. II, Warszawa 1859.

Taurogiński B., *Dzieje Nieświeża*, Warszawa 1937.

Uruski S., *Rodzina. Herbarz szlachty polskiej*, t. XV, Warszawa 1931.

Wolff J., *Kniaziowie litewsko-ruscy*, Warszawa 1895.

Z dokumentów Xcia Mikołaja Krzysztofa Radziwiłła zwanego Sierotką, Warszawa 1905.

Zielińska T., *Archiwa Radziwiłłów i ich twórcy*, „Archeion", t. 66, 1978, s. 105—130.

Żychliński T., *Złota księga szlachty polskiej*, t. 1—31, Poznań 1879—1908.

Materiały niepublikowane

AGAD, Archiwum Radziwiłłów, dz. XI, sygn. 5.

AGAD, Archiwum Radziwiłłów z Nieborowa (korespondencja), sygn. 146; 150—1; t. 20.

Ostrowski Juliusz, Genealogia Radziwiłłów.

Radziwiłł Mikołaj, Genealogia Radziwiłłów.

Tobiasz Wiesław Adam, Radziwiłłowie h. Trąby (genealogia).

Indeks osób

241

Spis ilustracji

Spis treści

„Czytelnik", Warszawa 1990. Wydanie I.
Nakład 49 750+250 egz. Ark. wyd. 17,2; ark. druk. 16+1.
Papier offset. kl. III, 70 g, 61 cm.
Oddano do składania 10 maja 1989 r.
Druk ukończono we wrześniu 1990 r.
Olsztyńskie Zakłady Graficzne
10-417 Olsztyn, ul. Towarowa 2
Zam. wyd. 735; druk. 981/89
Printed in Poland